D1668585

Thomas Bernauer
Katja Gentinetta
Joëlle Kuntz
(Hrsg.)

Eine Aussenpolitik für die Schweiz im 21. Jahrhundert

Schweizerische Gesellschaft
für Aussenpolitik SGA – ASPE

NZZ Libro

Herausgegeben von Thomas Bernauer, Katja Gentinetta, Joëlle Kuntz
Im Auftrag der Schweizerischen Gesellschaft für Aussenpolitik SGA-ASPE
—
SGA | ASPE
Schweizerische Gesellschaft für Aussenpolitik
Associazione svizzera di politica estera
Association suisse de politique étrangère

Mit Unterstützung von:
UBS Kulturstiftung
Ernst Göhner Stiftung
Schweizerische Mobiliar Genossenschaft
Ursula Wirz-Stiftung
Kairos-Stiftung zur Förderung der Forschung der Beziehungen der Schweiz zum Ausland
Lotteriefonds Kanton Bern
Swiss Re
Nestlé

Bibliografische Information der Deutschen Nationalbibliothek
Die Deutsche Nationalbibliothek verzeichnet diese Publikation
in der Deutschen Nationalbibliografie; detaillierte bibliografische Daten
sind im Internet über http://dnb.d-nb.de abrufbar.

© 2021 NZZ Libro, Schwabe Verlagsgruppe AG, Basel

Lektorat: Ingrid Kunz Graf, Stein am Rhein
Übersetzungen: Maria Neversil, Bern (Französisch–Deutsch),
Katrin Grünepütt, Berlin (Englisch–Deutsch)
Umschlag: Weiß-Freiburg GmbH, Freiburg i. B.
Gestaltung, Satz: Claudia Wild, Konstanz
Druck, Einband: CPI books GmbH, Leck

ISBN 978-3-907291-58-0
ISBN E-Book 978-3-907291-59-7

www.nzz-libro.ch
NZZ Libro ist ein Imprint der Schwabe Verlagsgruppe AG.

Inhaltsverzeichnis

Bundesrat Ignazio Cassis
Schweizer Selbstverständnis auf der Bühne der Grossen

Wieso braucht ein kleines Land wie die Schweiz eine Aussenpolitik? Immerhin sind wir weder eine Grossmacht, noch hegen wir Ambitionen, die Welt in einem helvetischen Feldzug einzunehmen. Zudem geht es uns gut, so wie es ist. Die Schweiz ist eines der sichersten und wohlhabendsten Länder der Welt, das Vertrauen in unsere Institutionen ist hoch, und die Aussichten für die kommenden Generationen stehen gut. Die Schweiz, ein Erfolgsmodell. Gerade auch, weil es uns über Generationen hinweg möglich war, den Spagat zwischen internationaler Beziehungspflege und nationaler Souveränität erfolgreich zu gestalten. Ein Balanceakt. Agil variierend zwischen Souveränität, Neutralität, Aussenhandel und humanitärem Engagement gelingt es der Schweiz seit 1848, ihre Rolle auf dem globalen Parkett vielfältig zu gestalten. Ein Engagement, das direkten Einfluss auf die Prosperität unseres Landes hat – nicht umsonst waren Aussenpolitik und Aussenhandelspolitik lange Zeit fast ein und dasselbe Thema.

Allerdings sind Wohlstand, Souveränität und Sicherheit nicht gottgegeben. Sie bedingen viel Arbeit und setzen ein intensives Bewusstsein dessen voraus, wer wir sind und was wir wollen. Es gelingt den Autoren dieses Buchs, auf den folgenden Seiten illustrativ wiederzugeben, wie sich die Schweiz im Verlauf ihrer Geschichte nicht nur durch Abgrenzung definiert hat, sondern vor allem durch die vielfältigen Beziehungen, die sie zu gestalten vermag. Selbstreflexion im Widerschein des Andersseins; stets eingebettet in einen historischen und geopolitischen Kontext. So ist die Schweiz zwar nicht Teil der Europäischen Union, nichtsdestotrotz aber Teil des europäischen Kontinents, Teil von Europa.

Wir sind Subjekt und Objekt einer globalen Weltordnung. Eine Welt, die je länger, je rauer wird, fragmentierter und vor allem unberechenbarer. Geopolitische Spannungen nehmen zu, Handelskonflikte verschärfen sich, und Eckpfeiler der internationalen Ordnung wie das Völkerrecht oder der Multilateralismus werden infrage gestellt. Gleichzeitig verschärfen sich ökologische Entwicklungen. Dafür bieten neue Technologien aber auch neue Chancen.

Die Welt ist im Wandel. Diese Entwicklungen spürt auch die Schweiz. Der Wohlstand und die politische Stabilität in unserem Land hängen stark davon ab, was in unserer geopolitischen Umwelt passiert. Uns mit der Aussenpolitik zu befassen, heisst also, uns mit uns selbst zu befassen. Damit wir als kleines Land global eine selbstbewusste Rolle einnehmen können, müssen wir wissen, was wir wollen. «Wenn du nicht weisst, wo du hinwillst, dann ist es egal, welchen Weg du einschlägst. Jeder wird falsch sein», sagt die Katze zum kleinen Mädchen im Kinderbuchklassiker *Alice im Wunderland*. Wie Alice will auch die Schweiz ihren Platz in Europa und in der Welt selbstbestimmt und eigenständig festlegen. Das bedeutet, sie muss den Veränderungen in der Welt begegnen und Antworten auf neue Herausforderungen finden. Die Aussenpolitik wird für den Wohlstand und die Stabilität in der Schweiz in Zukunft noch wichtiger werden.

Nur, wo wollen wir denn nun hin? Was sind die Ziele unserer Aussenpolitik? Und vor allem, in was für einer Welt werden wir diese gestalten? Das vorliegende Werk geht auf Herausforderungen und Chancen ein, die die Schweizer Aussenpolitik des 21. Jahrhunderts prägen werden. Es sind Fragen, die auch ich mir gestellt habe, als ich Ende 2017 die Leitung des Eidgenössischen Departements für auswärtige Angelegenheiten (EDA) übernommen habe. Klar ist, in einem globalen Umfeld, das verstärkt von Machtpolitik geprägt ist, muss die Schweiz geeint auftreten, ihre Interessen kennen und wissen, wie sie ihre Ziele erreichen will. Unsere aussenpolitische Vision (AVIS 28)[1] ist die Antwort auf Herausforderungen und Chancen, die dieser Wandel bietet, sie ist die Vorstellung des Zustands, den wir erreichen wollen. Entstanden ist ein Sechs-Punkte-Plan, der als Diskussionsgrundlage dient, wenn es darum geht, wo wir die Schweiz auf dem globalen Parkett des 21. Jahrhunderts sehen.

- Klar definierte Interessen und Prioritäten: Die Schweiz ist keine Grossmacht. Sie kann aber durchaus in der Liga der Grossen spielen. Sie ist lösungsorientiert, innovativ, weltoffen und einem klaren Wertekompass verpflichtet: Sicherheit, Wohlfahrt und Unabhängigkeit. Der Schlüssel zum Erfolg ist eine intelligente Kombination aus Eigenständigkeit und Vernetzung. Die Schweizer Aussenpolitik setzt daher klare thematische und regionale Prioritäten. Wir müssen nicht überall auf der Welt aktiv sein, sondern dort, wo wir aktiv sind, einen Mehrwert bieten.

- Verschränkung von Aussen- und Innenpolitik: Aussenpolitik ist Innenpolitik. Um international geschlossen auftreten zu können, muss das aussenpolitische Vorgehen innenpolitisch mitgetragen sein. Dabei sind Zielkonflikte vorprogrammiert. Das ist weder neu noch schlecht. Zahlreiche Beispiele im vorliegenden Werk zeigen eindrücklich, wie interne Diskussionen in der Schweiz ihre Politik über die Landesgrenzen hinaus geprägt haben. Zielkonflikte sind Ausdruck einer funktionierenden pluralistischen Gesellschaft. Ziel ist es nicht, diese Konflikte zu verhindern, Ziel ist viel eher, diesen Diskurs transparent und partizipativ zu gestalten. Bundesrat, Parlament, Kantone, Wissenschaft, das internationale Genf, die Wirtschaft, NGOs und die Bevölkerung – sie alle sind in die Ausgestaltung der Schweizer Aussenpolitik miteinbezogen. Das schafft ein gemeinsames Verständnis und eine gemeinsame Verantwortlichkeit.

- Bürger und Wirtschaft stärker im Fokus: Dienstleistungen für Schweizerinnen und Schweizer im Ausland sowie die enge Zusammenarbeit mit der Wirtschaft sind wichtige Stärken der Schweizer Aussenpolitik. Über die Hälfte unseres Bruttoinlandprodukts erwirtschaften wir im Ausland. Die Schweizer Exportwirtschaft trägt damit massgeblich zum Wohlstand der Schweiz bei. Umgekehrt ist der Privatsektor ein wichtiger Partner bei der Entwicklungszusammenarbeit – gerade bei den nachhaltigen Entwicklungszielen der Agenda 2030, beim Klimaschutz oder bei den Menschenrechten.

- Schweizer Soft Power für eine friedlichere Welt: Die Schweiz verfügt über eine hohe Glaubwürdigkeit als Brückenbauerin. Unsere

Guten Dienste und unser Engagement für Rechtsstaatlichkeit und Menschenrechte werden ebenso geschätzt wie unsere schnelle und unbürokratische humanitäre Hilfe oder die nachhaltige Entwicklungszusammenarbeit. Als neutraler Standort ist die Schweiz eine wichtige Partnerin für diskrete Verhandlungen und ein wichtiger Gaststaat für internationale Organisationen. Das internationale Genf ist ein führender und innovativer Gouvernanzstandort – sowohl in der analogen als auch in der digitalen Welt.

- Technologie als neues Themenfeld: Neue Technologien bieten mehr als nur neue Arbeitsinstrumente, sie verändern grundlegend, wie wir zusammenleben und unsere Beziehungen pflegen. Mit ihren Technischen Hochschulen und diversen Forschungsstätten ist die Schweiz prädestiniert, wenn es um die Erforschung neuer Technologien geht. Diese führende Rolle gilt es in der Aussenpolitik zu nutzen und das internationale Genf als Hub der globalen Digitalisierungs- und Technologiedebatten zu positionieren, als Entwicklungsort des neuen Fachbereichs Science Diplomacy. Denn die Risiken im Zusammenhang mit den neuen Technologien sind zwar nicht zu unterschätzen, es gilt aber vor allem, diese gewinnbringend zugunsten des Menschen zu nutzen.

- Selbstbewusst mit und gegenüber Europa: Die Schweiz ist geografisch und kulturell ein europäisches Land, wir teilen kulturelle Werte und Interessen. Gerade die Covid-19-Pandemie hat einmal mehr deutlich gemacht, wie wichtig gute Beziehungen zu unseren Nachbarstaaten sind. Solche Beziehungen baut man nicht in Krisenzeiten auf, sie sind das Ergebnis einer langjährigen Partnerschaft auf Augenhöhe. Eine Kooperation, die insbesondere auch im wirtschaftlichen Bereich von zentraler Bedeutung ist. Für unseren Wohlstand bleibt der gegenseitige Zugang zum Markt daher elementar – ist die EU doch der mit Abstand wichtigste Handelspartner der Schweiz. Aber auch in vielen anderen Bereichen wie der Bildung, der Kultur oder der Wissenschaft arbeitet die Schweiz eng mit ihren europäischen Nachbarn zusammen. Es sind diese Kooperationsmöglichkeiten, die es uns erlauben, unsere Anliegen, unsere Expertise und unsere Mitarbeit in die Ausgestaltung der europäischen Politik einzubringen. So trägt die Schweiz dazu bei, dass

Europa als Wirtschafts- und Innovationsstandort auf globaler Bühne geschlossen und überzeugend auftreten kann. Gerade in einer sich fragmentierenden globalen Weltordnung ist ein starkes und geeintes Europa im ureigenen Interesse der Schweiz – für ihre Unabhängigkeit, ihre Sicherheit und ihre gemeinsame Wohlfahrt. Eine langjährige Beziehung zweier souveräner Partner, gezeichnet durch die Suche nach dem optimalen Gleichgewicht zwischen weitreichendem Marktzugang und der Wahrung grösstmöglicher politischer Eigenständigkeit. Eine Beziehung in Freundschaft und Nachbarschaft.

In einer zunehmend instabilen Welt muss die Schweiz ihre Interessen präzise definieren. Sie muss aus einer klar definierten, innenpolitisch verankerten Position heraus agieren und sich dabei auf ihre Stärken und Werte abstützen können. Mit einer wirksamen Aussenpolitik fördern wir die Stabilität in der Welt und damit auch Sicherheit und Wohlstand in der Schweiz.

Anmerkung

1   https://www.eda.admin.ch/avis28 (abgerufen am 11.6.2021).

Christa Markwalder,
Nationalrätin, Präsidentin der Schweizerischen
Gesellschaft für Aussenpolitik
Für eine mutige schweizerische Aussenpolitik
im 21. Jahrhundert

Während der weltweit wütenden Corona-Pandemie ist uns die Verletzlichkeit unserer Gesellschaft, die Wichtigkeit transnationaler Wertschöpfungsketten und die Notwendigkeit internationaler Forschungszusammenarbeit für die rasche Entwicklung von Impfstoffen konkret vor Augen geführt worden.

In der Pandemiebekämpfung zeigen sich Stärken – gewiss auch Schwächen – internationaler Abmachungen und Vereinbarungen. Wie werden diese umgesetzt und eingehalten? So hat die Pandemie auch hierzulande nationalistische Reflexe befeuert mit dem Hochziehen von Grenzzäunen und dem temporären Erlass von strikten Einreiseverboten.

Umso wichtiger ist die Öffnung unseres aussenpolitischen Horizonts auf ein «bigger picture», das die geopolitischen Machtverschiebungen im Auge hat, sodass die Schweiz ihre ökonomischen wie ökologischen und sicherheitspolitischen Interessen weiterhin wahren kann. Das kann für unsere stolze Demokratie selbstverständlich nur im Einklang mit den verfassungsmässigen aussenpolitischen Zielsetzungen der Schweiz erfolgen, nämlich mit der Demokratie- und Friedensförderung, der Achtung der Menschenrechte, der Verringerung der Armut und dem Erhalt der natürlichen Lebensgrundlagen.

Die Welt ist spätestens im 21. Jahrhundert zu einem globalen Dorf geworden. Dank neuer Technologien, Kommunikationsplattformen und der internationalen Arbeitsteilung werden den heutigen Generationen Chancen und Möglichkeiten eröffnet, die in der Geschichte einzigartig sind.

Die ökonomische Vernetzung der Systeme und globale Wertschöpfungsketten haben sich während der Pandemie ausbezahlt. Und noch weitaus wichtiger: Sie haben im letzten Jahrhundert zur Friedenssicherung wie auch der generellen Vermehrung des Wohlstands gedient. Das erkannten bereits die Gründerväter der heutigen Europäischen Union mit der Schaffung der Montanunion 1951.

Wie wichtig der Schutz von Menschenrechten und individuellen Freiheiten ist, wurde von der UNO nach zwei verheerenden Weltkriegen im letzten Jahrhundert in ihrer Allgemeinen Erklärung der Menschenrechte 1948 festgehalten und vom Europarat in der Europäischen Menschenrechtskonvention 1950 völkerrechtlich verankert.

Eine regelbasierte Weltwirtschaftsordnung sollte mit dem General Agreement on Tariffs and Trade (GATT) 1947 eingeführt werden, die Welthandelsorganisation WTO mit Sitz in Genf hat 1995 diese völkerrechtliche Vereinbarung in eine internationale Organisation überführt.

Angesichts der Umweltverschmutzungen des Industriezeitalters und der weltweiten Klimaerwärmung kam die Völkergemeinschaft am Gipfel von Rio 1992 überein, eine Agenda 21 zu entwerfen sowie Übereinkommen über Klimaänderungen und biologische Vielfalt zu verabschieden. Für einen wirksamen Klimaschutz wurde das Kyoto-Protokoll 1997 konkretisiert und mit dem Pariser Klimaabkommen 2015 festgehalten, dass bis 2050 durch eine sukzessive Reduktion der Treibhausgase eine Begrenzung der Klimaerwärmung auf 1,5 Grad angestrebt wird.

Mit den UNO-Millenniumszielen und seit 2016 mit den 17 Zielen für nachhaltige Entwicklung (SDGs) wird die «Transformation unserer Welt» angestrebt. Auf die Umsetzung dieser Agenda 2030 für nachhaltige Entwicklung haben sich alle UNO-Länder verpflichtet. Nebst Zielen wie Frieden, Armutsbekämpfung und Bildung stehen auch die Beschäftigung, Industrialisierung und das Wirtschaftswachstum auf der Agenda.

Rückblickend zeigen sich in einer Zwischenbilanz die Fortschritte in Zahlen und Fakten. Die weltweite Armut konnte deutlich reduziert werden. 1990 lebte fast die Hälfte der Weltbevölkerung in extremer Armut, heute sind es weniger als 10 Prozent. Dazu ist die Kindersterblichkeit massiv zurückgegangen, der Zugang zur Schulbildung für alle Kinder wird immer besser, der Mittelstand ist stark gewachsen und die Lebenserwartung deutlich gestiegen.

Doch in der Post-Corona-Welt bleibt die Lage fragil. Neue geopolitische Mächteverhältnisse wirken wie tektonische Platten. Zu den politisch-seismischen Aktivitäten gehören neue Konflikte und Spannungen wie der Handelskonflikt zwischen den USA und China, der Brexit, die russische Besetzung der Krim, Kriege in Nahost, die autokratischen Verhältnisse in der Türkei, die Reaktionen auf militärische Putsche wie in

Myanmar sowie die Zunahme von nationalistischen und populistischen Kräften – auch in den europäischen Demokratien.

Rüstungsausgaben stiegen trotz Abkommen über nukleare Abrüstung auf über 2 Billionen Franken, ein Niveau, das zuletzt während des Kalten Kriegs erreicht wurde. Gemäss Lagebericht des Nachrichtendienstes des Bundes sind Terrorismus, Cyberwar, Spionage und gewalttätiger Extremismus weiterhin ernst zu nehmende Gefahren. Mit steigender Nachfrage nach Rohstoffen und Energie zeichnen sich Ressourcenkonflikte, aber auch Hungersnöte ab. In diesem Kontext sind auch Grossprojekte wie die «Neue Seidenstrasse», die Gas-Pipeline Nord Stream 2 oder der Istanbul-Kanal einzuordnen. Nicht zuletzt hängt über den Finanzsystemen, mit den massiv gestiegenen Staatsschulden und erweiterten Geldmengen der Nationalbanken, ein Damoklesschwert.

Umso wichtiger ist das aktive und mutige Auftreten der Schweiz in der Aussenpolitik. Es ist die beste Versicherung für unser Land. Um für das latente «Erdbebenrisiko» vorbereitet zu sein, gilt es die noch vorhandenen Trümpfe zu spielen: Kooperation, Innovation und Goodwill.

Kooperation ist der wichtigste Pfeiler. Die Schweiz sollte sich weiterhin engagiert als international offene Partnerin an Verträgen, Vereinbarungen, Konventionen und gemeinsamen Abkommen aktiv beteiligen mit politischen, wirtschaftlichen und auch sozialen oder kulturellen Inhalten, sei dies in bi- oder multilateraler Form.

Auch wenn die Schweiz kein Gründungsstaat der Montanunion war: Die kontinentale Neuordnung kam auch ihr zugute, sie blieb bis zum heutigen Tag vom Krieg verschont, sie verharrt aber zunehmend in einer Beobachterrolle und lässt Gestaltungskraft vermissen. Die verlorene EWR-Abstimmung 1992 konnte dank bilateraler Verträge abgefedert werden. Der Zugang zum wichtigen EU-Binnenmarkt war damit immerhin sektoriell sichergestellt. Doch die Verträge, die gern als Brücken dargestellt werden, werden brüchig, und die grösseren und kleineren Risse können rasch zu einem Einbruch führen. Einzelne Verbindungen wie die Börsenäquivalenz, das Mobilitätsprogramm Erasmus oder die gegenseitige Anerkennung von Normen sind bereits eingestürzt oder stark gefährdet, die Arbeiten für die neu geplanten Brücken in Form einzelner Sektorabkommen wie im Strombereich sistiert.

Als selbst ernannte Insel in Europa kann sich die Schweiz keine weiteren Brückeneinstürze leisten, und bereits gekappte Übergänge müssen auf einem soliden Fundament neu gebaut werden. Das Rahmenabkommen hätte den eminent wichtigen EU-Binnenmarktzugang weiterhin sicherstellen sollen. Welche Lösung wir mit der EU finden werden, ist offen. Ebenfalls fraglich ist, ob wir ohne diese Rechtssicherheit und wegen des verspielten Vertrauens durch den einseitigen Verhandlungsabbruch des Bundesrats gegenüber der EU weiterhin in der Liga der globalisiertesten Länder der Welt verbleiben können.

Nebst dem EU-Binnenmarktzugang zählen auch starke Beziehungen mit Staaten auf der ganzen Welt. Durch diese kohärente und auf Kooperation ausgerichtete Aussenpolitik mit derzeit über 32 Freihandelsabkommen mit 42 Partnern können wir neue Märkte für unsere Wirtschaft erschliessen. Mit dem Freihandelsabkommen mit Indonesien ratifizierten wir zum ersten Mal ein Abkommen mit Nachhaltigkeitszielen, notabene mit einem Land, das bald gleich viele Einwohnerinnen und Einwohner wie die USA haben wird. Diesen Weg gilt es konsequent weiterzuverfolgen, mit Malaysia, Südamerika (Mercosur) und den USA. Davon profitiert letztlich die ganze Schweiz, insbesondere unsere innovativen KMUs, auch in Randregionen.

Erneut sieht sich die Schweiz unter Druck angesichts der Forderung der OECD nach einer globalen Firmen-Mindestbesteuerung, die von den G-7 bereits auf 15 Prozent festgelegt wurde. Diese hätte unmittelbaren Einfluss auf den interkantonalen Steuerwettbewerb und den Unternehmensstandort Schweiz. 2009 haben wir mit der Abschaffung des Ausland-Bankgeheimnisses hautnah miterlebt, wie schnell der weltweite Druck zu Praxisänderungen führt.

Innovativ bleiben wir nur mit Investitionen aus dem öffentlichen und privaten Sektor in den Rohstoff Bildung. Dabei gilt es die internationale Zusammenarbeit im Bildungsbereich und den Zugang zum europäischen Forschungsprogramm Horizon Europe zu sichern. Der starke Bildungs- und Forschungsstandort mit renommierten Hochschulen und Universitäten ist und bleibt ein gewichtiger Standortvorteil.

Goodwill schafft die Schweiz mit ihrer Neutralität und den verschiedenen Schutzmachtmandaten, aber auch als stolzer Sitzstaat des Völkerbunds und des europäischen Sitzes der UNO sowie von zahlreichen weiteren internationalen Organisationen wie der WTO, WHO und der Bank für Internationalen Zahlungsausgleich. Und obwohl wir erst seit 2002 offizielles UNO-Mitglied sind, wagen wir 2023/24 die Kandidatur für den UNO-Sicherheitsrat. Auch damit stärken wir unsere Verhandlungsposition.

Kooperation, Innovation und Goodwill kommen aber nicht von allein. Sie benötigen eine mutige und weitsichtige Aussenpolitik und grosses Engagement. Die SGA leistet mit ihrer Arbeit einen kleinen, aber umso wichtigeren Beitrag dazu. Dies tut sie auch mit diesem Buch und Nachschlagewerk, das zu neuen Ansätzen und Lösungen in der Aussenpolitik anregen soll. Es steht in der Tradition des von der SGA 1975 und 1992 vorgelegten *Handbuchs der schweizerischen Aussenpolitik*. Ich danke allen, die zur Realisation dieses neuen Wegweisers beigetragen haben – und Ihnen allen, die sich an der Debatte über die schweizerische Aussenpolitik im 21. Jahrhundert beteiligen!

Über dieses Buch

Das vorliegende Buch versteht sich als Neuauflage des 1992 von Alois Riklin, Hans Haug und Raymond Probst ebenfalls im Auftrag der Schweizerischen Gesellschaft für Aussenpolitik SGA herausgegebenen *Neuen Handbuchs der schweizerischen Aussenpolitik*. Es folgte auf ein bereits 1975 unter dem Patronat der SGA erschienenes Handbuch.

Auf den Begriff «Handbuch» wurde bewusst verzichtet (das Handbuch von 1992 war eine Sammlung von Fakten und Analysen in 57 Kapiteln). Stattdessen präsentiert das Buch in 12 Kapiteln Reflexionen zu aussenpolitischen Handlungsfeldern, welche die Herausgeberschaft und die sie beratende Begleitgruppe der SGA als besonders wichtig erachten. Die SGA setzte eine Begleitgruppe ein, die Kommentare und Anregungen zu den Kapiteln macht, die in die weitere Bearbeitung eingeflossen sind. Die hier publizierten Inhalte verantworten jedoch abschliessend die Autorinnen und Autoren sowie die Herausgeberschaft.

Die Autorinnen und Autoren der einzelnen Kapitel sind in den jeweiligen Themenbereichen wissenschaftlich tätig. Persönlichkeiten aus der Praxis haben einige Themen in Gesprächen mit den beiden Herausgeberinnen anhand konkreter Beispiele und gegenwärtiger Trends illustriert.

Das Buch ist Ausdruck einer offenen, parteipolitisch unabhängigen und konstruktiven Reflexion zu den wichtigsten aussenpolitischen Handlungsfeldern der Schweiz. Es ist nicht als «Weissbuch», «Blueprint» oder politisches Manifest zu verstehen. Es bietet damit eine hoffentlich sinnvolle Ergänzung zur Lektüre politischer Strategiedokumente zur Schweizer Aussenpolitik, die unter der Ägide der Bundesverwaltung und des Bundesrates erscheinen. Bisherige Beispiele sind etwa der Bericht der Arbeitsgruppe «Aussenpolitische Vision Schweiz 2028» von 2020 im Auftrag von Aussenminister Ignazio Cassis oder die Aussenpolitische Strategie 2020–2023 des Bundesrats.

Die Schweizerische Gesellschaft für Aussenpolitik dankt den beiden Herausgeberinnen Katja Gentinetta und Joëlle Kuntz und dem Herausgeber Thomas Bernauer für die umsichtige Konzeption und Realisation der Publikationsprojekts.

Ebenso dankt die SGA den Mitgliedern der von ihr eingesetzten Begleitgruppe unter der Leitung von Gret Haller, Ehrenpräsidentin der SGA. Weitere Mitglieder waren: Daniel Brühlmeier, Thomas Cottier, Patrick Dümmler, Astrid Epiney, Hans-Jürg Fehr, Gilles Grin, Lukas Hupfer, Andreas Kellerhals, Georg Kreis (in der Konzeptphase), Markus Mugglin, Felix Müller, François Nordmann, Emilia Pasquier, Chantal Tauxe, Christoph Wehrli. Sie bedankt sich ebenfalls bei ihrem Vizepräsidenten Rudolf Wyder, der aufseiten der SGA die Projektkoordination übernahm.

Besonders dankbar ist die SGA den Stiftungen, Fonds und Unternehmen, die durch ihre Beiträge die Erarbeitung und Publikation des Werks ermöglicht haben. Es sind dies die UBS Kulturstiftung, die Ernst Göhner Stiftung, die Ursula Wirz-Stiftung, die Kairos-Stiftung zur Förderung der Forschung der Beziehungen der Schweiz zum Ausland, der Lotteriefonds Kanton Bern, die Schweizerische Mobiliar Genossenschaft, Swiss Re sowie Nestlé.

Die Herausgeberschaft ihrerseits bedankt sich für wichtige Hinweise und Vorschläge bei der Erarbeitung des Konzepts für dieses Buch, insbesondere bei Franz von Däniken, Jakob Kellenberger, Andreas Wenger und Rudolf Wyder. Speziell bedankt sie sich bei Christoph Wehrli, der die Übersetzungen aus dem Französischen begutachtet und selbst Übersetzungen beigesteuert hat.

Ein grosser Dank gilt auch Nicolas Solenthaler, der geholfen hat, die Arbeitsabläufe effizient zu organisieren und das Buch kohärenter zu gestalten. Schliesslich dankt die Herausgeberschaft dem Verlag für dessen Sorgfalt bei Lektorat und Produktion.

Die Schweiz in der Welt des 21. Jahrhunderts: Ausgangslage und Fragestellungen

Thomas Bernauer, Katja Gentinetta, Joëlle Kuntz

Einmal mehr muss die Schweiz ihren Platz in einer sich tiefgreifend verändernden Welt suchen. Es ist eine Welt, die durch globale Wertschöpfungsketten, den weiten Verkehr von Waren, Personen und Kapital wie auch durch Umwälzungen in der Informationstechnologie globalisiert ist wie nie zuvor. Damit hat sich auch die Grundstruktur der internationalen Beziehungen gewandelt: War der Wettbewerb zwischen dem Westen und der Sowjetunion um die Vorherrschaft im 20. Jahrhundert primär politischer und militärischer Art, so ist er jetzt vielmehr wirtschaftlich und technologisch geprägt, und es stehen sich in erster Linie die Vereinigten Staaten und China gegenüber. Die Konfrontation zwischen diesen beiden Grossmächten strukturiert die weltweite Logik der Allianzen und der Kräfteverhältnisse immer mehr. Sie manifestiert sich in der wirtschaftlichen Konkurrenz, der diplomatischen Konkurrenz mitsamt ihrer militärischen Dimension und in der Systemkonkurrenz: dem Kampf zwischen unterschiedlichen politischen und kulturellen Werten.

Wachablösung bei den Grossmächten
Unter US-Präsident Donald Trump hat sich dieser Konflikt im wirtschaftlichen Bereich verschärft; unter Präsident Biden wird der chinesisch-amerikanische Wettbewerb auf der Ebene der Werte fortgesetzt. Die Vereinigten Staaten nehmen die Idee der «Gemeinschaft der Demokratien», die im Juni 2000 an der Konferenz von Warschau lanciert worden war, wieder auf und erklären die demokratischen Prinzipien zu ihrer Priorität, die es gegen die Bedrohung durch autoritäre Mächte zu verteidigen gelte. Sie sehen sich dazu legitimiert durch Pekings Repression

gegen die Autonomie von Hongkong, die brutale Internierung von Uiguren in Xinjiang, die Bedrohung von Taiwan und die Desinformationen der chinesischen Regierung während der Covid-19-Pandemie.

Das chinesische Regime seinerseits forciert den Primat seiner nationalen Tradition und scheut in seiner Propaganda gegen die fremden liberalen Werte keinen Aufwand. Nur wirtschaftlich verfolgt China eine Internationalisierungsstrategie mit dem Ziel, im Jahr 2049, der Hundertjahrfeier der Gründung der Volksrepublik, zu den Industrieländern des Westens aufgeschlossen zu haben. Gleichsam als Etappe auf diesem Weg läuft das Wirtschafts- und Technologieprogramm «Made in China 2025». Mit beträchtlichen Währungsreserven versehen, präsentieren sich die staatlichen oder staatlich gesteuerten Unternehmen einem grossen Teil der Welt als wirtschaftliche Partner erster Wahl. Dabei dienen die Direktinvestitionen in den Industrienationen, auch der Schweiz, als Wachstumsmotoren und Innovationstreiber; die Finanzierung oder der Erwerb von Infrastrukturen für Schifffahrt und Bahn im Rahmen der «neuen Seidenstrasse» erweitern Zugänge zu Märkten; und sie geben Gelegenheit, auf die überschuldeten Staaten Druck auszuüben.

Ob sich die Demokratien von den USA gegen einen geoökonomischen Akteur der Dimension Chinas einspannen lassen, ist offen. Dessen Machtzuwachs und die amerikanische Gegenoffensive machen es Europa – und auch der Schweiz – jedenfalls nicht einfacher, die heikle Balance zwischen Interessen und Werten zu wahren, besonders wenn es um die Beachtung der Menschenrechte geht. Damit ist auch unklar, wie sich die transatlantischen Beziehungen entwickeln werden, wenn die USA und Europa über den Umgang mit China unterschiedlicher Meinung sind. Bei seinem ersten Besuch in Brüssel im April 2021 bemühte sich der amerikanische Staatssekretär Antony Blinken darum zu versichern, dass Washington keinerlei Blockbildung erzwingen werde. Vielmehr lud er die Führungen der EU und der NATO dazu ein, seine Vision der Beziehungen mit Peking zu teilen: «Konkurrenz, wenn der Regelfall herrscht, Kooperation, wenn es möglich ist, Feindseligkeit, wenn es notwendig ist.» – ein Spektrum von Situationen, offen für alle Nuancen der Interpretation. So hatte sich die EU im Frühjahr 2021 den USA angeschlossen und ebenfalls Sanktionen gegen die Verantwortlichen der Unterdrückung in Xinjiang verhängt. Wie wird sich die Schweiz verhalten? Wird sie interne Massnahmen ergreifen – wie etwa anlässlich der europäisch-amerikanischen Sanktionen gegen russische Persönlichkeiten –, um niemanden zu vergraulen?

In dieser Systemkonkurrenz spielt die Eidgenossenschaft ihren Solopart, auch wenn sie durch ihr geopolitisches und ideologisches Umfeld starken Zwängen ausgesetzt ist. Ihre «China-Strategie 2021–2024» stellt die wirtschaftliche Zusammenarbeit formell in den Rahmen der «Grundwerte, wie sie in der Bundesverfassung stehen». Was aber, wenn die genannten Werte in China auf taube Ohren stossen? Wie will die Schweiz, wie es die Strategie bekräftigt, «eine eigenständige Politik verfolgen», ohne Gefahr zu laufen, sich von der EU oder den USA zu entfremden? Diese Partner sind wirtschaftlich und politisch ungleich grösserer Bedeutung.

Die gleiche Frage lässt sich mit Blick auf die Beziehungen zu Russland stellen, auch wenn sie nach den Erfahrungen des Kalten Kriegs weniger neu ist. Trotz seiner Grösse verfügt Russland nach wie vor über eine ungenügende Wirtschaftskraft, um im Ringen um die globale Vorherrschaft ins Gewicht zu fallen. Seine Industrieproduktion ist nicht auf den Export und internationalen Massenkonsum ausgerichtet. Nur die Rohstoffe – Gas, Öl und Kohle – verschaffen ihm noch die Möglichkeit, Einfluss auf das Verhalten bestimmter Länder in Europa und der übrigen Welt zu nehmen. Die Konkurrenz durch saubere Energien wird aber auch dieses Druckmittel schwächen. Hingegen erlauben es ihm seine geheimdienstlichen Aktivitäten, sich als ernst zu nehmender politischer Akteur zu positionieren und seine Rivalität gegenüber dem Westen zur Schau zu tragen.

Russlands militärische Interventionen im Nahen Osten zur Unterstützung der syrischen Diktatur wie auch seine Destabilisierungsversuche durch Cyberoperationen in Europa und den USA untermauern die Strategie, den Gegensatz der Werte aufrechtzuerhalten, ja zu verstärken. In territorialer Hinsicht gibt sich Russland einen Blankoscheck, um sich in seiner selbst definierten Einflusszone, die vom Baltikum über das Schwarze Meer bis zum Mittelmeer reicht, in Vormacht zu bringen. Als eine der fünf offiziellen Atommächte schwächt es den Sicherheitsrat zusätzlich und bringt die UNO sowie das Völkerrecht ins Wanken.

Werden die Demokratien Russland die Stirn bieten? Und wie wird sich die Schweiz verhalten? Ob sie ihre in der Vergangenheit stets anerkannte vermittelnde Rolle, die sie als Mitglied der beiden europäischen Institutionen OSZE und Europarat einnahm, wieder aufnehmen kann, wenn die Spannungen in offene Kriegshandlungen münden, ist unklar. Die Schweiz hat sich in beiden Organisationen stark engagiert und ihr Vermittlungstalent zum Tragen gebracht. Angesichts der neuen Machtverhältnisse sind die Organisationen jedoch selbst geschwächt.

Die Europäische Union ist zwar drittgrösste Handelsmacht der Welt; 20 Millionen Unternehmen haben einen hindernisfreien Zugang zu einem Markt von 450 Millionen Konsumenten. Dennoch hat sie sich nicht zu einer strategischen Gemeinschaft entwickelt, die eine ihrer Grösse entsprechende politische Macht zur Geltung bringen könnte. Sie wird nach wie vor von ihren Mitgliedern und deren unterschiedlichen Zielen und Kulturen bestimmt. 2020 musste sie gar den Austritt des Vereinigten Königreichs hinnehmen. Bis heute gelingt es ihr nicht, eine gemeinsame Sicht auf die Welt einzunehmen und sich als einen ernst zu nehmenden politischen Akteur in Position zu bringen. Ihre inneren Konflikte zwischen dem Norden und dem Süden, dem Westen und dem Osten lähmen ihre Aussenpolitik. Der Preis für ihren Erfolg als Friedensprojekt ist ihre geopolitische Uneinigkeit.

Die Ziele und Stärken der EU liegen anderswo. Sie wächst mit jeder Krise mehr zusammen, indem sie Institutionen schafft, die bei der Krisenbewältigung helfen. Sie entwickelt ein mächtiges Normensystem, das Schule macht: Die meisten Wirtschaftssektoren, die am europäischen Binnenmarkt teilnehmen möchten, müssen zwingende Normen und Richtlinien befolgen, die unter den Mitgliedstaaten gebührend und lange ausgehandelt worden sind. Die europäische Regulierung (von Medizin, Finanzen, Technik, Gesundheit, Recht usw.) verleiht der Union die Macht – und die Reputation –, die ihrer Diplomatie und ihrer Verteidigung fehlen. Die EU ist somit, was ihre Vergangenheit und ihre Gegenwart angeht, als Staatenverbund solide. Was ihre Zukunft betrifft, ist sie hingegen unsicher, da ihr gemeinsames Projekt ständiger Gegenstand interner Verhandlungen ist.

Neue Herausforderungen, reformbedürftige Institutionen

Eine weitere grosse Veränderung im ersten Viertel des 21. Jahrhunderts ist das wachsende Bewusstsein für die Verletzlichkeit des Planeten Erde, für die Rolle der Menschheit bei dessen Schutz und für die dazu unerlässliche Zusammenarbeit der Nationen. Das Auftauchen eines tödlichen Virus mitten in der wirtschaftlichen Euphorie ist nur ein Beweis dafür, dass sich neue Handlungsweisen aufdrängen. Fünfzig Jahre nach der UNESCO-Konvention über den Schutz des Kultur- und Naturerbes der Welt (1972) bildet noch immer die UNO den Rahmen, innerhalb dessen die Regeln für die grossen Themen des Zusammenlebens – die Gesundheit, das Klima, die Entwicklung, die Menschenrechte, der Handel, das geistige Eigentum – verhandelt werden. Die 17 Nachhaltigkeitsziele der UNO (SDGs), 2015 von der Gesamtheit der Staaten beschlossen, bilden den Nukleus einer Weltagenda für das nächste Jahrzehnt. Sie sind die Leitplanken für staatliches Handeln. Die Resultate ihrer Anstrengungen werden nach einheitlichem Massstab miteinander verglichen und kommentiert. Sie dienen aber auch als Orientierung für die Gesellschaft als Ganzes, für die Unternehmen und ihre Investoren, deren Reputation immer mehr von der Beachtung der Prinzipien der Nachhaltigkeit abhängt.

Auch die Stärke der UNO hängt von ihren Mitgliedern ab. Das System ist in finanzieller Hinsicht prekär, in seiner Autorität unsicher und in seiner Ordnung schwach, da sämtliche Anstrengungen jederzeit von gegensätzlichen Auffassungen durchkreuzt werden können. In ihrer Hauptaufgabe, der Bewahrung des Friedens, fehlt der UNO gleichsam der Atem. Der Sicherheitsrat ist gelähmt. Der Menschenrechtsrat ist unwirksam und manchmal hoch irritierend, dennoch ist er der Ort, wo Menschenrechtsdivergenzen offen diskutiert werden. Die Normen, die aus der ideologischen Konfrontation der Staatenvertreter in den Spezialorganisationen resultieren, sind nicht mehr als der kleinste gemeinsame Nenner einer Welt, wie sie ist. Dennoch kann sich die UNO als universell bezeichnen. Ihre Stärke liegt, wenn es denn eine ist, im Anspruch, dass sie die Welt verbessern kann. Die Covid-19-Krise hat es gezeigt: Die Weltgesundheitsorganisation WHO wurde von Donald Trump im Stich gelassen und von China schikaniert. Dennoch diskutiert sie, mit der ihr typischen Vorsicht, über eine Reform, mit der die institutionellen Hürden überwunden werden sollen, die ihre Wirkungskraft im Kampf gegen die Pandemie eingeschränkt haben.

Wie steht es um die Welthandelsorganisation WTO? Geschaffen im Nachgang der wirtschaftlichen Öffnungen Russlands und Chinas und dem damit einhergehenden Optimismus, sollte sie in einer multipolaren Welt eine geregelte und damit gerechtere Wohlstandsvermehrung für alle Volkswirtschaften ermöglichen. Sie hat dies so erfolgreich getan, dass sich das Verhältnis zwischen Gewinnern und Verlierern auf Kosten der Gründerstaaten mittlerweile umgekehrt hat. Mit seinem

militanten Nationalismus hat der verärgerte Donald Trump diesem
Treiben ein Ende gesetzt. Um zu einem neuen Gleichgewicht zu gelangen, braucht die WTO neue Regeln. Die Schweiz versucht, zu diesem
«reformierten Multilateralismus», wie sie es nennt, einen Beitrag zu leisten. Ob die WTO fähig ist, Länder wie China, das seinerseits versucht,
der Organisation seine Funktionsweise aufzudrücken, zu integrieren, ist
offen. Sein Eindringen jedenfalls ist dem westlichen Universalismus
entgegengesetzt.

Die Eidgenossenschaft bekennt sich zu den Prinzipien der weltweiten Kooperation und zum internationalen Recht als Schranke gegen die
blosse Macht. Es liegt ihr viel daran, dass die UNO mit ihren Spezial-
agenturen auf der Höhe der heutigen Herausforderungen agiert. Genf ist
für sie ein wichtiges Handlungsfeld, besonders in der Umweltpolitik,
denn die Stadt ist Sitz der Intergouvernementalen Expertengruppe für
Klimawandel (IPCC), die von der Weltorganisation für Meteorologie
und vom UNO-Umweltprogramm 1988 gebildet worden ist. Generell
bedacht, die Potenziale des internationalen Genf zu entwickeln, unterstützt der Bund etwa 15 Denk-, Diskussions- und Koordinationsplattfor-
men in den verschiedensten Bereichen, in denen Fachkenntnisse vor Ort
versammelt sind. Welche Folgen die Covid-19-Pandemie mit ihrer dras-
tischen Reduktion von Konferenzen, Reisen und Büroarbeit für das
Leben dieses internationalen Zentrums hat, kann heute noch nicht abge-
schätzt werden. Die kurzfristigen finanziellen Gewinne mögen für die
Organisation erfreulich sein; für das internationale Netzwerken in Genf
aber ist diese Entwicklung beunruhigend.

Übers Ganze gesehen, muss die Schweiz in einem dynamischen
geopolitischen Kontext und einer durch Klimaveränderungen durchein-
andergewirbelten Umwelt ihre Stellung behaupten, ihre Abhängigkeiten
annehmen und den Raum ihrer Souveränität verteidigen. Die Neutralität
war in einer prioritären Aussenhandelspolitik ein wichtiges Instrument.
Es gibt keine Garantie dafür, dass sie diese Schutzfunktion noch erfüllen
kann, wenn die internationale Zusammenarbeit durch Multilateralismus
und Allianzen geprägt ist, wenn Machtdemonstrationen auf Wertekon-
kurrenz beruhen und wenn zwischenstaatliche Konflikte in Bürgerkriege,
terroristische Akte oder staatliche Gewalt umschlagen.

Die Europäische Union als grösste Herausforderung für die Schweiz

Unter all den Fragen, die Gegenstand dieser Publikation sind, dominiert eine alle anderen: die Beziehung zur Europäischen Union. Das Buch erscheint wenige Monate nach dem Entscheid des Bundesrats vom 26. Mai 2021, die Verhandlungen über ein Institutionelles Abkommen mit der EU abzubrechen. Nach fast 20 Jahren Diskussion und Verhandlung haben die EU und die Schweiz keinen Weg gefunden, ihre Beziehung auf eine stabile und dauerhafte Basis zu stellen, die weiter reicht als die sektoriellen bilateralen Verträge, die nach dem Urteil der EU keine Zukunft besitzen. Ohne rechtliches Gerüst für ihre Weiterentwicklung und Erneuerung drohen diese zu verkümmern und letztlich jegliche Substanz zu verlieren, sodass die Schweiz ohne festen wirtschaftlichen und politischen Partner dastünde: als «Drittstaat» inmitten Europas.

Im Zentrum des Disputs: die Souveränität, ein Begriff, der allen Ländern der Welt teuer ist, dessen Wert sie indes in einer Kosten-Nutzen-Rechnung kühl abwägen und je nach ihrer Grösse und ihrem Gewicht modulieren. In der Schweiz hat die Diskussion vor 30 Jahren, als sich die Frage des Beitritts zum Europäischen Wirtschaftsraum stellte, eine entscheidende Wende genommen. Der damalige Bundesrat beschrieb das Dilemma mit der Frage, die bis heute nicht an Gültigkeit eingebüsst hat: Ist die Schweiz souveräner als Mitglied einer europäischen Verbindung, deren Politik sie mit vollen Rechten mitgestalten könnte – oder im Gegenteil als unabhängiger Staat, der aber für den Zugang zum grossen Markt den von anderen gestellten Bedingungen unterworfen ist? Ist der sogenannte autonome Nachvollzug von Regeln der anderen ein Zeichen von Souveränität oder vielmehr eines von Abhängigkeit?

Diese Fragen wurden wieder und wieder debattiert – und anschliessend überdeckt vom vorübergehenden Erfolg des sektoriellen bilateralen Wegs. Er war für die Schweiz so vorteilhaft, dass sie es versäumte, sich dessen mögliches Ende überhaupt nur vorzustellen. Von dem Moment an, als der Bundesrat unter dem Druck der Europagegner jegliche Perspektive eines Beitritts aufgab, war auch für die Europäische Union klar, dass der Bilateralismus kein Übergangsregime mehr war. Sie konnte der Schweiz folglich keine Ausnahmen mehr zugestehen, in deren Genuss nicht auch ihre Mitgliedstaaten kämen.

Das Institutionelle Rahmenabkommen, das das Gleichgewicht zwischen den wirtschaftlichen Bedürfnissen der Schweiz und den Gleichbehandlungsbedürfnissen der EU wiederherstellen sollte, wurde in der

Schweiz als nicht hinnehmbarer Souveränitätsverlust wahrgenommen – allerdings einer überhöhten Souveränität, die sich um jegliches politische und moralische Engagement gegenüber jenen, auf deren Werk ihr Wohlstand ebenfalls beruht, foutiert; einer Souveränität, die den Einfluss der Macht auf das internationale Recht zu ignorieren scheint; und einer Souveränität, die die realen Opfer der Schwächsten ignoriert.

Das Scheitern des Institutionellen Abkommens wird Gewinner und Verlierer hervorbringen – bezüglich Beschäftigung, Wettbewerbsfähigkeit, Bildung, Forschung und nicht zuletzt der schweizerischen Diplomatie, deren Ruf als verlässliche Partnerin gelitten haben dürfte. Erst die spürbaren Folgen werden zeigen, was die von den Abkommensgegnern verteidigte Souveränität wirklich bedeutet – sowohl innerhalb als auch ausserhalb der Schweiz. Die EU dürfte nicht bereit sein, die Gespräche mit einem Partner, den sie als unberechenbar erfahren hat, wieder aufzunehmen, ohne sich zuvor entsprechend abzusichern.

In ihrer Geschichte hat sich die Schweiz Allianzen fast immer widersetzt. Ob sie dies auch weiterhin wird tun können, wird sich weisen. Ihre Neutralität stammt aus Zeiten, die von Konflikten in der Nachbarschaft geprägt waren. Heute ist sie von der Europäischen Union umgeben, die sich den Frieden zur Aufgabe gemacht hat.

Überblick über die Kapitel
Die einzelnen Kapitel dieses Buches zeigen, welche Bedingungen dieses 21. Jahrhundert der Schweiz auferlegt und sie zu Veränderungen in ihrer Aussenpolitik zwingt. Im Folgenden ein Überblick dazu.

In Kapitel 1 betrachtet Sacha Zala die Ziele und Zwecke der schweizerischen Aussenpolitik, wie sie in der Bundesverfassung und anderen Dokumenten sowie der Praxis erscheinen. Er zeigt auf, wie sich die Schweizer Aussenpolitik seit 1848 zwischen den Polen Souveränität, Neutralität und Aussenhandel sowie dem später wichtiger werdenden humanitären Engagement bewegte. Dabei stellte die Aussenhandelspolitik eine Konstante dar; Souveränität und Neutralität wurden je nach innenpolitischer Verfassung und Weltlage unterschiedlich gewichtet und interpretiert. Während unmittelbar nach der Gründung des Bundesstaats die Souveränität im Zentrum stand, entwickelte sich in der Folge der beiden Weltkriege und insbesondere beim Beitritt zum Völkerbund die Neutralität zur prägenden aussenpolitischen Doktrin – eine Stellung, die sie bis heute einnimmt. Im Windschatten dieses Diskurses pflegte die Schweiz eine aktive Aussenpolitik, die auf Nischen ausgerichtet war, namentlich den technischen und humanitären Internationalismus. Ausserdem verstand es die Schweiz, ihre machtpolitisch schwache Stellung durch ein ausgeprägtes Engagement für ein funktionierendes Völkerrecht zu kompensieren, sich früh als Standort für multilaterale Organisationen zu positionieren und ihre Neutralität über die Guten Dienste auch für andere nutzbar zu machen. Der Autor hält fest, dass das in breiten Kreisen der Bevölkerung und Politik verabsolutierte Neutralitätsverständnis bis heute anhält und für das Schwanken zwischen multilateralem Engagement und Abschottung verantwortlich ist. Dies hat die Partizipation an internationalen Entwicklungen erschwert.

In Kapitel 2 analysiert Pascal Sciarini Akteure und Prozesse der schweizerischen Aussenpolitik. Er hält einleitend fest, dass die Zuständigkeit des Bundes für die auswärtigen Angelegenheiten im dezentralen Bundesstaat eine Ausnahme darstellt. Zwar darf sich der Bund nicht über die Kantone hinwegsetzen; die Verfassung sieht die Mitwirkung verschiedener Akteure an der Festlegung der Aussenpolitik ausdrücklich vor. Dies sowie spätere institutionelle Reformen, mit denen die Stellung der Kantone und des Parlaments in der Aussenpolitik gestärkt wurde, änderten an der Dominanz des Bundesrats jedoch wenig. Der Autor zeigt auf, wie die Schweizer Aussenpolitik und Aussenwirtschaftspolitik, die lange in den Händen einer kleinen Elite lag, von immer mehr Akteuren geprägt wird. Eine besondere Dynamik entwickelte die mit der wirtschaftlichen Globalisierung einhergehende zunehmende Durchdringung von Aussen- und Innenpolitik. In praktisch allen Departementen bildeten sich mit Aussenpolitik befasste Ämter; vorparlamentarische Konsultationen wurden informeller und selektiver; und zivilgesellschaftliche Akteure wie NGOs und andere öffentliche Interessengruppen brachten sich zunehmend in die Aussenpolitik ein. Schliesslich wurde die Mitbestimmung durch das Volk in mehreren Verfassungsrevisionen ausgebaut, was zu einer deutlichen Zunahme von Abstimmungen mit aussenpolitischen Themen führte. Ein sinnvolles Gleichgewicht zwischen Wahrung der Interessen der Schweiz in ihren Aussenbeziehungen und den innen- und aussenpolitischen Restriktionen ist, so hält der Autor abschliessend fest, immer schwieriger zu finden.

In Kapitel 3 beleuchtet Cédric Dupont das Verhältnis der Schweiz zu den Vereinten Nationen sowie die Bedeutung des «internationalen Genf» für die Aussenpolitik der Schweiz. Er stellt dar, wie sich nach der Mitgliedschaft der Schweiz im Völkerbund die nachfolgende Beteiligung an der UNO durch ein starkes und konstantes Spannungsverhältnis zwischen Neutralität und internationaler Solidarität auszeichnet. Die Schweiz konzentrierte sich lange Jahre auf eine «technische» Solidarität, bis sie 2002 im zweiten Anlauf der UNO beitrat. Ihr anschliessendes Engagement für die Reform des Menschenrechtsrats zeigte die Möglichkeiten der Schweiz, aber auch ihre Grenzen auf. Die Abhängigkeit von der europäischen und der amerikanischen Position wurde in diesem Prozess eher bestätigt denn überwunden. Auch jüngere Geschäfte wie die Kandidatur für einen nicht ständigen Sitz im Sicherheitsrat oder der UNO-Migrationspakt stellt der Autor in den Kontext des Spannungsfelds zwischen internationalem Engagement und nationaler Eigenständigkeit. Dass sich Genf früh als Sitz für internationale Organisationen positionieren konnte, jüngst jedoch ein paar Rückschläge verzeichnete, führt der Autor zwar auf die zunehmende Konkurrenz, aber auch die letztlich machtpolitisch schwache Position der Schweiz zurück. Dennoch sieht er im internationalen Genf eine unabdingbare Plattform für den für die Schweizer Aussenpolitik bedeutsamen Multilateralismus.

Kapitel 4 befasst sich mit dem Verhältnis der Schweiz zur Europäischen Union. Es ist das wichtigste Handlungs- und auch Problemfeld der Schweizer Aussenpolitik, da es das Verhältnis der Schweiz zu ihren unmittelbaren Nachbarn regelt. Verschiedene Möglichkeiten werden seit Langem diskutiert und immer wieder gegeneinander abgewogen: eine reine Freihandelsbeziehung, entlang dem Abkommen von 1972; eine wirtschaftspolitische Allianz, analog dem 1992 abgelehnten EWR-Vertrag; ein sektorieller Marktzugang mit den Bilateralen I und II, einschliesslich einer Aussicht auf einen Beitritt; und zuletzt ein institutionelles Rahmenabkommen zur Bewahrung und Stabilisierung des Bilateralismus. Ein EU-Beitritt stand kaum je ernsthaft zur Debatte. Keine dieser Varianten vermochte bisher eine dauerhafte Akzeptanz zu finden. Die Zukunft der Beziehungen zur EU ist offen. Das Thema wird der Schweiz indes erhalten bleiben, denn die EU hat gezeigt, dass sie ihre Integration trotz wiederholter Krisen fortzusetzen gewillt ist. Die Frage dieser so bewegten wie unsicheren, aber letztlich unentbehrlichen

Beziehung der Schweiz zur EU wird in diesem Kapitel aus vier Perspektiven betrachtet.

Anhand der **Chronologie** des Rahmenabkommens, des aktuell jüngsten Versuchs einer gemeinsamen institutionellen Grundlage, zeigt Joëlle Kuntz, wie umständlich und zögerlich die Beziehungen zur EU seitens der Schweiz gestaltet werden. 2002 als Vorschlag von der Schweiz lanciert, wurde das Rahmenabkommen Ende Mai 2021, nach jahrelangen Gesprächen, Auseinandersetzungen und Verhandlungen, vom Bundesrat als nicht zufriedenstellend bezeichnet; die Verhandlungen wurden einseitig abgebrochen.

Fabio Wasserfallen geht der Frage nach, weshalb dieses Rahmenabkommen, das von der Schweiz ins Spiel gebracht wurde, einer derart starken Kritik ausgesetzt war. Er führt dafür vier Gründe auf: die mangelnde Einigkeit seitens des Bundesrats, die schwindende Kohäsionskraft der wirtschaftlichen Interessen, das mangelnde Verständnis der Schweiz für die Veränderungen der EU sowie schliesslich das Versäumnis, das Abkommen auch in Gegenüberstellung zu real existierenden Alternativen zu diskutieren. Der Schweiz fehle es schlicht an der Einsicht, dass der bilaterale Weg in der aktuellen Form am Ende ist: Die Verträge drohen zu erodieren.

Heike Scholten zeichnet im Gespräch mit Katja Gentinetta die Entwicklung des Europa-Diskurses in der Schweizer Bevölkerung nach. Sie zeigt, was die Begriffe und Bilder, die von den Stimmbürgerinnen und Stimmbürgern im Zusammenhang mit dem Verhältnis Schweiz – EU gebraucht wurden und werden, über die Einschätzung dieser Beziehung aussagen. Standen sich ursprünglich die «Unabhängigkeit» der Schweiz und die «Realität» der EU gegenüber, ist jüngst eher von «Lösungsorientierung» und «Gemeinschaft» die Rede – Begriffsfelder, die das Potenzial haben, die Europadebatte weiter zu öffnen, als dies die Politik derzeit zu denken wagt.

Matthias Oesch führt die Überlegungen an diesem Punkt weiter. Er stellt das Verhältnis Schweiz–EU in einen grösseren politischen und auch zeitlichen Rahmen. Er macht auf das zentrale Dilemma aufmerksam, dass der von der Schweiz gewählte bilaterale Weg zwar bisher funktioniert hat und innenpolitisch gestützt wird, aber von der EU seit mehreren Jahren nicht mehr als zukunftsfähiges Modell angesehen wird. Neben der aus demokratiepolitischer Sicht fragwürdigen «autonomen» Übernahme von EU-Recht ortet er ein wesentliches Problem darin, dass sich die Schweiz durch den Rückzug ihres Beitrittsgesuchs selbst zum «normalen» Drittstaat erklärt hat, jedoch weiterhin auf Sonderlösungen pocht. Nach Oesch wird die Schweiz mittelfristig nicht darum herumkommen, ihr Verhältnis zur EU grundsätzlicher zu klären und die Option des EU-Beitritts ins Auge zu fassen.

In Kapitel 5 analysiert Charlotte Sieber-Gasser die Schweizer Aussenpolitik im Bereich Aussenhandel und Investitionen. Sie stellt fest, dass sich die Struktur des Aussenhandels der Schweiz grundlegend verändert hat. Aussenhandelspolitik verschmilzt zunehmend mit der Innenpolitik und ist gleichzeitig zunehmend geprägt von der Politik globaler Wirtschaftsmächte. Die bestehenden Abkommen der Schweiz gewährleisten daher den Rechtsschutz für den notwendigen Marktzugang nur noch teilweise. Die Interessenwahrung ist damit erschwert. Im Wesentlichen sieht die Autorin drei mögliche Szenarien: das Festhalten an den bisherigen Leitprinzipien – pragmatische Integration, Vermeidung supranationaler Elemente, Agrarprotektionismus –, was jedoch längerfristig zu einer Marginalisierung der Schweizer Exportindustrie und der Abwanderung multinationaler Konzerne führt. Über ein Andocken an bestehende Handelspartnerschaften und den Abschluss neuer, substanzieller Abkommen könnte sich die Schweiz besser vor geopolitischen Unsicherheiten schützen. Mit einer Vertiefung der Rechtsbeziehungen der Schweiz zur EU – auch einem Beitritt – wären aus rein aussenhandelspolitischer Perspektive substanzielle Vorteile verbunden. Die Autorin plädiert deshalb für einen demokratischen Grundsatzentscheid über die Leitprinzipien der Aussenhandels- und Investitionspolitik der Schweiz, der richtungsweisend ist für die zukünftige Ausrichtung entlang einem der drei skizzierten Szenarien.

In Kapitel 6 befassen sich Aymo Brunetti und Cédric Tille mit der Schweizer Aussenpolitik im Bereich Finanzmärkte und Geldpolitik. Sie stellen fest, dass die Schweiz der Globalisierung der Finanzmärkte und dem seit über zehn Jahren vorherrschenden strukturellen Zinsrückgang im globalen Finanzsystem besonders stark ausgesetzt ist. Dies vor allem, weil sie eine international stark integrierte und eher kleine Volkswirtschaft besitzt und bereits vor der globalen Tiefzinspolitik der jüngsten Zeit niedrige Zinsen aufwies. Hinzu kommen zwei aussenpolitische Schocks, die den Schweizer Finanzplatz in jüngerer Zeit besonders geprägt haben: die auf starken politischen Druck anderer Staaten (insbesondere der USA und

wichtiger EU-Mitglieder) hin erfolgte Aufgabe des steuerlichen Bankgeheimnisses für Ausländer sowie der Regulierungsschub als Folge der
Finanzkrise von 2008. Die beiden Autoren argumentieren, dass wohl
nicht zuletzt als Folge dieser beiden internationalen Schocks und der
innenpolitischen Antworten darauf der Schweizer Finanzplatz sich heute
durch solide institutionelle Rahmenbedingungen auszeichnet. Diese
haben u. a. auch dazu beigetragen, dass der Finanzsektor trotz Covid-19-
Krise stabil geblieben ist. Zu den wichtigsten Herausforderungen gehört
der aufgrund des Abbruchs der Verhandlungen über das Rahmenabkommen mit der EU gefährdete Zugang zum EU-Markt für Finanzdienstleistungen. Weitere zu klärende Fragen stellen sich im Bereich digitale Währungen und Nachhaltigkeit des Finanzsektors.

**In Kapitel 7 erläutert Thomas Bernauer, wie die Schweiz zur Lösung globa-
ler Umweltprobleme beiträgt,** wie die Erfolgsbilanz der Schweizer Aussenpolitik in diesem Bereich aussieht und wo die grössten Herausforderungen und Handlungsmöglichkeiten liegen. Die grösste Herausforderung,
die aus dieser Analyse hervorgeht, besteht darin, dass die Schweiz zwar
sehr aktiv und kompetent an globalen Umweltschutzbemühungen partizipiert und international eingegangene Verpflichtungen im Inland meist
auch gut umsetzt, aber letztlich dennoch rund drei Viertel der gesamten
Umweltbelastung durch den Schweizer Konsum im Ausland anfallen.
Damit trägt die Schweiz, trotz einer sehr aktiven Umweltaussenpolitik,
insgesamt mehr zu globalen Umweltproblemen statt zu deren Lösung
bei. Die im Kapitel skizzierten Handlungsmöglichkeiten könnten dazu
beitragen, das starke Missverhältnis zwischen hoher Umweltqualität
innerhalb der Schweiz und den von der Schweiz verursachten Umweltbelastungen im Ausland zu reduzieren. Dies erfordert eine intensivere
politische Debatte darüber, wie Verantwortlichkeiten und wirtschaftliche Lasten einer solchen Anpassung in der Gesellschaft verteilt werden
können und welche der skizzierten Handlungsmöglichkeiten in welcher
Intensität und in welchen Zeiträumen zu priorisieren sind. Die Schweizer Umweltpolitik sollte deshalb viel systematischer als bisher im Sinn
von Beiträgen zur Lösung globaler Umweltprobleme konzipiert und
damit auch Teil der aussenpolitischen Gesamtstrategie der Schweiz werden. In der Bundesverwaltung sind Bemühungen in diese Richtung klar
erkennbar, im Parlament noch wenig und in der breiten Bevölkerung
erst in Ansätzen.

In Kapitel 8 befassen sich Isabel Günther und Fritz Brugger mit der Schweizer Entwicklungszusammenarbeit. Das Ende des Kalten Kriegs, die Terroranschläge zu Beginn des 21. Jahrhunderts, die zunehmende wirtschaftliche Globalisierung, Migrationsbewegungen und der Klimawandel fordern auch die Schweizer Entwicklungszusammenarbeit heraus. Diese ist von zunehmend transnationalen Netzwerken, neuen Akteuren, unter anderem aus dem Privatsektor, mitbestimmt. Die 17 UN-Nachhaltigkeitsziele stellen einen verbindlichen globalen Rahmen dar. Die Autoren zeichnen insgesamt ein recht positives Bild des – wenn auch kleinen – Beitrags der Schweiz zur globalen Armutsreduktion, die auch von den Bürgerinnen und Bürgern grossmehrheitlich befürwortet wird. Noch effektiver könnte dieser jedoch sein, wenn Armutsreduktion statt nationaler Eigeninteressen in den Vordergrund rückte, Entscheidungen stärker auf Evidenz basierten und die Kohärenz zwischen Entwicklungspolitik und anderen Politikfeldern gestärkt würde. Die Autoren stellen auch fest, dass das Wirtschaftswachstum vieler vormals armer Länder, die starke Zunahme privatwirtschaftlicher internationaler Kapitalflüsse und die rasch voranschreitende Digitalisierung bisherige Formen der Entwicklungszusammenarbeit infrage stellen. Sie präsentieren daher zwei Szenarien für die Schweizer Entwicklungszusammenarbeit: die Konzentration auf eine immer kleinere Anzahl an Ländern mit hoher Armut auf der einen Seite sowie die Stärkung internationaler Kooperation und der Schwächsten bei der Überwindung globaler Probleme auf der andern Seite.

In Kapitel 9 analysieren Sandra Lavenex, Paula Hoffmeyer-Zlotnik und Philipp Lutz die Entwicklung der schweizerischen Migrationsaussenpolitik. Sie tun dies mit besonderem Augenmerk auf innenpolitische Herausforderungen. Beim multilateralen Engagement der Schweiz, für das der UNO-Standort Genf traditionell eine grosse Bedeutung hat, stehen humanitäre Aspekte im Zentrum. In der Europapolitik der Schweiz hingegen dominieren wirtschaftliche Prioritäten, die Kooperation an den Aussengrenzen und Probleme bei der Zuständigkeit für Asylsuchende. In bilateralen Kontexten wiederum stehen die Rückführung von Migranten ohne Aufenthaltsstatus und entwicklungspolitische Massnahmen zur Migrationskontrolle im Vordergrund. Diese unterschiedlichen Schwerpunkte führen teilweise zu Widersprüchen, die der Zielerreichung im Weg stehen. Ausserdem droht das aussenpolitische Engagement der

Schweiz im Migrationsbereich ohne ausreichende innenpolitische Absicherung ins Leere zu laufen; umgekehrt aber sind innenpolitische Ziele ohne internationale Zusammenarbeit schwer zu verwirklichen. Beispiele sind das Scheitern des UN-Migrationspakts, für den sich die Schweizer Diplomatie stark engagiert hatte, und die immer wieder umstrittene Personenfreizügigkeit, die für die bilateralen Abkommen mit der EU entscheidend ist. Um dieser Mehrebenenproblematik wirksam zu begegnen, plädieren die Autorinnen und der Autor dafür, in innenpolitischen Debatten neben der demografischen, wirtschaftlichen und kulturellen Dimension der Migration auch das menschenrechtliche und internationale Engagement stärker hervorzuheben. Sie argumentieren zudem, dass ein umfassender aussenpolitischer Ansatz sicherheitspolitische, ökologische und wirtschaftliche Dimensionen von Flucht und Migration umfassen sollte.

In Kapitel 10 diskutieren Gilles Carbonnier und Achim Wennmann die humanitäre Hilfe und Friedensförderung. Die Autoren betonen das traditionell starke Engagement der Schweiz in der humanitären Hilfe und Friedensförderung, wofür der etwas anders gelagerte Neutralitätsbegriff – die Unparteilichkeit bei Konflikten – ein unerlässliches Prinzip darstellt. Sie bildet eine gute Grundlage, um auch neueren Entwicklungen wie lang andauernden, fragmentierten und zunehmend urbanisierten Kriegen und kriegsähnlichen Situationen zu begegnen. Die humanitäre Hilfe bemüht sich in erster Linie darum, Menschen vor Kriegsverbrechen und Gewalt zu schützen und aus ihrer Hilfsbedürftigkeit zu befreien, indem sie einkommensgenerierende Tätigkeiten unterstützt und den Zugang zu lebensnotwendigen Infrastrukturen gewährleistet. Die friedensfördernden Aktivitäten umfassen die Guten Dienste, Dialoge, Mediation und auch die Gastgeberfunktion für internationale Konferenzen. Die schweizerische Aussenpolitik konzentriert sich in diesem Feld auf die Leistung bilateraler Hilfe, die verlässliche und flexible Finanzierung der zum Teil in der Schweiz ansässigen Organisationen, namentlich des IKRK, der Ärzte ohne Grenzen (MSF), des UNHCR, der UNICEF und weiterer Partnerorganisationen. Wie die UNO bemüht sich auch die Schweiz um stärkere Synergien zwischen der humanitären Hilfe, der Entwicklungszusammenarbeit und Friedensförderung. Die Autoren kommen zum Schluss, dass sich der Schweiz mit Genf als Zentrum der humanitären Hilfe und Friedensförderung eine ausserordentliche Chance bietet, sich als bevorzugte Mittlerin internationaler partnerschaftlicher Kooperationen zu positionieren und die bereits eingeleitete Innovation in Sachen Digitalisierung und Finanzierung weiterzutreiben.

In Kapitel 11 erläutert Andreas Wenger die Beiträge der Schweizer Aussen-politik zu Frieden und Sicherheit in der Welt. Er stellt fest, dass diese an Bedeutung zugenommen haben. Die Aussensicherheitspolitik ist damit neben der Verteidigungspolitik und der inneren Sicherheit zu einem der drei zentralen Pfeiler der Schweizer Sicherheitspolitik geworden. Im Gegensatz zur Verteidigungspolitik und inneren Sicherheit, deren Bezugsrahmen national ist, ist die Aussensicherheitspolitik global. Sie umfasst vor allem die Prävention eines breiten Spektrums von Risiken, die international koordinierte Bewältigung unvorhersehbarer Ereignisse sowie die Vertretung der Schweiz mit Blick auf ihre sicherheitspolitischen Interessen. Der Autor beleuchtet, in welchen Bereichen und mit welchen Erfolgen die Aussensicherheitspolitik an Bedeutung gewonnen hat und wo die aussen- und innenpolitischen Grenzen einer aktiven Mitgestaltung des sicherheitspolitischen Umfelds liegen. Er skizziert ferner, ausgehend von aktuellen Gefahren und Risiken, potenziell zukunftsweisende Beiträge der Schweizer Aussenpolitik in diesem Bereich. Schliesslich werden damit zusammenhängende Herausforderungen der internationalen Interessenvertretung und innenpolitischen Abstützung behandelt. Der Autor argumentiert, dass die Handlungsspielräume der Schweiz für pragmatische und eigenständige Beiträge zu Frieden und Sicherheit in der Welt im derzeitigen Umfeld grösser geworden sind. Gleichzeitig stellt er fest, dass die Schweiz gut positioniert ist, um als Brückenbauerin zwischen Staaten und internationalen Organisationen sowie zwischen «hoher Politik» und «tiefer Politik» zu wirken. Zudem legt er dar, dass Beiträge zu Frieden und Sicherheit «von unten» eine Sicherheitspolitik ermöglichen, die nach innen und aussen glaubwürdig ist.

1. Souveränität, Neutralität, Aussenhandel: Zweck und Ziele der Schweizer Aussenpolitik seit 1848

Sacha Zala

«Es liegt im Interesse der Schweiz, auf die Weltpolitik Einfluss zu nehmen», so apodiktisch formuliert die Strategie des Bundesrats zur Internationalen Zusammenarbeit (IZA-Strategie 2021–2024) die heutige Stossrichtung der schweizerischen Aussenpolitik. Dadurch fördere das Land Frieden und Sicherheit sowie Perspektiven in den Entwicklungsländern, aber auch die Erschliessung neuer Märkte für die schweizerische Wirtschaft. Es ist dieses Spannungsfeld zwischen Interessenpolitik, die häufig dem Primat der Aussenwirtschaftspolitik untergeordnet wird, und internationaler Solidarität, das die Komplexität internationaler Beziehungen und ihrer Kommunikation nach innen ausmacht. Letztlich akzentuieren sich viele innenpolitische Auseinandersetzungen in der Debatte über die «richtigen» Ziele und Zwecke der Aussenpolitik. In der Schweiz wird diese Debatte spätestens nach dem Ersten Weltkrieg durch die Mechanismen und Logiken der direkten Demokratie – und somit eine massive Multiplizierung der Akteure – bestimmt. Verlangt wird gerne höchste Effektivität zu günstigsten Preisen, gekoppelt mit dem besten Gewissen. Für die schweizerische Diplomatie bedeutet die zunehmende Tendenz, aussenpolitische Fragen in Volksabstimmungen entscheiden zu lassen, eine grosse Herausforderung. Gleichzeitig bieten sich dadurch auch (Verhandlungs-)Chancen. Die Geschichte der schweizerischen Aussenpolitik zeigt die Entwicklung dieses permanenten Ringens um internationale Stabilität, Handelspolitik sowie humanitäres – und seit der Jahrtausendwende auch nachhaltiges – Engagement sowie deren enge Verflechtung.

Überblick

Seit der Gründung des Bundesstaats 1848 war die schweizerische Aussenpolitik vom Bestreben geprägt, die Souveränität des jungen demokratischen und liberalen Nationalstaats gegen aussen zu sichern. Weitere «Ziele» existierten lange Zeit nicht, jedenfalls nicht explizit. Parallel wurden Strukturen errichtet und geduldet, die dem Aussenhandel dienten und die Einbindung des im Verhältnis zu den Kantonen noch schwachen Bundesstaats in die Weltwirtschaft ermöglichten. Bewahrung der politischen Souveränität und wirtschaftliche Integration waren dabei im schweizerischen Verständnis kein Widerspruch, insbesondere in einem Zeitalter, in dem die internationalen Beziehungen von den Grossmächten im sogenannten europäischen Konzert der Mächte (bestehend aus Frankreich, Österreich, Grossbritannien, Russland und Preussen) determiniert wurden und die Beteiligung von Staaten ausserhalb dieser Pentarchie auf dem diplomatischen Parkett der «grossen Politik» eigentlich nicht vorgesehen war.

Die Gründung des Völkerbunds 1919 verdichtete das seit der zweiten Hälfte des 19. Jahrhunderts entstehende System von internationalen Konferenzen und Kongressen und ermöglichte es der Schweiz, sich aktiv in ein multilaterales System einzubinden und überhaupt ein Akteur der internationalen Beziehungen zu werden. Angesichts der faschistischen und nationalsozialistischen Bedrohung kehrte das mehrsprachige Land dem «Universalismus» in den 1930er-Jahren den Rücken und kreierte das Konstrukt der «integralen Neutralität», das für die schweizerische Aussenpolitik lange zum alles bestimmenden Selbstläufer werden sollte.

Dank der Bipolarität des Kalten Kriegs gelang es der Schweiz, der internationalen Infragestellung der Neutralität wegen ihrer Rolle während des Zweiten Weltkriegs geschickt auszuweichen und allen Seiten Gute Dienste anzubieten. Dem von den Supermächten lancierten Diskurs über Menschenrechte und ihren UN-Resolutionen zur kollektiven Friedenssicherung vermochte sich die Schweiz unter dem Banner der bewaffneten Neutralität weitgehend zu entziehen. Lange bewegte sie sich damit bewusst am Rand der internationalen (multilateralen) Diplomatie.

Die «Normalisierung» der schweizerischen Aussenpolitik setzte Mitte der 1960er-Jahre ein. Unterstützt von einer neuen Generation Diplomaten, wie etwa dem späteren Staatssekretär Edouard Brunner, gingen die Vorsteher des Eidgenössischen Politischen Departements (EPD), wie das Eidgenössische Departement für auswärtige Angelegenheiten (EDA) bis 1979 hiess, die Veränderung der schweizerischen Aussenpolitik aktiv an. Eine zuerst stark kritisierte Reisediplomatie begann sich auch in der Schweiz zu etablieren und ermöglichte eine Konsolidierung der internationalen Beziehungen. Sehr vorsichtig zeigten sich auch Ansätze einer Menschenrechtspolitik, die das bislang herrschende Axiom der neutralitätspolitischen Nichteinmischung allmählich aufweichte.

Das Ende des Kalten Kriegs stellte zunächst die dank der Bipolarität wiedergewonnene Bedeutung der Neutralität erneut infrage. Dies und die Konflikte zum Beispiel im ehemaligen Jugoslawien oder im Nahen Osten verunsicherten grosse Teile der Schweizer Bevölkerung und liessen Souveränitätsargumente wieder in den Vordergrund treten und teilweise gar wirtschaftliche Interessenüberlegungen verdrängen. Paradigmatisch für diese neue Ausgangslage war die Ablehnung des EWR-Vertrags 1992. Die zunehmend als global wahrgenommenen Bedrohungen wie Terrorismus, Umweltfragen oder Migration erleichterten 2002 die Zustimmung von Volk und Ständen zum UNO-Beitritt, der den Schlusspunkt eines langen Normalisierungsprozesses bildete.

Im Primat der Souveränität 1848–1919

Im Grunde war die – namentlich unerwähnte – Aussenpolitik eine der wenigen Kompetenzen, die die erste Bundesverfassung von 1848 (und ihre Totalrevision von 1874) dem Bund zuwies, obschon gleichzeitig sogar auf diesem Gebiet kantonale Restkompetenzen beibehalten wurden. Der Bund erhielt in Artikel 8 das Recht, Krieg zu führen und Frieden zu schliessen sowie Bündnisse und Staatsverträge, namentlich Zoll- und Handelsverträge, mit dem Ausland einzugehen. Artikel 2 definierte den übergeordneten Zweck des Bundes: die «Unabhängigkeit des Vaterlandes gegen aussen» zu behaupten, «Ruhe und Ordnung im Innern» zu sichern, «Freiheit» und «Rechte» zu schützen und die «Wohlfahrt» zu bewahren. Die Schweiz im 19. Jahrhundert war nicht Teil der europäischen Pentarchie und somit als Aussenstehende eher Objekt als Subjekt der internationalen Beziehungen, wie schon der Wiener Kongress 1815 gezeigt hatte. Die moderne Schweiz von 1848 entwickelte sich in, aber auch wegen der Auseinandersetzungen der Grossmächte seit der Französischen Revolution. Daher stand die Bewahrung der Souveränität im Zentrum aller Handlungen. Dies bedeutete die Durchsetzung und Sicherung von Interessen und die Behauptung der eigenen Aktionsfähigkeit, selbst wenn diese gegen eine Grossmacht gerichtet war. So bewies der junge Bundesstaat zum Beispiel sowohl im Konflikt mit Preussen um die Zugehörigkeit von Neuenburg 1856/57,[1] der Internierung der französischen Bourbaki-Armee 1871[2] als auch im Konflikt um einen deutschen Polizeibeamten 1889[3] («Wohlgemuth-Affäre») seine Eigenständigkeit. Ebenfalls war er bereit, liberale Migranten aus den konservativen Nachbarstaaten unter Inkaufnahme deren politischer Verstimmung aufzunehmen.

Dieses durchaus selbstbewusste Auftreten sollte aber nicht über die strukturellen Schwächen der aussenpolitischen Administration hinwegtäuschen: Das Politische Departement bestand nur aus wenigen Beamten. Ebenfalls behielten die Kantone wichtige Kompetenzen im Wehrbereich, was die Handlungsfähigkeit des Bundes gegen aussen bei der Notwendigkeit eines Souveränitätsschutzes erschwerte. Die Verfassung trug gerade bei den Artikeln zum Militär explizite Spuren des vorangegangenen Sonderbundskriegs 1847/48, der die Spaltung des Landes zwischen liberalen und konservativen Kantonen offenbart hatte. Die Bewahrung der Neutralität gegen aussen diente somit auch der Sicherung der Ruhe im Innern, um das Land zusammenwachsen zu lassen und mit beachtlichem Erfolg die industrielle Entwicklung vorantreiben zu können. Gleichzeitig konsolidierte sich das politische System auf Bundesebene, verbunden mit einer wachsenden Demokratisierung, verkörpert in der Einführung des Referendums 1874 und der Ausweitung des Initiativrechts 1891. Die sich daraus zunehmend ergebende Bindung der Aussenpolitik an direktdemokratische Mechanismen und damit an eine mehrheitsfähige gesellschaftliche und zeitgebundene Akzeptanz prägte eine schweizerische Besonderheit im internationalen Umfeld, die vor allem im 20. und 21. Jahrhundert determinierend wurde. Neben der demokratischen Rückkoppelung bildeten sich drei weitere Konstanten der schweizerischen Aussenpolitik bereits im langen 19. Jahrhundert prägnant aus: einerseits die wirtschaftspolitische Dominanz, ferner die starke Fokussierung auf das internationale Recht und drittens der Umweg über den «technischen» Multilateralismus, den liberalen «Internationalismus» des 19. Jahrhunderts.

Wirtschaftlich war die moderne Schweiz keineswegs ein «Kleinstaat». Sie verfügte über eine beachtliche Produktions- und Kaufkraft, während sie gleichzeitig von funktionierenden Importen und Exporten abhängig war. Aussenpolitik war daher früh primär Aussenhandelspolitik, die durch ein weltweites dichtes Netz von Honorarkonsuln sichergestellt wurde, die in Miliztradition die fehlenden professionellen Gesandten kompensierten. Für die Schweiz mit ihrem bescheidenen Politischen Departement bedeutete das System der lokal verankerten Honorarkonsuln eine kostengünstige und effektive Variante internationaler Präsenz und der Förderung von diversen wirtschaftlichen Aktivitäten sowie der Beziehungspflege mit den rasch wachsenden Schweizer Kolonien im Ausland im Zuge der grossen Auswanderungswellen nach Übersee und Europa. Hingegen war dadurch – ausser der unter dem Banner eines vagen Neutralitätsdiskurses geführten Handelspolitik – kaum eine kohärente und koordinierte Aussenpolitik möglich.

Die Aussenhandelspolitik der Schweiz war auf stabile internationale Rahmenbedingungen ausgerichtet, die der eigenen Wirtschaft die notwendige Sicherheit gaben. Im Zentrum schweizerischer Bestrebungen lagen daher verbindliche Abkommen, um einen ausreichenden Schutz vor den Grossmächten zu erreichen. Internationales Recht kompensierte die fehlende Macht, weshalb sich die Schweiz früh aktiv in die Prozesse zur Ausprägung des Völkerrechts einbrachte. Gegen innen und aussen (auch langfristig) kommunikativ erfolgreich war dabei insbesondere der Einsatz für das humanitäre Völkerrecht, angefangen mit der Genfer Konvention von 1864 (Rotes Kreuz) und den Haager Konventionen von 1899 und 1907, die auch die Rechte des Neutralen in Kriegszeiten völkerrechtlich verbrieften.

Ebenfalls kompensierte die Schweiz ihre fehlende «grosse» Aussenpolitik mit einem beachtlichen Engagement im aufkommenden liberalen Internationalismus. Insbesondere Bundesrat Numa Droz (1876–1892) verstand es, dieser Seite der Diplomatie ein grösseres Gewicht zu verleihen. Nachdem er 1887 als Bundespräsident turnusgemäss das Politische Departement übernommen hatte, behielt er das neu als Departement des Äusseren bezeichnete Aussenministerium bis zu seinem Rücktritt aus dem Bundesrat 1892. Der liberale Internationalismus diente einerseits mit seiner technischen Dimension der Industriemacht Schweiz, indem er Normen festlegte und förderte, die für den internationalen Handel unabdingbar waren. Andererseits ermöglichte er Staaten ausserhalb des Zirkels der Grossmächte, zentrale Positionen als Sitznationen internationaler Organisationen einzunehmen. In dynamischer Konkurrenz insbesondere mit Frankreich und Belgien legte die Schweiz im 19. Jahrhundert den Grundstein für Genf als späteren Sitz des Völkerbunds und weiterer staatenübergreifender Organisationen. In Bern befanden sich die Sitze der ersten internationalen Organisationen, etwa des bedeutenden Internationalen Telegraphenvereins (1865), des Weltpostvereins (1874) und des Büros zum Schutz des geistigen Eigentums (1883), die sich unter der Oberaufsicht des Bundesrats befanden und entsprechend dessen internationale Einflussnahme förderten.

Wie in der Aussenhandelspolitik mit den Honorarkonsuln engagierten sich im liberalen Internationalismus zahlreiche Privatpersonen, die aufgrund ihrer Expertise durch den Bundesrat an die zahlreichen Kongresse und Konferenzen als offizielle staatliche Vertreter und – sehr selten – Vertreterinnen delegiert wurden. Ihre Interessen deckten sich wissentlich nicht immer vollständig mit den offiziellen Zielen, was jedoch weitgehend in Kauf genommen und toleriert wurde. Wie in vielen anderen Politikbereichen existierte somit auch in der Aussenpolitik ein beachtlicher Anteil an «Milizakteuren», was eine grosse Flexibilität ermöglichte. Erst in der Folge der Weltkriege und insbesondere nach dem Zweiten Weltkrieg setzte eine breite Professionalisierung des diplomatischen Korps ein.

Bis zum Ersten Weltkrieg dominierten in den Aussenbeziehungen Souveränitätssicherung und Aussenhandelspolitik, die von einem weiten Netz von Privatpersonen getragen und nur partiell von einem sehr kleinen Politischen Departement gesteuert wurden, das der Bundespräsident sozusagen im Nebenjob führte. Internationale Erfolge, wie die Errichtung des Internationalen Komitees vom Roten Kreuz (IKRK) oder die Ansiedlung bedeutender internationaler Organisationen, gelangen unter Berufung auf die Neutralität. Der Erste Weltkrieg erschütterte in einer frühen Phase die Ausrichtung der Aussenpolitik auf die Souveränitätsfrage nicht. Die schweizerische Neutralität wurde von allen Kriegsparteien anerkannt. Die Folgen der engen wirtschaftlichen Verflechtungen konnten gelöst und die Landesversorgung weitgehend gesichert werden, obschon sie beträchtliche Einbussen bezüglich der Souveränität brachten. So überwachte beispielsweise die Société suisse de surveillance économique im Auftrag der Entente-Mächte den Schweizer Handel mit den Zentralmächten. Die Zerrissenheit des Landes zwischen den Landesteilen und die ungelösten sozialen Fragen liessen die Innenpolitik in den Vordergrund rücken. Verletzungen der Neutralität, etwa die Begünstigung Deutschlands in der «Grimm-Hoffmann-Affäre»,[4] die zum Rücktritt des «Kriegsaussenministers» Arthur Hoffmann (1914–1917) führte, sind entsprechend in diesem Zusammenhang zu stellen.

Multilaterale Integration und Weg in die Isolation 1920–1948
Eine Konsequenz des Ersten Weltkriegs war die Ideologisierung der Welt
und der Machtpolitik der Grossmächte. Für die bislang nüchterne Sou-
veränitäts- und Handelspolitik der Schweiz hatte dies mindestens mittelfristig einige Konsequenzen. Zuerst einmal zeigte sie offensichtliche
Schwierigkeiten, die Folgen der Russischen Revolution und die neu gegründete Sowjetunion anzuerkennen. Die Verletzung des unantastbaren
Eigentumsrechts förderte in der Schweiz einen virulenten Antikommu-
nismus. Bis 1946 gehörte das Land daher zu den wenigen Staaten, die die
UdSSR diplomatisch nicht anerkannten, obschon sich diese Politik jeglicher Neutralitätslogik radikal widersetzte.

Neben der Ideologisierung traten mit dem Prinzip des Selbstbe-
stimmungsrechts der Völker und der Gründung des Völkerbunds weitere
neue und universelle Dimensionen in die internationalen Beziehungen.
Konflikte sollten nicht mehr bilateral, sondern multilateral in einem System kollektiver Sicherheit gelöst werden. Insofern traten die Mitgliedstaaten Souveränität an eine internationale Organisation ab. Dem Vorsteher des Politischen Departements Gustav Ador (1917), aber insbesondere
seinem Nachfolger Felix Calonder (1918–1919) gelang es, die Schweiz
über eine erfolgreiche Volksabstimmung in den Völkerbund zu führen
und Genf den Sitz des Völkerbunds zu sichern. Die Volksabstimmung
wäre rechtlich nicht zwingend gewesen, sie erlaubte es dem Bundesrat
jedoch, den Völkerbundmächten 1920 die explizite Anerkennung der
dem Prinzip der kollektiven Sicherheit zuwiderlaufenden Neutralität
abzuringen,[5] womit die Überhöhung dieses aussenpolitischen Instru-
ments konstituiert wurde. Unter dem Etikett einer «differentiellen Neutralität» setzte die Schweiz durch, allfälligen militärischen Sanktionen
des Völkerbunds nicht folgen zu müssen, während sie sich dazu verpflichtete, wirtschaftliche Sanktionen solidarisch mitzutragen. Da spätestens nach der Ablehnung des Beitritts durch die USA eigentlich nie alle
Grossmächte (gleichzeitig) Mitglieder im Völkerbund waren, nutzte die
Schweiz unter der Führung von Bundesrat Giuseppe Motta (1920–1940)
den Neutralitätsdiskurs zunehmend als Instrument der Abgrenzung
gegen multilaterale Bestrebungen zur kollektiven Sicherheit. Die Rückkehr 1938 zu einer «integralen Neutralität» angesichts der wachsenden
Spannungen in Europa und der Welt brachte die schweizerische Aussenpolitik definitiv zurück zum Primat der Souveränität.

Der Erste Weltkrieg und der anschliessende Friedensprozess lösten in vielen Staaten Entwicklungen zu mehr Demokratie aus. In der Schweiz betraf dies neben der Einführung des Proporzwahlrechts für den Nationalrat insbesondere die Aussenpolitik. Am 30. Januar 1921 nahm der Souverän die eidgenössische Volksinitiative für die «Unterstellung von unbefristeten oder für eine Dauer von mehr als 15 Jahren abgeschlossenen Staatsverträge unter das Referendum (Staatsvertragsreferendum)» mit 71,4 Prozent Ja-Stimmen-Anteil und der Zustimmung fast aller Stände an. Mit diesem klaren Votum für aussenpolitische Mitbestimmung begann die lange Diskussion um die Ausgestaltung der Mitwirkung der Stimmbevölkerung beim Abschluss bilateraler oder multinationaler Verträge und damit der Interpretation der Grenzen der Souveränität im Einzelfall.

Wirtschaftspolitisch bedeutete die Zwischenkriegszeit eine Gratwanderung zwischen dem spätestens mit der Weltwirtschaftskrise verbreiteten Protektionismus, dem sich auch die Schweiz nicht entziehen konnte, und der Aufrechterhaltung des unentbehrlichen Aussenhandels. In den 1930er-Jahren schloss das Land sowohl mit dem nationalsozialistischen Deutschland als auch mit dem faschistischen Italien Clearingabkommen zur Sicherung der Handelsbeziehungen ab. Diese innenpolitisch wichtigen Vereinbarungen erkaufte sich das Land durch die damit gewährten grosszügigen, aber im kommenden Weltkrieg neutralitätspolitisch letztlich heiklen Clearingkredite an die späteren Achsenmächte. Insgesamt löste der Bilateralismus den Multilateralismus zu grossen Teilen ab, obschon multilaterale Netzwerke weiter existierten. Es gelang der Schweiz aber nicht, die politisch immer wieder postulierte Äquidistanz zu den späteren Kriegslagern zu halten. Somit geriet die Aussenpolitik mit dem Kriegsausbruch rasch in Schieflage, und ihre einseitige Ausrichtung und wirtschaftlichen Abhängigkeiten traten sichtbar an die Oberfläche, obschon das Land etwa durch Schutzmachtmandate oder den Abschuss einiger den Schweizer Luftraum verletzender Flugzeuge der deutschen Luftwaffe 1940 punktuell Eigenständigkeit zu markieren versuchte. Der Abzug internationaler Organisationen, wie zum Beispiel des Internationalen Arbeitsamts (ILO), nach Übersee und Grossbritannien erwies sich ebenfalls als nachteilig. Einerseits rückte die Schweiz damit noch näher an die faschistisch und nationalsozialistisch geprägten internationalen Netzwerke, andererseits verschob sich das Zentrum des Multilateralismus aus Europa weg nach Nordamerika und entfernte sich so aus dem schweizerischen Einflussgebiet, was die Position des Landes schwächte.

Die Neutralitätsdoktrin in der Nachkriegszeit
Am Ende des Kriegs befand sich die Schweiz in einer schier ausweglosen Lage. Aufgrund der Nähe zu den Achsenmächten während des Konflikts gestalteten sich die Beziehungen zu den Siegermächten schwierig. Zudem unterhielt sie keine diplomatischen Beziehungen zur Sowjetunion. Ihrer Isolation versuchte sie mit einem Rechtfertigungsdiskurs zu begegnen, der nun auf einem verabsolutierten Neutralitätsbegriff basierte. Begünstigt durch die weltpolitische Konstellation, gelang es der Schweiz 1946, mit dem Washingtoner Abkommen[6] die Beziehungen zu den USA zu normalisieren und parallel mit der Sowjetunion neu aufzunehmen.[7] Paradoxerweise führten die Erfahrungen der Zwischenkriegszeit und des Kriegs nicht zu einer flexibleren Auslegung der Neutralität, sondern zu ihrer definitiven dogmatischen Emporstilisierung, die zuweilen Elemente einer politischen Religion aufwies. Nebst den legitimatorischen aussenpolitischen Gründen war dies insbesondere auch eine Folge der instrumentalen Nutzung der Neutralität als Grundpfeiler der Geistigen Landesverteidigung. Diese Säule des inneren Zusammenhalts konnte nicht mehr zugunsten einer grösseren aussenpolitischen Offenheit relativiert werden und entwickelte sich somit endgültig zum konstitutiv verstandenen Element des schweizerischen Staatsverständnisses. Der Bundesrat hielt mit einer derartigen Eigenwilligkeit an diesem absoluten Neutralitätsbegriff fest, dass selbst Handlungen nicht kommuniziert werden sollten, die das Land international in ein besseres Licht gestellt und näher zu den Alliierten gerückt hätten – wie u. a. die Rettung ungarischer Juden durch den Diplomaten Carl Lutz oder die Vermittlung der Kapitulation der Wehrmacht in Norditalien durch den Offizier Max Waibel.

Die beiden Weltkriege offenbarten schmerzlich das Fehlen einer funktionierenden und strategisch ausgerichteten Aussenpolitik. Nach dem Rücktritt des umstrittenen Bundesrats Marcel Pilet-Golaz (1940–1944) Ende 1944 übernahm der Neuenburger Freisinnige Max Petitpierre (1945–1961) die Aufgabe, die Aussenpolitik neu zu positionieren. Diese lange Ära dauerte schliesslich bis 1961 und wirkte prägend für die gesamte Nachkriegszeit. Nachdem die Beziehungen zu den Siegermächten – nicht zuletzt im Rahmen des einsetzenden Kalten Kriegs – normalisiert werden konnten, ging es um die schweizerische Positionierung in der neuen internationalen Konstellation der ideologischen Blöcke. Obschon die Schweiz faktisch den politischen Entscheiden der USA folgte und sich wirtschaftlich vollständig ins westliche Lager integrierte, pflegte sie das Narrativ einer neutralitätspolitischen Äquidistanz zu den Supermächten. Dabei gewannen die in der Kriegszeit erfolgreich etablierten Guten Dienste an Bedeutung und dienten als Argument für die Vorteile eines neutralen Landes inmitten Europas. Ihr Engagement in Korea oder Kuba, aber auch die Etablierung als wichtiger Standort für internationale Konferenzen stärkten die Stellung der Schweiz und festigten Genf als zweiten Sitz der UNO. Auf der anderen Seite wurde auch deutlich, dass, je besser die multilateralen Instrumente der kollektiven Friedenssicherung in der UNO funktionierten, desto irrelevanter die Guten Dienste des Neutralen wurden.

Mit der Nachkriegszeit begann eine Professionalisierung und auch eine breitere soziale Abstützung der Mitarbeitenden des diplomatischen Korps. Parallel spielten die Wirtschaftsverbände, die ihren Einfluss durch die Handelsabteilung im Eidgenössischen Volkswirtschaftsdepartement praktisch unmittelbar ausüben konnten, immer noch eine gewichtige Rolle in der Aussenpolitik, und die Bedeutung der Handelspolitik blieb ungebrochen. Das Land – obwohl politisch international isoliert – verfügte 1945 mit einer starken und frei konvertiblen Währung sowie einer kaum geschädigten Produktionskraft über eine privilegierte wirtschaftliche Ausgangslage, die es zu nutzen wusste.

Nach dem missglückten Versuch 1946, einen UNO-Beitritt mit einem Neutralitätsvorbehalt wie im Völkerbund anzustreben,[8] partizipierte die Schweiz – anders als etwa das neutrale Schweden, das im gleichen Jahr der Organisation beitrat – nicht am neuen multilateralen UN-System und entzog sich dadurch weitgehend den aufkommenden internationalen Debatten über Menschenrechte (1948) und Dekolonisierung (1960). Sie blieb aber Mitglied aller aus der Ära des Völkerbunds weiterbestehenden technischen und humanitären internationalen Organisationen, trat auch neuen bei und konnte gar hohe Funktionen in der UNO mit Schweizer Diplomaten besetzen, wie etwa den Hochkommissaren für Flüchtlinge Felix Schnyder und August Lindt. Somit beteiligte sie sich über die Hintertür vermeintlich «technischer» Organisationen am Multilateralismus, ohne dabei politisch Stellung beziehen zu müssen. Entsprechend lange betrachtete die schweizerische Diplomatie etwa die Einhaltung von Menschenrechten als grundsätzlich binnenstaatliche Angelegenheit, die somit unter die Logik neutralitätspolitischer Abstinenz fiel. Das fehlende Stimm- und Wahlrecht der Frauen trug nicht unwesentlich zu dieser defensiven Haltung bei, da das Land damit selbst die geltenden Standards krass verletzte.

Normalisierung der Aussenpolitik 1965–1989
Das Jahrzehnt zwischen der Mitte der 1960er- bis zur Mitte der 1970er-Jahre ist ein Dezennium der Transition und kann – in Anlehnung an Reinhart Koselleck – als «Sattelzeit der schweizerischen Aussenpolitik» definiert werden, mit einem Übergang von der traditionellen, durch die Neutralitätsüberhöhung und aussenpolitische Abstinenz gekennzeichneten Ausprägung zu einer in ihrer Strategie und Praxis modernen, mit anderen Staaten vergleichbaren Aussenpolitik. Bereits Aussenminister Friedrich Traugott Wahlen (1962–1965) brach 1963 mit seiner Teilnahme am Staatsbegräbnis von Präsident John F. Kennedy mit der schweizerischen diplomatischen Usanz der höchsten Zurückhaltung.[9] Auch trat die Schweiz im gleichen Jahr dem Europarat bei. Es waren jedoch die sozialdemokratischen Bundesräte Willy Spühler (1966–1970), Pierre Graber (1970–1978), Pierre Aubert (1978–1987) und René Felber (1988–1993), die, in Zusammenarbeit mit einer neuen Generation von Diplomaten und sehr wenigen Diplomatinnen, die Praktiken der schweizerischen Aussenpolitik den internationalen Gepflogenheiten anglichen. Trotz Dissonanzen in der Öffentlichkeit hielten Entwicklungszusammenarbeit, Staatsbesuche und die Partizipation an multilateralen Debatten zunehmend Einzug in die Aussenpolitik.

Es war insbesondere die Konferenz über Sicherheit und Zusammenarbeit in Europa (KSZE), die eine entscheidende Wende für die Schweizer Aussenpolitik brachte. Der KSZE-Prozess, der zur Vertrauensbildung und politischen Annäherung zwischen den 35 beteiligten Staaten beitragen sollte, verlieh den Kräften im Aussenministerium, die sich für eine Öffnung und Entwicklung der Aussenpolitik jenseits des Neutralitätsdogmas einsetzten, kräftigen Auftrieb. Paradoxerweise bot gerade die KSZE mit ihrer Ost-West-Beteiligung hierfür einen günstigen Rahmen. Seit der Genfer Abrüstungskonferenz 1962 gab es nämlich im Kalten Krieg vermehrt Phasen der Entspannung zwischen den ideologischen Blöcken, die letztlich in die Schlussakte von Helsinki 1975 münden sollten. Durch die Beteiligung beider Lager an diesem Prozess wurde das bisher angeführte Neutralitätsargument gegen die Partizipation an multilateralen Organisationen obsolet. Entsprechend ergriff die Schweizer Diplomatie die sich bietende Chance, den Multilateralismus zu stärken, der nicht zuletzt als

Surrogat für die fehlende und weiterhin nicht realisierbare Mitgliedschaft in der UNO diente. Den Beitritt zu den Vereinten Nationen lehnte die Stimmbevölkerung 1986, nach einer heftigen Debatte um Neutralität und Sonderfall, mit 75,7 Prozent und allen Ständen wuchtig ab.[10]

Schliesslich ratifizierte die Schweiz 1974 die Europäische Menschenrechtskonvention (EMRK), nachdem mit der Einführung des Stimm- und Wahlrechts für Frauen 1971 das grösste Hindernis beseitigt worden war. 1977 trat das Land dem Atomwaffensperrvertrag bei, lange nachdem der Bundesrat diesen 1969 unterzeichnet hatte. Im Zuge der neuen Menschenrechtspolitik des US-Präsidenten Jimmy Carter markierte in der Schweiz spätestens der Amtsantritt von Bundesrat Pierre Aubert 1978 den Beginn aktiver Initiativen auf diesem Gebiet sowie den Ausbau der Kontakte mit Entwicklungs- und Schwellenländern. Eine regelmässige Berichterstattung der Botschaften und Konsulate über die lokale Menschenrechtslage nahm ihren Anfang. Dieses Engagement erhielt auch Unterstützung in der Bevölkerung, kollidierte aber immer wieder mit der gleichzeitig postulierten Universalität der Wirtschaftsbeziehungen und dem Neutralitätsprinzip, was den Vorrang der Wirtschaftsinteressen gegenüber den Menschenrechten somit legitimierte. Paradigmatisch zeigte sich dies auch im schweizerischen Umgang mit dem Apartheidregime in Südafrika, das international geächtet war. Die Ausnutzung der formellen Handlungsfreiheit als Nichtmitglied der UNO und die Verfolgung rein wirtschaftlicher Interessen brachten der Schweiz international hohen Reputationsschaden.

Vor allem in den 1970er-Jahren wurden im Prozess der europäischen Einigung wesentliche Integrationsschritte erzielt, an denen die Schweiz partizipierte und somit wirtschaftlich profitierte. Die Einbindung in den zusammenwachsenden europäischen Wirtschaftsraum und die Zusammenarbeit mit der Europäischen Wirtschaftsgemeinschaft (EWG) waren für die Schweiz gerade nach den beiden Ölkrisen 1973 und 1979 und den jeweils folgenden Rezessionen zentral. Durch die Entspannung zwischen den USA und China in der Folge des Vietnamkriegs geriet zudem China, mit dem die Schweiz als einer der ersten westlichen Staaten bereits 1950 diplomatische Beziehungen aufgenommen hatte, verstärkt in den Blick der Handelsdiplomatie. Die neue Reisetätigkeit des Bundesrats zeigte sich hier besonders intensiv mit dem Besuch von zwei amtierenden und zwei ehemaligen Bundesräten in Peking innerhalb zweier Jahre. 1980 schloss eine Schweizer Firma als erstes westliches

Industrieunternehmen ein Joint Venture mit einem Betrieb in der Volksrepublik China ab.

In die Zeit der 1970er-Jahre fiel auch die neue Erfahrung mit internationalem Terrorismus, als palästinensische Gruppen Attentate auch auf
Schweizer Ziele verübten.[11] Hier wurde unmittelbar klar, dass jenseits der
traditionellen Kriegsführung die Neutralität kein Garant für Sicherheit
war. Der Nahostkonflikt stand bisher kaum auf der aussenpolitischen
Agenda, und eine aktivere Aussenpolitik erwies sich als zwingend für
Krisensituationen. Die Normalisierung der schweizerischen Aussenpolitik wurde 1979 durch eine Verwaltungsreform und die Umbenennung
des Aussenministeriums vom Eidgenössischen Politischen Departement
zum Departement für auswärtige Angelegenheiten formell vollendet.

Insgesamt verfolgte das Land Ende der 1980er-Jahre eine breitere
Palette aussenpolitischer Ziele, als dies Anfang der 1960er-Jahre noch
denkbar gewesen wäre. Die aktivere und selbstbewusstere Beteiligung
der Schweiz an der internationalen Politik sollte aber über die Persistenz
der traditionellen Neutralitätsinterpretation nicht hinwegtäuschen, deren
Legitimität die Bipolarität des Kalten Kriegs nochmals kräftig gefördert
hatte. Das neutralitätspolitische Masternarrativ blieb bestehen. Deshalb
wurde die stärkere Öffnung von der Bevölkerung zwar toleriert, aber
nicht mit Überzeugung getragen. Die Überhöhung der Neutralität durch
den permanenten Diskurs seit der Politik der Geistigen Landesverteidigung in den 1930er-Jahren war zu stark in der politischen Kultur verankert, wie beispielsweise das an alle Haushalte verteilte *Zivilverteidigungs-
buch* von 1969 mit seinem Widerstandsdiskurs oder die UNO-Debatte
1986 wieder deutlich zeigten.

Aussenpolitische Neuorientierung nach 1989

Obschon sich der Zerfall der Sowjetunion und des Ostblocks seit der
Mitte der 1980er-Jahre abgezeichnet hatte, überraschte der Fall der Berliner Mauer 1989 die Weltöffentlichkeit. Das Ende der Ost-West-Bipo-
larität erwischte die Schweiz auf dem falschen Fuss. Der Fichenskandal
(1989/90) offenbarte das problematische Treiben des Staatsschutzes, der
Privatpersonen und Organisationen bei der Ausübung ihrer demokratischen Rechte observiert hatte, was in diesen Kreisen zu einem breiten
Boykott gegen die 700-Jahrfeier der Eidgenossenschaft (1991) führte. Die
Euphorie des Mauerfalls brachte zudem eine weitere politische Erschüt-
terung: Im November 1989 votierten 35,6 Prozent der Stimmenden für

die Volksinitiative für eine «Schweiz ohne Armee und für eine umfassende Friedenspolitik». Die Schweizer Armee, die Garantin der bewaffneten Neutralität, war massiv infrage gestellt. 1996 setzte mit der Kontroverse über den Umgang mit nachrichtenlosen Konten von Opfern des nationalsozialistischen Terrors zudem eine fundamentale Infragestellung der Rolle der Schweiz während des Zweiten Weltkriegs ein. All diese Entwicklungen wären während des Kalten Kriegs undenkbar gewesen. Der Ost-West-Konflikt hatte die Handlungen und Wahrnehmungen über Jahrzehnte geprägt und somit letztlich zwischenstaatliche, aber auch Konflikte innerhalb von Staaten verzerrt. Ungebremst traten sie jetzt, angefangen mit den blutigen und komplexen Konflikten in der Golfregion, in (Ex-)Jugoslawien und Ruanda, an die Oberfläche und forderten von der internationalen Diplomatie neue Lösungsansätze und Vorgehensweisen. Das traditionelle Völkerrecht wurde durch die vermehrt transnationalen und innerstaatlichen Kriege herausgefordert.

Da das Gleichgewicht der Supermächte nicht mehr spielte und die Zahl der relevanten Akteure sprunghaft anstieg, gewannen zu Beginn der 1990er-Jahre die UNO und damit der Multilateralismus wieder an Gewicht. In der Schweiz wurde dieser Wechsel durchaus wahrgenommen. Bereits während des Golfkriegs 1990/91 beschloss der Bundesrat den autonomen Nachvollzug der Wirtschaftssanktionen der UNO. 1998 kommunizierte der Bundesrat das Ziel einer UNO-Mitgliedschaft, worauf ein Komitee eine Volksinitiative für den Beitritt lancierte. Im März 2002 nahmen Volk und Stände die Initiative an. Nachdem die Schweiz nach einer Volksabstimmung 1992 bereits den Bretton-Woods-Institutionen – Internationaler Währungsfonds (IWF) und Weltbank – beigetreten war, bedeutete der UNO-Beitritt die logische innenpolitische Fortsetzung und die Beendigung einer international einmaligen Ausnahmesituation. Der Beitritt der Schweiz zur UNO im Jahr 2002 (vgl. Kapitel 3) führte auch zu einer markanten Ausweitung der aussenpolitischen Ziele, die sich ipso facto durch die breit gefächerte UNO-Agenda ergab. Seit 1996 nahm die Schweiz sogar im sensiblen Bereich der Sicherheits- und Verteidigungspolitik an der Partnerschaft für den Frieden mit NATO-Staaten teil.

Im Unterschied zur erfolgreichen Integration in Organisationen mit globaler Ausrichtung, die erst in den 2010er-Jahren wieder vermehrt kritisiert wurde, verlief die Annäherung an Europa konträr. Nach einer äusserst emotionalen Abstimmungskampagne lehnte 1992 die Schweizer Stimmbevölkerung die Ratifizierung des Abkommens über den Europäischen Wirtschaftsraum (EWR) knapp mit 50,3 Prozent ab, wobei das Nein der Kantone deutlich ausfiel. Dieser Entscheid kann als einer der folgenreichsten der neueren Schweizer Geschichte bezeichnet werden. Es war das erste Mal, dass mit den Mitteln der direkten Demokratie erfolgreich und unmittelbar in die Aussenhandelspolitik eingegriffen wurde. Für die Schweizer Diplomatie bedeutete dies eine grosse Herausforderung für zukünftige Verhandlungen. Bundesrat und Parlament beschlossen zwar aus wirtschaftlichen Gründen den autonomen Nachvollzug eines grossen Teils der EU-Gesetzgebung, aber das Land entwickelte sich zu einem unsicheren Partner im europäischen Einigungsprozess. Die Zustimmung zu den bilateralen Verträgen mit der EU im Jahr 2000 stellte daher einen grundlegenden Schritt für die gegenseitige Vertrauensbildung dar, der aber seither wiederholt mit Argumenten der Souveränität und Neutralität sowie Überfremdungsängsten politisch infrage gestellt wurde.

Die humanitäre Dimension der Aussenpolitik gewann ebenfalls an Bedeutung angesichts der Gräuel, die sich nach der Wende von 1989 beispielsweise im ehemaligen Jugoslawien, in der Kaukasusregion oder im Nahen Osten abspielten. In ihrer Agenda 2005 hielt die UNO fest, dass die Bedrohungen von Frieden und Sicherheit im 21. Jahrhundert nicht nur internationale Kriege und Konflikte einschlossen, «sondern auch Terrorismus, Massenvernichtungswaffen, organisiertes Verbrechen und häusliche Gewalt. Sie umfassen auch Armut, tödliche Infektionskrankheiten und Umweltverschmutzung, da diese Gefahren ebenfalls katastrophale Folgen haben können. Alle diese Bedrohungen können zum Tod führen oder das Leben massiv einschränken. Alle können sie den Staat als Grundstein des internationalen Systems unterminieren.»

Auf diese neuen Herausforderungen reagierte die Schweiz mit einem erweiterten Sicherheitsbegriff und der Stärkung der Dimension der «menschlichen Sicherheit» innerhalb des Aussendepartements sowie einem aktiven und sichtbaren internationalen Engagement, das an die Tradition der Guten Dienste und des humanitären Völkerrechts anknüpfte. Diese Politik war nun innenpolitisch vertretbar – nicht zuletzt, weil sie das weiterhin herrschende Neutralitätsnarrativ nicht gefährdete, sondern sinnstiftend mit neuem Inhalt füllte.

Schlussbetrachtung

Die Präambel der totalrevidierten Bundesverfassung von 1999, die «Unabhängigkeit und Frieden in Solidarität und Offenheit gegenüber der Welt» zu stärken beabsichtigt, legitimierte die Neuausrichtung aussenpolitischer Ziele. Die neue Verfassung veranschaulicht somit paradigmatisch das Aussenpolitikverständnis des 21. Jahrhunderts. Wie 1848 sind die Kantone nach wie vor an den aussenpolitischen Entscheidungen beteiligt, selbst wenn die Kompetenz beim Bund liegt. Die Unabhängigkeit (verstanden als Neutralität) und die Wohlfahrt (verstanden als erfolgreiche Aussenhandelspolitik) stehen am Anfang. Danach folgen die nachgelagerten Ziele: Linderung von Not und Armut in der Welt (Entwicklungspolitik und Katastrophenschutz), Achtung der Menschenrechte (Fortsetzung der humanitären Tradition) und Förderung der Demokratie (Anknüpfung an die Aufnahme liberaler Flüchtlinge im 19. Jahrhundert) sowie ein friedliches Zusammenleben der Völker (Ausrichtung auf das Völkerrecht) und Erhaltung der natürlichen Lebensgrundlagen. Letztere Bestimmung begründet als Teil der Bewegung für eine nachhaltige Entwicklung als einzige eine explizite neue Dimension auf Verfassungsebene.

Realistisch betrachtet war seit 1848 der Einfluss der Schweiz auf die Weltpolitik kaum entscheidend. Ihre Mitwirkung war aber konstant und auf Nischen ausgerichtet, die sich einem reichen liberalen und neutralen Staat mitten in Europa vielfältig boten. Dafür nutzte das Land lange und gewinnbringend globale gouvernementale und nongouvernementale Netzwerke. Die erfolgreiche Einbindung in die Weltwirtschaft erschloss der Schweiz zahlreiche internationale Kontakte und sorgte für eine gute Informationslage und einen effektiven Wissenstransfer. Es waren der Protektionismus, der übersteigerte Nationalismus und die Ideologisierung der Politik, die in der Zeit der Weltkriege die pragmatische Interessenpolitik des Landes herausforderten. Um den Handel zu sichern, setzte die Schweiz auf die völkerrechtlich gesicherte Neutralität, die sie in Abwehr der totalitären Bedrohungen gleichzeitig politisch als Rechtfertigungsdiskurs nach aussen und als gemeinschaftsideologische Grundlage nach innen instrumentalisierte. Während die Wirtschaft 1945 gut dastand und in der Nachkriegszeit bald zu hoher Prosperität zurückfand, wurde die Schweiz die Geister, die sie mit einer dogmatischen Emporstilisierung des Neutralitätsbegriffs in den Krisen der 1930er-Jahren gerufen hatte, nicht mehr los und zementierte somit endgültig das Sonderfalldenken im Kalten Krieg.

Seit dem Fall der Berliner Mauer 1989 schwankt die Schweizer Stimmbevölkerung, gefangen in diesem tradierten Neutralitätsdiskurs, angesichts der globalen Herausforderungen zwischen multilateralem Engagement und Abschottung. Dass das Neutralitätsprinzip an sich nicht infrage steht, zeigt die hohe Zustimmungsrate in der Bevölkerung, die in den Umfragen seit 2014 immer um die 95 bis 96 Prozent liegt. Aber erstmals seit der Gründung des Bundesstaats dient die Instrumentalisierung des Neutralitätsarguments nicht mehr primär der Sicherung einer funktionierenden Aussenwirtschaft und einer Reputation fördernden Vermittlerrolle, sondern der vermeintlichen Bewahrung eines imaginären Sonderfalls. Dabei böte gerade der flexible, pragmatische und situativ auslegbare Neutralitätsbegriff sowohl nach innen als auch nach aussen die grosse Opportunität, das zu vermitteln, was die Essenz des Handelns eines Staats mit limitierten Ressourcen inmitten Europas immer war: eine vorsichtige Aussenpolitik.

Anmerkungen zu Kapitel 1

1   Zum «Neuenburgerhandel» vgl. dodis.ch/T1450 (abgerufen am 11.6.2021).
2   Vgl. dazu die thematische Zusammenstellung dodis.ch/T1499 (abgerufen am 11.6.2021).
3   Zur «Wohlgemuth-Affäre» vgl. dodis.ch/T1502 (abgerufen am 11.6.2021).
4   Vgl. dazu die thematische Zusammenstellung dodis.ch/T1415 (abgerufen am 11.6.2021).
5   Vgl. die Londoner Erklärung vom 13.2.1920, dodis.ch/1721, sowie die Zusammenstellung dodis.ch/C1651(beide abgerufen am 11.6.2021).
6   Vgl. die thematische Zusammenstellung dodis.ch/T115 (abgerufen am 11.6.2021).
7   Vgl. die Zusammenstellung dodis.ch/C1586 (abgerufen am 11.6.2021).
8   Vgl. dazu insbesondere die Korrespondenz zwischen Max Petitpierre und Paul-Henri Spaak im Oktober 1946 in der Zusammenstellung dodis.ch/C1892 (abgerufen am 11.6.2021).
9   Verhandlungsprotokoll des Bundesrats vom 23. November 1963, dodis.ch/30765 (abgerufen am 11.6.2021).
10   Vgl. dazu die Zusammenstellung dodis.ch/T1772 (abgerufen am 11.6.2021).
11   Vgl. dazu die thematische Zusammenstellung dodis.ch/T1101 (abgerufen am 11.6.2021).

Literatur

Eine breite Bibliografie sowie eine Analyse des Forschungsstands bieten Sacha Zalas drei historiografische Betrachtungen:

Zala, Sacha (2003): «Publications sur les relations internationales de la Suisse parues depuis la fin de la Guerre froide», in: *Relations internationales* 113, S. 115–133.
Zala, Sacha (2013): «Historiografische Anmerkungen zur Geschichte der schweizerischen Aussenbeziehungen in der Nachkriegszeit», in: *Traverse* (2013/1), S. 242–257.

Zala, Sacha (2014): «Krisen, Konfrontation, Konsens (1914–1949). Zum Stand der Forschung», in: *Die Geschichte der Schweiz,* Schwabe Verlag: Basel, S. 491–539, bes. S. 536–539.
Eine laufend aktualisierte Bibliografie der Geschichte der Schweizer Aussenpolitik bietet die Forschungsstelle *Diplomatische Dokumente der Schweiz* (Dodis): http://biblio.dodis.ch

Quellen

In der Datenbank Dodis befinden sich alle relevanten Dokumente, die die Grundlage dieses Essays bilden: http://db.dodis.ch

2. Die Akteure der Schweizer Aussenpolitik: Wer sie macht und wer sie gerne machen würde

Pascal Sciarini

Aufteilung der Zuständigkeiten in der Aussenpolitik

Die auswärtigen Angelegenheiten sind Sache des Bundes (Art. 54 Abs. 1 BV). In einem stark dezentralisierten Bundesstaat wie der Schweiz, in dem die Verflechtung der Kompetenzen zwischen Bund und Kantonen die Regel ist, bildet die Aussenpolitik die Ausnahme. Sie ist der einzige Bereich, in dem die Aufgabenteilung so stark zugunsten des Bundes ausfällt. Dafür gibt es gute Gründe: Auf internationaler Ebene mit einer Stimme – also im Namen aller Kantone – sprechen zu können, war für die Gestalter des Bundesstaats ein wichtiger Beweggrund. Das bedeutet jedoch nicht, dass sich der Bund in seinen Beziehungen zum Ausland über die Kantone hinwegsetzen kann. Vielmehr muss er auf ihre Zuständigkeiten Rücksicht nehmen und ihre Interessen wahren (Art. 54 Abs. 3 BV), sie in die Vorbereitung aussenpolitischer Entscheide einbeziehen (Art. 55 Abs. 1 BV), sie informieren und ihre Stellungnahmen einholen (Art. 55 Abs. 2 BV) und sie sogar in internationale Verhandlungen einbeziehen, wenn ihre Zuständigkeiten betroffen sind (Art. 55 Abs. 3 BV).

Auf Bundesebene sieht die Verfassung ausdrücklich die Mitwirkung verschiedener Akteure bei der Festlegung der Aussenpolitik vor, räumt dem Bundesrat jedoch die meisten Kompetenzen ein (Auer et al., 2013, S. 52).[1] Dieser ist primär zuständig für die auswärtigen Angelegenheiten und vertritt die Schweiz nach aussen (Art. 184 Abs. 1 BV), erkennt Staaten an und leitet die Diplomatie (Art. 184 Abs. 2 BV). Bei der Ausübung seiner aussenpolitischen Tätigkeiten hat der Bundesrat jedoch die Mitwirkungsrechte der Bundesversammlung bei der Gestaltung der Aussenpolitik zu respektieren (Art. 166 Abs. 1 und Art. 184 Abs. 1 BV). Zudem teilt die Bundesverfassung dem Bundesrat und der Bundesversammlung auch identische Grundaufgaben zu: Beide haben die Wahrung der äusseren Sicherheit, der Unabhängigkeit und der Neutralität der Schweiz zu gewährleisten (Art. 173 Abs. 1 Bst. a und Art. 185 Abs. 1 BV). Zwar räumt die Bundesverfassung dem Bundesrat in aussenpolitischen Fragen das Primat ein, scheint aber eine «ständige Kooperation und Koordination» zwischen Regierung und Parlament herstellen zu wollen (Wildhaber, 1992, S. 132).

Die gemeinsame Zuständigkeit von Bundesrat und Bundesversammlung gilt auch für die Genehmigung von Staatsverträgen. Zwar genehmigt der Bundesrat Verträge von geringerer Bedeutung allein, die übrigen hat er aber der Bundesversammlung zur Genehmigung vorzulegen (Art. 166 Abs. 2 und Art. 184 Abs. 2 BV). Die Besonderheit der schweizerischen Verfassungsordnung bei der Ratifizierung von Verträgen liegt jedoch in der Intervention eines dritten Akteurs – des Volks. Die Verfassung unterwirft die Ratifizierung einer breiten Kategorie von internationalen Abkommen dem obligatorischen (Art. 140, Abs. 1 b BV) oder fakultativen (Art. 141, Abs. 1 d BV) Referendum und räumt damit dem Schweizer Stimmvolk Mitentscheidungsrechte in der Aussenpolitik ein, die im internationalen Vergleich ihresgleichen suchen.

In der Praxis, mehr noch als in den gesetzlichen Grundlagen, hat der Bundesrat – unterstützt von der Bundesverwaltung – traditionell den Löwenanteil der Ausgestaltung und Umsetzung der Aussenpolitik übernommen. Er definiert Ziele, Strategie, Leitlinien und Instrumente der Aussenpolitik. Darüber hinaus ist er für die Ernennung von Diplomatinnen und Diplomaten sowie die Information der Bevölkerung zuständig.

Aussenpolitik und Aussenwirtschaftspolitik
Über weite Strecken des 20. Jahrhunderts unterschieden sich die beiden Hauptbereiche der Schweizer Aussenpolitik – Aussenpolitik und Aussenwirtschaftspolitik – in hohem Mass. Einerseits verfolgte die Schweiz, eingeschränkt durch ihre Neutralität, eine sehr vorsichtige Aussenpolitik. Zwar engagierte sie sich in allen inhaltlich eng ausgerichteten internationalen Foren, blieb aber Organisationen mit politischen Ambitionen und breiter angelegten Projekten der internationalen Zusammenarbeit oder regionalen Integration fern. Mitte der 1990er-Jahre fasste ein wissenschaftlicher Beobachter der Schweizer Aussenpolitik die Situation des

Landes in seinem europäischen und globalen Umfeld unter dem viel-
sagenden Titel *Isolierte Schweiz* zusammen (Riklin, 1995).

Um die geringe Grösse ihres Binnenmarkts zu kompensieren und
den Anforderungen ihrer Exportwirtschaft – der Quelle ihres Wohlstands – gerecht zu werden, hat die Schweiz andererseits eine offensive
Aussenwirtschaftspolitik betrieben und sich in internationalen Wirt-
schaftsverhandlungen stark für eine Liberalisierung des Handels eingesetzt. Die Schweizer Aussenpolitik wurde in dieser Zeit denn auch weitgehend von der Aussenwirtschaftspolitik dominiert (Goetschel et al.,
2004, S. 90).

Ein weiteres Merkmal der Schweizer Aussenpolitik bis Ende der
1980er-Jahre war ihr geschlossener und wenig demokratischer Charakter. Sie lag in den Händen einiger weniger hoher Beamter des Eidgenössischen Departements für auswärtige Angelegenheiten (bis 1978 als Eidgenössisches Politisches Departement bezeichnet) und von Experten,
hauptsächlich auf Völkerrecht spezialisierten Juristen. Ebenso war die
Aussenwirtschaftspolitik einem kleinen Kreis staatlicher (vor allem dem
Bundesamt für Aussenwirtschaft, später SECO) und nicht staatlicher
Akteure (den wichtigsten betroffenen wirtschaftlichen Interessengruppen) vorbehalten, die auf informelle Weise oder in parastaatlichen
Gremien wie der «ständigen Wirtschaftsdelegation» eng zusammen-
arbeiteten (Keel, 1975). Infolgedessen blieb die Aussenpolitik für die
Öffentlichkeit lange Zeit kaum sichtbar; das Parlament und die politi-
schen Parteien selbst spielten nur eine sehr untergeordnete Rolle. Diese
Situation störte das Parlament nicht allzu sehr, denn es zeigte wenig Inte-
resse an «auswärtigen» Angelegenheiten, einschliesslich europäischer
Angelegenheiten (Sciarini, 1991).[2]

**Die Internationalisierung/Europäisierung der Politik
und ihre Auswirkungen**

Der Wandel des internationalen Umfelds Ende der 1980er-Jahre wirkte
sich stark auf die Schweizer Aussenpolitik aus. Einerseits stellten der
Zusammenbruch des Sowjetblocks und das Ende der bipolaren Weltordnung die Neutralität infrage und gaben der Schweizer Aussenpolitik neue
Impulse. Andererseits beeinflussten die Veränderungen, die durch die
Prozesse der wirtschaftlichen Globalisierung und der Internationalisierung der Politik hervorgerufen wurden, die Entscheidungsmechanismen
und das Machtgleichgewicht zwischen den Akteuren.

Mit der Internationalisierung der Politik ist die Tendenz gemeint, im Rahmen der internationalen Beziehungen nicht nur zwischenstaatlich zu agieren, sondern auch die nationale Politik anderer Länder zu beeinflussen. Diese seit mehreren Jahrzehnten erkennbare Entwicklung hat zu einer zunehmenden Durchdringung von Innen- und Aussenpolitik geführt. In vielen Bereichen (z. B. Energie, Umwelt, Verkehr, Gesundheit, Steuern) werden Fragen, die früher im Wesentlichen staatsintern geregelt wurden, vermehrt mit Verträgen oder Abkommen[3] auf internationaler Ebene bearbeitet, sodass die Aussenpolitik einen immer grösseren Einfluss auf die Innenpolitik hat. Ebenso werden viele Rechtsstreitigkeiten, die in Schweizer Gerichten ausgetragen werden, danach an internationale oder europäische Gerichte weitergezogen.

Empirisch gesehen ist die Zahl der von der Schweiz unterzeichneten bilateralen und multilateralen Abkommen in der zweiten Hälfte des 20. Jahrhunderts stark angestiegen und hat zu einer deutlichen Zunahme des Anteils des Völkerrechts an der Rechtssetzung in der Schweiz geführt (Linder, 2014): Die Anzahl Seiten völkerrechtlicher Rechtstexte nahm zwischen 1947 und 1982 jährlich um 7,5 Prozent zu, während sie bei nationalen Rechtsakten nur um 1,5 Prozent anstieg. Diese Entwicklung hat sich in den letzten drei Jahrzehnten fortgesetzt und sogar noch beschleunigt: Seit Mitte der 1990er-Jahre übertrifft die Seitenzahl internationaler Verträge jene von nationalen Gesetzestexten.

Im europäischen Kontext bedeutet Internationalisierung vor allem Europäisierung. Die Schweiz ist zwar nicht Mitglied der Europäischen Union (EU), wird aber dennoch sehr stark vom europäischen Integrationsprozess beeinflusst. Nach der Ablehnung des Europäischen Wirtschaftsraums (EWR) im Dezember 1992 ermöglichten mehrere mit der EU unterzeichnete bilaterale Abkommen der Schweiz eine starke Annäherung an den EU-Binnenmarkt und die EU insgesamt, was von manchen als «massgeschneiderte Quasi-Mitgliedschaft» bezeichnet wurde (Kriesi & Trechsel, 2008, S. 189).

Die Internationalisierung wirkt sich einerseits über internationale Verträge und Abkommen direkt auf die Schweizer Politik aus, kann sie jedoch auch indirekt beeinflussen. Dies ist insbesondere dann der Fall, wenn die Schweiz beschliesst, sich einseitig an internationale oder supranationale Regeln anzupassen, die sie selbst nicht mitentwickelt hat (diese Praxis wird als «autonomer Nachvollzug» bezeichnet). Für die Schweiz ist es wiederum in Bezug auf die EU so, dass der indirekte Einfluss die grössten Auswirkungen hat (Fischer & Sciarini, 2014). In der Schweiz hat der Gesetzgeber in den vergangenen Jahrzehnten viele EU-Richtlinien übernommen – oder sich zumindest stark an ihnen orientiert. Die indirekte Europäisierung mag zwar weniger sichtbar sein als die direkte Europäisierung, sie spielt jedoch eine genauso wichtige, wenn nicht sogar bedeutendere Rolle. Eine Studie zu allen Gesetzesänderungen in der Schweiz zwischen 1990 und 2010 zeigt, dass ein Drittel dieser Änderungen zu Bestimmungen geführt haben, die zumindest teilweise mit EU-Richtlinien konform sind. In drei Vierteln der Fälle waren diese Änderungen jedoch das Ergebnis einer autonomen Anpassung seitens der Schweiz – und das verbleibende Viertel ist auf bilaterale Abkommen mit der EU zurückzuführen (Jenni, 2014).

Eine andere Studie zu den elf wichtigsten Schweizer Entscheidungsprozessen der ersten Hälfte der 2000er-Jahre führt ebenfalls das erhebliche Gewicht der europäischen Integration in der Schweizer Politik der Gegenwart vor Augen (Sciarini et al., 2015): Drei dieser Prozesse betrafen bilaterale Abkommen mit der EU (Ausweitung des Personenfreizügigkeitsabkommens, Abkommen über die Besteuerung von Zinserträgen und die Assoziierungsabkommen zu Schengen und Dublin), und zwei weitere betrafen Vorlagen, die stark von der europäischen Gesetzgebung beeinflusst waren (Revision des Ausländergesetzes und des Fernmeldegesetzes). Letztlich wurde fast die Hälfte der wichtigsten Prozesse direkt oder indirekt von der Europäisierung beeinflusst.

Die Internationalisierung hat sich auf den Inhalt der Aussenpolitik, den Ablauf von Gesetzgebungsverfahren und auf das Kräfteverhältnis zwischen den politischen Akteuren ausgewirkt. Zum einen hat die Ausweitung der von der Aussenpolitik erfassten Bereiche zu ihrer «Pluralisierung» geführt. Die oben erwähnte klassische Trennung zwischen Aussenpolitik und Aussenwirtschaftspolitik ist der Aufteilung auf eine grössere Anzahl von Politikfeldern gewichen (Entwicklungspolitik, Europapolitik, Sicherheitspolitik, Friedenspolitik, humanitäre Politik usw.). Darüber hinaus hat sich die Schweizer Aussenpolitik nach dem Ende des Kalten Kriegs und der Aufhebung der Neutralitätspolitik zunehmend geöffnet. Dadurch hat sich die Asymmetrie zwischen Aussenpolitik und Aussenwirtschaftspolitik verringert. Hinzu kommt eine zunehmende Verflechtung der Aussenpolitik mit anderen Politikbereichen wie beispielsweise der Einwanderungspolitik. Mit der Ausweitung der Themen der Aussenpolitik haben auch ihre Ziele zahlenmässig und an Vielfalt zugenommen, woraus sich neue Herausforderungen in Bezug auf die Kohärenz ergeben (Goetschel, 2014). Innerhalb der Bundesverwaltung selbst haben das EDA und das SECO vermehrt mit anderen Departementen und Ämtern zu tun, die über eigene Dienste für internationale Angelegenheiten verfügen, was den Koordinationsbedarf erhöht.

Zum anderen beeinflusst die Internationalisierung auch den Verlauf von Entscheidungsprozessen und die Bedeutung der einzelnen Phasen des Prozesses (Sciarini & Nicolet, 2005). Ein zentrales Merkmal der Gesetzgebungsprozesse in der Schweiz sind die komplexen vorparlamentarischen Mechanismen, durch die die Bundesverwaltung die Kantone sowie nicht staatliche Akteure (Interessengruppen, politische Parteien, Experten) in die Vorbereitung von Gesetzen einbezieht. Die Internationalisierung schmälert jedoch die Bedeutung traditioneller Konsultations- und Beratungsverfahren in der vorparlamentarischen Phase, wie z. b. ausserparlamentarische Ausschüsse oder Vernehmlassungen. Einerseits verschiebt sich der Schwerpunkt des Entscheidungsprozesses bei einer internationalen Verhandlung tendenziell, wobei die Verhandlung selbst zu einer Schlüsselphase in diesem Prozess wird. Andererseits werden einheimische Akteure – mit Ausnahme einiger mächtiger Interessengruppen wie economiesuisse (bei der Europapolitik) oder der Schweizerischen Bankiervereinigung (bei internationalen Finanzverhandlungen) – in dieser Phase nicht beteiligt. Überdies ist das schnelle und unbeständige Tempo der internationalen Verhandlungen nicht mit der Gemächlichkeit der üblichen vorparlamentarischen Verfahren vereinbar. Die Konsultation nationaler Akteure seitens der Bundesverwaltung findet – wenn überhaupt – in einer eher informellen Weise statt und wird selektiver. So gab es im Zeitraum von 1987 bis 2019 bei der Hälfte der dem Referendum unterstellten innenpolitischen Gesetze ein Vernehmlassungsverfahren, bei Beschlüssen zu völkerrechtlichen Verträgen dagegen nur bei einem Drittel.

Schliesslich verändert sich durch die Internationalisierung das interne Machtgleichgewicht. Die gestiegene Bedeutung der Aussenpolitik stärkt die Bundesexekutive auf Kosten von Parlament, Kantonen, Parteien und Interessengruppen. In der Verhandlungsphase eines internationalen Abkommens befindet sich die Exekutive (Bundesrat und Bundesverwaltung) in einer Position der Stärke, da sie über mehr Initiative, Informationen und Expertise verfügt als andere nationale Akteure – und insbesondere als das Parlament. In der Ratifizierungsphase geht es bei den auf internationaler Ebene abgeschlossenen Abkommen häufig um alles oder nichts: Das Parlament kann ihren Inhalt kaum ändern, ohne das Vorhaben als Ganzes zu gefährden. Dies mag zwar die Führung des Bundesrats stärken, aber er wird durch die mehrparteiliche Zusammensetzung der Regierung und die Notwendigkeit, Kompromisse zu schmieden, die sich häufig als minimal erweisen, eingeschränkt.

Institutionelle Reformen:
Die Kantone und das Parlament kommen zum Tragen
Die Bundesversammlung und die Kantone sind diesen Veränderungen gegenüber nicht gleichgültig geblieben. Während der Verhandlungen über den EWR wurde den Kantonen bewusst, dass der Bund dabei war, in ihre Kompetenz fallende Bereiche auf internationaler Ebene zu verhandeln. Im Bemühen, nicht zu reinen Ausführungsorganen der vom Bund ausgehandelten Verträge zu werden, forderten sie eine stärkere Beteiligung an der Ausgestaltung der Aussenpolitik (Goetschel, 2014). Die Institutionalisierung der Zusammenarbeit zwischen Bund und Kantonen wurde in den zu Beginn dieses Kapitels erwähnten Verfassungsartikeln (Art. 54 und 55 BV) verankert und im Bundesgesetz über die Mitwirkung der Kantone an der Aussenpolitik des Bundes (BGMK) konkretisiert. Dieses Gesetz legt die drei Mechanismen (Information, Konsultation und Mitwirkung) fest, mit deren Hilfe der Bund die Kantone einbezieht. Es verpflichtet den Bund auch, seine Entscheidungen zu begründen, wenn er plant, sich über die Stellungnahmen der Kantone hinwegzusetzen.

Zudem haben die EWR-Verhandlungen das Fehlen eines Forums vor Augen geführt, in dem die Kantone ihre Positionen zur Aussenpolitik koordinieren können. Dies führte zur Gründung der Konferenz der Kantonsregierungen (KdK), die in der Folge eine wichtige Rolle in der Verhandlungs- und Ratifizierungsphase der bilateralen Abkommen mit der EU spielte. Ende der 1990er-Jahre setzten die Kantone ihre Bemühungen fort und forderten für den Fall eines EU-Beitritts der Schweiz ein besonderes und verstärktes Beteiligungsmodell (Aubert, 2001). In jüngster Zeit haben sie zudem verlangt, in die Verhandlungen zu einem institutionellen Rahmenabkommen mit der EU einbezogen zu werden.

Parallel zu den Bemühungen der Kantone haben auch die beiden Parlamentskammern institutionelle Veränderungen in der Aussenpolitik angestrebt. Um ihren eingeschränkten Handlungsspielraum in der Ratifizierungsphase zu kompensieren, verlangten sie, frühzeitig und stärker in die Vorbereitung der internationalen Verhandlungen eingebunden zu werden. Ihrer Forderung wurde mit einer Revision des Geschäftsverkehrsgesetzes (GVG) von 1991 und der damit einhergehenden Ausweitung der Informations- und Konsultationsrechte der aussenpolitischen Ausschüsse entsprochen. Artikel 47bis dieses Gesetzes sieht vor, dass der Bundesrat die aussenpolitischen Kommissionen regelmässig, frühzeitig und umfassend über die aussenpolitische Lage und seine Vorhaben informiert (Abs. 1), sie vor der Festlegung seiner Verhandlungsmandate konsultiert (Abs. 3) und sie über den Fortgang der Verhandlungen informiert (Abs. 4). Ohne die Gewaltenteilung oder das Primat der Exekutive infrage zu stellen (die aussenpolitischen Kommissionen können dem Bundesrat keine verbindlichen Weisungen erteilen), sollte diese Gesetzesrevision einen «intensiven Dialog» zwischen Bundesrat und Bundesversammlung fördern (Wildhaber, 1992, S. 135). Artikel 166 (1) der Bundesverfassung hat die Stärkung der Rolle des Parlaments in der Aussenpolitik a posteriori anerkannt.

Diese institutionellen Reformen haben zwar eine stärkere Einbindung der Kantone und des Parlaments in die Formulierung der Aussenpolitik ermöglicht, die Machtverhältnisse in diesem Bereich jedoch nicht grundlegend verändert. Gemäss verschiedenen Studien der letzten drei Jahrzehnte, zu denen auch die oben erwähnte Studie zu den wichtigsten Entscheidungsprozessen Anfang der 2000er-Jahre (Sciarini et al., 2015) gehört, sind der Bundesrat und die Bundesverwaltung nach wie vor die wichtigsten Akteure in den aussen- und europapolitischen Entscheidungsprozessen. Während also das Gewicht des Parlaments – und der Regierungsparteien – in den innenpolitischen Gesetzgebungsprozessen in den letzten Jahrzehnten und insbesondere seit der Schaffung der ständigen Ausschüsse 1992 zugenommen hat, bleibt die Exekutive (Bundesrat und Bundesverwaltung) in der Aussenpolitik weiterhin dominant.

Obschon die spezifischen Merkmale des aussenpolitischen Entscheidungsprozesses die Exekutive begünstigen, darf diese die nationalen Akteure (Kantone, Parlament, Parteien, Interessengruppen) nicht übergehen. Einerseits ist die Konsenskultur fest in der Schweizer Politik verankert und wirkt sich auch auf die Aussenpolitik aus. Andererseits liegt es im Interesse der Exekutive, die betroffenen Kreise, auf die sie in der Ratifizierungsphase oft angewiesen ist, zu konsultieren. Die Ratifizierung wichtiger internationaler Verträge ist zwar immer Sache der nationalen Regierungen, aber der Bundesrat hat eine besonders schwierige Aufgabe, da er nicht nur auf die Unterstützung durch eine Mehrheit im Parlament, sondern unter Umständen auch durch diejenige des Volks angewiesen ist. Zu diesem Zweck verfolgt die Exekutive in den verschiedenen Phasen des Entscheidungsprozesses in der Regel eine integrative Strategie, die auch gegnerische Parteien oder Interessengruppen einbezieht.

In diesem Zusammenhang ist darauf hinzuweisen, dass die Interessengruppen, die in aussenpolitischen Fragen wichtige Gesprächspartner des Bundesrats und der Verwaltung bilden, von den mit den Prozessen der Globalisierung und Internationalisierung verbundenen strukturellen Veränderungen in unterschiedlichem Ausmass betroffen sind. Einerseits kann eine Schwächung jener Schweizer Wirtschaftsverbände, die auf den Schweizer Markt ausgerichteten Branchen vertreten (insbesondere der Schweizerische Gewerbeverband und der Schweizerische Bauernverband), beobachtet werden (Sciarini et al., 2015). Andererseits sind auch neue Akteure entstanden, die die Zivilgesellschaft repräsentieren (NGOs und andere öffentliche Interessengruppen),[4] und ihre wachsende Bedeutung zeigt sich nicht nur in der Lancierung von Volksinitiativen (z. B. der Initiative «Für verantwortungsvolle Unternehmen»), sondern auch in ihrer zunehmenden Präsenz in aussenpolitischen Foren wie beispielsweise der Beratenden Kommission für internationale Zusammenarbeit (BK IZA).

Direkte Demokratie und Aussenpolitik

Die Mechanismen der direkten Demokratie kamen in der Aussenpolitik über einen langen Zeitraum kaum zum Tragen. In der Schweiz wie anderswo galt die Aussenpolitik als ein einzigartiges Handlungsfeld, das rationales Vorgehen und vernünftige Entscheidungen erforderte und somit der Elite vorbehalten bleiben musste. Im Lauf der Zeit hat sich die Schweizer Aussenpolitik jedoch allmählich demokratisiert. Die Erweiterung des Geltungsbereichs des Staatsvertragsreferendums nach den Verfassungsrevisionen von 1921, 1977 und 2003 hat das Mitentscheidungsrecht des Volks bei der Gestaltung der Aussenpolitik deutlich gestärkt und den internationalen Status der Schweiz als Sonderfall endgültig zementiert.

So hat sich nach der Reform der Volksrechte 2003 die Zahl der internationalen, dem fakultativen Referendum unterliegenden Abkommen versechs- oder versiebenfacht (von einem Dutzend pro Legislatur auf über 70). Die Zahl der Abkommen, die tatsächlich mittels Referendum angefochten wurden, folgte jedoch nicht demselben Trend, ganz im Gegenteil: Zwischen 2003 und 2015 wurden von insgesamt knapp 220 internationalen Abkommen nur ganze vier vor das Volk gebracht. Dies zeigt, dass ein grosser Teil der Aussenpolitik kaum Konfliktpotenzial birgt. Eine Mehrheit der Staatsverträge ist eher technischer Natur und von geringerer politischer Sprengkraft. Etwas überspitzt kann man also sagen, dass sich die Staatsverträge in zwei Kategorien einordnen lassen: auf der einen Seite eine kleine Anzahl politisch sehr wichtiger Abkommen (z. B. bilaterale Abkommen mit der EU), auf der anderen eine grosse Anzahl innenpolitisch unbedeutender Abkommen (z. B. bilaterale Doppelbesteuerungsabkommen).

Tabelle 1 zeigt die Entwicklung der Anzahl Volksabstimmungen über internationalisierte Vorlagen sowie die Entwicklung des Erfolgsgrads der Bundesbehörden bei diesen Abstimmungen. Sie umfasst neben den oben genannten Kategorien der direkten (Staatsverträge und abgeleitete Gesetze) und indirekten (vom Typ «autonome Anpassung») Internationalisierung auch innenpolitische Themen mit einer starken internationalen Komponente (z. B. Volksinitiative «Für ein Verbot von Kriegsmaterial-Exporten»).

Tabelle 1: Häufigkeit von Volksabstimmungen zu internationalisierten Themen (1961–2020)

	1961–1970	1971–1980	1981–1990	1991–2000	2001–2010	2011–2020
Gesamtzahl der Volksabstimmungen	29	87	66	106	82	84
Anzahl der Volksabstimmungen über internationalisierte Themen	5	16	16	26	26	28
(davon: Aussen-/Sicherheits- oder Europapolitik)	*(0)*	*(5)*	*(2)*	*(8)*	*(8)*	*(6)*
(davon: Asyl- oder Einwanderungspolitik)	*(1)*	*(3)*	*(7)*	*(5)*	*(11)*	*(6)*
(davon: Volksinitiativen oder Gegenprojekte)	*(1)*	*(6)*	*(6)*	*(7)*	*(11)*	*(16)*
Anteil der Abstimmungen über internationalisierte Themen	17 %	18 %	24 %	25 %	32 %	33 %
Erfolgsquote der Regierung bei Volksabstimmungen zu internationalisierten Themen	10 %	75 %	63 %	77 %	65 %	82 %

Datenquelle: swissvotes (Berechnungen des Autors)

Hinweis: Die Abstimmungen zum Personenfreizügigkeitsabkommen mit der EU sind unter Einwanderungspolitik aufgeführt.

Die Anzahl direktdemokratischer Abstimmungen zu internationalisierten Themen hat in den letzten 60 Jahren deutlich zugenommen. Während in den 1960er-Jahren weniger als zehn davon pro Jahrzehnt stattfanden, sind es seit den 1990er-Jahren mehr als 25. Auch in relativen Zahlen, d. h. unter Berücksichtigung des Anstiegs der Gesamtzahl der Volksabstimmungen in der Schweiz, ist der Zuwachs sehr deutlich erkennbar: In den 1960er- und 1970er-Jahren betraf weniger als jede fünfte Volksabstimmung ein internationalisiertes Thema; in den 2000er- und 2010er-Jahren ist dieser Anteil auf jede dritte Vorlage angestiegen. Mit anderen Worten: Die Zahl der Volksabstimmungen zu internationalisierten Themen ist schneller gestiegen als die Zahl der Abstimmungen zu rein innenpolitischen Vorlagen.

Dabei haben besonders Einwanderungs- oder asylpolitische Vorlagen wie auch aussenpolitische (einschliesslich europäische) und sicherheitspolitische Themen wesentlich zum Anstieg von Volksabstimmungen zu internationalisierten Themen beigetragen. Die Schweiz hat paradoxerweise mehr Volksabstimmungen zu europapolitischen Themen durchgeführt als irgendein EU-Mitgliedstaat. Die Tabelle macht auch deutlich, dass Volksabstimmungen zu internationalisierten Vorlagen zunehmend auf der Basis von Volksinitiativen (im Vergleich zu Referenden) durchgeführt werden.

Wie die letzte Zeile der Tabelle zeigt, liegt die Erfolgsquote des Bundesrats bei Abstimmungen über internationalisierte Vorlagen zwischen 60 und 80 Prozent. Diese hohe Erfolgsquote ist mit derjenigen bei Abstimmungen über innenpolitische Themen vergleichbar. Abgesehen von einigen wenigen öffentlichkeitswirksamen Fällen wie der Ablehnung des EWR 1992 oder der Annahme der SVP-Initiative «Gegen Masseneinwanderung» 2014, sind die Präferenzen des Stimmvolks und die der Bundesbehörden bei internationalisierten Fragen also in der Regel konvergent. In der Aussenpolitik ist eine Ablehnung durch das Volk allerdings problematischer als in der Innenpolitik, da sie auch den Verhandlungspartner betrifft; die beiden vorgenannten Beispiele (EWR und die Initiative «Gegen Masseneinwanderung») sind in dieser Hinsicht exemplarisch.

Konfliktlinien innerhalb der Gesellschaft

Die Tatsache, dass das Stimmvolk bei Abstimmungen über aussenpolitische oder internationalisierte Vorlagen mehrheitlich den Vorschlägen der Bundesbehörden gefolgt ist, bedeutet nicht, dass es einen Konsens in der Schweizer Bevölkerung gibt. Die im Anschluss an diese Abstimmungen durchgeführten Meinungsumfragen zeigen im Gegenteil, dass die Aussenpolitik im weitesten Sinn die starken Gegensätze herausstreicht, die zwischen den gesellschaftlichen Gruppen im Hinblick auf «Öffnung/Abschottung» oder «Integration/Ausgrenzung» bestehen. Dieser Konflikt über das wünschenswerte Ausmass einer internationalen Öffnung der Schweiz spielte bei den Volksabstimmungen der 1990er-Jahre – beginnend mit der Abstimmung über den EWR im Jahr 1992 – eine wichtige Rolle und gewann in den 2000er-Jahren weiter an Bedeutung.

Unter den soziodemografischen Variablen ist das Bildungsniveau ein wichtiger Erklärungsfaktor für aussenpolitische Präferenzen (Sciarini, 2000, 2020): Das gebildetste Wählersegment ist eher geneigt, eine internationale Öffnung der Schweiz zu unterstützen, während weniger Gebildete tendenziell dagegen sind. Auch zwischen den Sprachregionen und zwischen städtischen und ländlichen Gebieten gehen die Ansichten darüber auseinander. Nach dem Trauma der EWR-Abstimmung, die zu einer Spaltung der Schweiz führte, haben sich die Präferenzen der französisch- und deutschsprachigen Bevölkerung in der Europapolitik deutlich angenähert. Dennoch sind die Westschweizer gegenüber einer internationalen Öffnung weiterhin positiver eingestellt als die Deutschschweizer, während das Tessin mittlerweile zu einem der offenheitsfeindlichsten Kantone geworden ist. Während die Sprachgrenze an Bedeutung verloren hat, haben sich die Unterschiede zwischen Stadt und Land – vor allem in der Deutschschweiz – verstärkt: Die eher kosmopolitischen und multikulturellen Werte der städtischen Bevölkerung stehen in starkem Kontrast zu den eher konservativen und «isolationistischen» Werten der ländlichen Bevölkerung.

Was die politischen Faktoren angeht, die das Wahl- und Abstimmungsverhalten noch stärker beeinflussen als soziodemografische Faktoren, so nimmt die Unterstützung einer aktiveren Aussenpolitik vor allem mit dem Interesse an der Politik und mit dem Vertrauen in den Bundesrat zu (Sciarini, 2020). Darüber hinaus spielen Ideologie und Parteizugehörigkeit eine entscheidende Rolle. Einerseits stimmen Parteisympathisanten oft im Gleichklang mit ihrer Lieblingspartei, und zwar in einer aussenpolitisch spezifischen Weise. Während in der Innenpolitik nach wie vor der Konflikt zwischen den Linken (SP, Grüne) und der Rechten (FDP, CVP, SVP) dominiert, verläuft die Trennlinie in der Aussenpolitik meist zwischen den gemässigten Linken und Rechten auf der einen und der nationalkonservativen Rechten (SVP) auf der anderen Seite. Daraus ergibt sich bei aussenpolitischen Abstimmungen in der Regel eine starke Korrelation zwischen der Selbstpositionierung einer Person auf der Links-rechts-Skala und ihrem Wahlentscheid: Je weiter rechts auf der Achse sich eine Person positioniert, desto eher lehnt sie eine internationale Öffnung ab.

Schlussfolgerung

In einem föderalen, neutralen Staat mit einer hoch entwickelten direkten Demokratie erfordert die Lenkung der Aussenpolitik viel Fingerspitzengefühl. Einerseits hat die Internationalisierung dazu geführt, dass die Aussenpolitik ein breiteres Spektrum an Bereichen abdeckt und sich zunehmend auf die Innenpolitik auswirkt. Andererseits muss der Bundesrat (und seine Verwaltung) aufgrund der Demokratisierung der Aussenpolitik eine breite Palette von Akteuren (Kantone, Parteien, Wirtschaftsverbände, öffentliche Interessengruppen, Bürgerinnen und Bürger) berücksichtigen. Zudem werden durch die Pluralisierung der Aussenpolitik und das damit verbundene Aufkommen neuer Akteure (insbesondere NGOs) die Karten neu gemischt. Die Kombination von öffentlichkeitswirksamen Aktionen und intensiver Lobbyarbeit in den Gängen des Parlaments hat es Vertretern der Zivilgesellschaft ermöglicht, neue Themen auf die politische Agenda zu bringen (z. B. Konzernverantwortungsinitiative, Rohstoffhandel, nachhaltige Finanzen, Goldraffinerien usw.). Das richtige Gleichgewicht zwischen der Verteidigung der Interessen der Schweiz und der Einhaltung nationaler und internationaler Auflagen zu finden, ist unter diesen Bedingungen zu einer grossen Herausforderung geworden.

An der diplomatischen Front schränken nationale Auflagen den Handlungsspielraum der Schweizer Unterhändler stark ein. Auch wenn sie manchmal als Verhandlungswaffe eingesetzt werden können, hat diese Strategie ihre Grenzen, insbesondere wenn die Machtasymmetrie zu stark ausgeprägt ist – wie beispielsweise in den Beziehungen zur EU. Die Unterstützung bei Abstimmungen, die der Bundesrat in aussen- oder europapolitischen Fragen in der Regel erhält, mag die Glaubwürdigkeit der Schweiz als Verhandlungspartnerin stärken, aber die Langsamkeit der Entscheidungsfindung oder die Rückschläge, die der Bundesrat bei Volksabstimmungen zu wichtigen Fragen – wie etwa zur Initiative «Gegen Masseneinwanderung» – hinnehmen musste, wirken dem entgegen. In der Schweiz fällt es den Regierungsparteien in einem stark polarisierten Umfeld zunehmend schwer, in wichtigen aussenpolitischen Fragen eine gemeinsame Linie zu finden. Schliesslich trägt die gewachsene Bedeutung öffentlicher Interessengruppen zwar zur demokratischen Legitimität der Aussenpolitik bei, macht es aber nicht einfacher, einvernehmliche Lösungen zu finden.

Bislang ist es den Schweizer Behörden gelungen, sich der Herausforderung zu stellen und das erwähnte fragile Gleichgewicht zu wahren. Was aber bringt die Zukunft? Im Bereich der Europapolitik, dem wohl wichtigsten Bereich der gegenwärtigen Schweizer Aussenpolitik, wurde mit der Ablehnung der Begrenzungsinitiative der SVP im September 2020 eine erste Hürde genommen und damit das Dilemma zwischen kontrollierter Immigration und Fortführung des bilateralen Wegs zugunsten Letzterem gelöst. Durch den Abbruch der Verhandlungen um das Institutionelle Rahmenabkommen mit der EU bleibt jedoch eine grosse Unsicherheit für die Schweizer Aussenpolitik und die Schweizer Politik im Allgemeinen bestehen.

Anmerkungen zu Kapitel 2

1   In der Schweiz ist die exekutive Gewalt auf die sieben Mitglieder des Bundesrats (Regierung) verteilt, die jeweils zugleich einem Departement (Ministerium) vorstehen. Die Bundesratspräsidenten haben im Wesentlichen ein Ehrenamt mit protokollarischen Aufgaben.

2   So wurden im Nationalrat zwischen 1972 und 1987 weniger als 20 parlamentarische Vorstösse (Motionen, Postulate oder Interpellationen) zur Europapolitik eingereicht (Sciarini, 1991, S. 413). Im gleichen Zeitraum wurden im Nationalrat mehr als 1000 Anträge zu anderen Themen eingebracht.

3   Ein symbolträchtiges Beispiel ist das Bankgeheimnis, das fast ein Jahrhundert lang als Säule der Schweizer Finanztätigkeit diente und aufgrund von internationalem Druck nach nur einem Jahr fiel.

4   Diese Organisationen haben sich auch zu grösseren Gemeinschaften wie Alliance Sud oder dem Klima-Bündnis zusammengeschlossen.

Literatur

Aubert, Jean-François (2001): Participation des cantons à la politique européenne en cas d'adhésion de la Confédération suisse à l'Union européenne. In: CdC (Ed.), *Les cantons face au défi de l'adhésion à l'Union européenne. Bericht der Arbeitsgruppe «Reform-Europa der Kantone»*. Zürich: Schulthess, S. 157–206.

Auer, Andreas, Malinverni, Giorgio & Hottelier, Michel (2013): *Schweizerisches Staatsrecht Band I: Der Staat*. Bern: Stämpfli.

Fischer, Manuel & Sciarini, Pascal (2014): Die Europäisierung der Schweizer Entscheidungsprozesse. *Schweizerische Zeitschrift für Politikwissenschaft,* 20(2), S. 239–245.

Goetschel, Laurent (2014): Aussenpolitik. In: Yannis Papadopoulos, Pascal Sciarini, Adrian Vatter & Silja Häusermann (Eds.), *Handbuch der Schweizer Politik.* Zürich: NZZ Libro, S. 623–644.

Goetschel, Laurent, Bernath, Magdalena & Schwarz, Daniel (2004): *Schweizer Aussenpolitik: Grundlagen und Möglichkeiten.* Lausanne: Payot.

Hirschi, Christian, Serdült, Uwe & Widmer, Thomas (1999): Schweizerische Aussenpolitik im Wandel: Internationalisierung, Globalisierung und Multilateralisierung. *Schweizerische Zeitschrift für Politikwissenschaft,* 5(1), S. 1–21.

Jenni, Sabine (2014): Europäisierung der Schweizer Rechtsetzung: Empirie und Rhetorik driften auseinander. *Schweizerische Zeitschrift für Politikwissenschaft,* 20(2), S. 208–215.

Keel, Guido (1975): Der Einfluss politischer Interessengruppen auf die Schweizer Aussenpolitik. In: Alois Riklin (Eds.), *Handbuch der schweizerischen Aussenpolitik.* Bern/Stuttgart: Haupt.

Kriesi, Hanspeter & Trechsel, Alexander H (2008): *Die Politik der Schweiz: Kontinuität und Wandel in einer Konsensdemokratie.* Cambridge: Cambridge University Press.

Linder, Wolf (2014): Die Schweizer Gesetzgebung im Zeitalter der Globalisierung: Eine quantitative Bewertung der Bundesgesetzgebung (1983–2007). *Schweizerische Zeitschrift für Politikwissenschaft,* 20(2), S. 223–231.

Riklin, Alois (1995): Isolierte Schweiz. Eine europa- und innenpolitische Lagebeurteilung. *Schweizerische Zeitschrift für Politische Wissenschaft,* 1(2–3), S. 11–34.

Sciarini, Pascal (1991): Die Rolle und Stellung der Bundesversammlung in den Beziehungen zur Europäischen Gemeinschaft seit 1972. In: Parlamentsdienste (Eds.), *Das Parlament – «Oberste Gewalt des Bundes»?.* Bern: Haupt, S. 403–423.

Sciarini, Pascal (2000): La formation des opinions dans les votations populaires de politique extérieure. *Schweizerische Zeitschrift für Politikwissenschaft,* 6(3), S. 71–84.

Sciarini, Pascal (2020): Explaining support to European integration in direct democratic votes. In: Paolo Dardanelli & Oscar Mazzoleni (Eds.), *Switzerland-EU relations: Lessons for the UK after Brexit?* London: Routledge.

Sciarini, Pascal & Nicolet, Sarah (2005): Internationalisierung und Innenpolitik: Evidence From the Swiss Case. In: Hanspeter Kriesi, Martin Kohli & Milad Zarin-Nejadan (Eds.), *Contemporary Switzerland: Revisiting the Special Case.* New York: Palgrave/McMillan, S. 221–238.

Sciarini, Pascal, Fischer, Manuel & Traber, Denise (Eds.) (2015): *Political decision-making in Switzerland: The consensus model under pressure.* Basingstoke/New York: Palgrave Macmillan.

Wildhaber, Luzius (1992): Aussenpolitische Kompetenzordnung im schweizerischen Bundesstaat. In: Alois Riklin, Hans Haug & Raymond Probst (Eds.), *Neues Handbuch der schweizerischen Aussenpolitik/Nouveau Manuel de la politique extérieure suisse.* Bern: Haupt, S. 121–149.

Die Städte auf der Suche nach einem Platz in der Staatsordnung

Sami Kanaan im Gespräch mit Joëlle Kuntz

Sami Kanaan ist Mitglied des Conseil administratif (der Exekutive) der Stadt Genf, Vizepräsident des Schweizerischen Städteverbands sowie Mitgründer und Präsident des Geneva Cities Hub.

Die Städte befinden sich zwar an der Front der grossen Probleme unserer Zeit, aber am Ende der innerstaatlichen Kette politischer Entscheide. Sie verlangen deshalb, von den massgeblichen Instanzen gehört und ernst genommen zu werden.

In internationalen Organisationen sind Städte bestenfalls wie Nichtregierungsorganisationen (NGOs) eingestuft; sie sind institutionelle «Ufos», wichtig in der Sache, aber marginal im Entscheidungsprozess.

UN-Habitat, das Programm der Vereinten Nationen für menschliche Siedlungen, war die erste Einheit der UNO, die Städte als solche in ihr Repräsentativorgan einbezog. Die internationalen Organisationen legen Wert darauf, die Städte und ihre Präsidenten in den Expertengremien zu haben, wo man sich über konkrete Fragen abstimmt und austauscht und neue Normen entwirft, gewähren ihnen aber keinen formellen Status. Die Städte haben im Rahmen der UNO und folglich in der Aussenpolitik der Schweiz jedoch durchaus eine Rolle zu spielen.

Auf Bundesebene arbeiten die Städte im Schweizerischen Städteverband immer aktiver zusammen, mit dem Ziel einer gemeinsamen Bestandsaufnahme und der Artikulierung ihrer Anliegen. Es dürfte für die Städte im heutigen Repräsentativsystem der Schweiz schwierig sein, neben den Kantonen zu vollberechtigten Akteuren zu werden. Aber sie fordern Aufmerksamkeit und die nötigen Mittel zur Bewältigung akuter Probleme – soziale Ungleichheit, Folgen der Umweltverschmutzung, Migration, die Gefährdung der Gesundheit, den Verkehr und andere mehr.

Auf der Ebene des internationalen Genf wurde der Geneva Cities Hub (GCH) geschaffen, um eine Vielfalt von Personen und Institutionen an der Suche nach Lösungen für die urbanen Probleme zu beteiligen. Der GCH wird vom EDA mitfinanziert und ist ein Instrument, um die Städte, ihre Verbände und Netzwerke mit den Akteuren des internationalen Genf zu vernetzen. Als Gruppen unterschiedlicher Akteure sollen sie einzelne Themen dynamisch, transversal und kreativ anpacken. Auf diese Weise kann die Realität der städtischen Exekutivbehörden in der Arbeit dieser Organisationen besser berücksichtigt werden. Der GCH leistet damit einen Beitrag zur Bündelung der Erfahrungen aller Mitgliedstädte, zur Entwicklung einer gemeinsamen Diagnose und zur Koordination über die staatlichen Grenzen hinweg.

Beispiele solcher Fragen sind: Wie soll mit der kontroversen Diskussion zur Kameraüberwachung in den Städten umgegangen werden? Wie lassen sich die Erwartungen der Bevölkerung bezüglich Sicherheit mit Datenschutz und Wahrung der Privatsphäre vereinen? Welche Rolle können und müssen Städte als öffentliche Nahgemeinschaften spielen, wenn es um grosse Probleme wie den Klimanotstand, die Solidarität oder eine Pandemie geht? Die Gesamtheit der heute sehr unterschiedlichen Praktiken erlaubt es, in Kenntnis der Sache nachzudenken und zu handeln und damit die auf internationaler Ebene entstehenden Normen zu beeinflussen.

Die Städte sind mit ihrem Gewicht und ihrer Einstellung natürlich eine politische Herausforderung, nicht nur in föderalen, sondern auch in zentralisierten Staaten, wo starke nationale Behörden es ihnen nicht leicht machen, sich Gehör zu verschaffen.

Allmählich aber erobern sie sich ihren Platz. In Paris beispielsweise kämpfte die Stadtpräsidentin Anne Hidalgo beim französischen Vorsitz der Klimakonferenz 2015 dafür, dass die Städte an der Seite der Staaten, der internationalen Organisationen, der Experten und der NGOs am Treffen teilnehmen konnten. Sie hat die Vernetzung der Städte im Bereich Klimaschutz wesentlich ausgebaut, vor allem über das Netzwerk C40. So erreichte sie, dass etwa 1000 Stadtpräsidenten, darunter auch jener von Genf, an den Klimakonferenzen teilnehmen können, und zwar gleichberechtigt mit grossen Nichtregierungsorganisationen.

Dieses Beispiel und viele weitere zeigen, dass die Diskussion darüber, wie die Stellung der Städte in der nationalen und internationalen

Gouvernanz gestärkt werden kann und welches ihr richtiger Platz in diesen Systemen ist, breiter geführt werden muss.

Genf nimmt sich manchmal Freiheiten heraus. Kürzlich hat der Conseil municipal (die Legislative) eine Resolution über den Konflikt in Berg-Karabach angenommen. Dieser Text mag das EDA vielleicht in Verlegenheit gebracht haben, da er heftige diplomatische Reaktionen auslöste. Aber bei Konflikten, vor allem bei Menschenrechtsverletzungen, gelangen oft verschiedenste internationale Gruppierungen – ein Spiegelbild des kulturellen Mosaiks des internationalen Genf – an die Stadt. Darauf muss sie reagieren.

Die internationale Stadt geniesst eine Sichtbarkeit und pflegt eine Offenheit, die die Verantwortung mit sich bringt, Stellung zu beziehen; denn mit seiner Geschichte und seinem Namen hat Genf, trotz seiner eher bescheidenen Grösse, auf der internationalen Bühne starkes Gewicht.

3. Die Schweiz, die UNO und das internationale Genf: Eine Plattform für die Aussenpolitik

Cédric Dupont

Der 16. Mai 1920 läutete eine neue Ära für die Schweiz ein: An diesem Tag nahmen das Schweizer Stimmvolk und die Schweizer Kantone den Bundesbeschluss betreffend den Beitritt der Schweiz zum Völkerbund an. Nach einer langen Phase der Abschottung im Anschluss an die Niederlage in der Schlacht von Marignano 1515 und der allmählichen Verankerung der immerwährenden Neutralität, die von den europäischen Mächten am 20. November 1815 vertraglich anerkannt wurde, war für die Schweiz die Zeit gekommen, ein universelles und forscheres Engagement an den Tag zu legen, um Neutralität, Kooperation und Solidarität auf internationaler Ebene zu vereinbaren. Der Beitritt der Schweiz zum Völkerbund und ihre Beziehungen zu den Vereinten Nationen ab 1945 müssen unter diesem speziellen Blickwinkel betrachtet werden – eine besonders erschwerte Aufgabe, weil sich das internationale Umfeld und die öffentliche Meinung in der Schweiz zur Neutralität nicht mit dem gleichen Tempo entwickelt haben. Die Schweiz trat den Vereinten Nationen erst am 10. September 2002 als 190. Mitglied bei.

Das vorliegende Kapitel beschreibt einige zentrale Wendepunkte auf der Reise der Schweiz durch ein universelles, multilaterales Umfeld; es zeigt die Lösungen auf, die entwickelt wurden, um mit internen und externen Gefahren umzugehen; und es versucht, einige Vor- und Nachteile des besonderen Wegs der Schweiz abzuwägen. Dabei wird vor allem auf das politische Wesen der Beziehungen zum Völkerbund und später zur UNO eingegangen. Am Ende des Kapitels werden die Beziehungen zwischen der Schweiz und den Vereinten Nationen in Genf als Gaststadt des zweitwichtigsten Sitzes der Vereinten Nationen weltweit sowie zahlreicher weiterer internationaler Organisationen beleuchtet.

Ein zunächst unterdrückter und dann abgebrochener idealistischer Impuls: Die Schweiz und der Völkerbund (1920–1946)

Die strikte Anwendung der Neutralität hat die Bemühungen der Schweiz, in der zweiten Hälfte des 19. Jahrhunderts zu einer internationalen, auf einem universell gültigen Regelwerk basierenden Ordnung beizutragen, nicht völlig verhindert. In technischen Bereichen wie der telegrafischen oder postalischen Kommunikation oder dem Schutz des geistigen Eigentums wurden Weltvereine gegründet. Internationale Konferenzen, wie im Fall der Haager Abkommen von 1889 und 1907, legten das Prinzip und die Mechanismen für die friedliche Beilegung internationaler Streitigkeiten fest. Die lange Periode der Isolation nahm jedoch erst ihr Ende, als sich die Möglichkeit der Gründung einer internationalen Organisation – des Völkerbunds – ergab. Sein Ziel war die Schaffung einer friedlichen, auf Recht und Freiheit basierenden internationalen Ordnung. Der Bundesrat verpflichtete sich 1917, die Gründung eines solchen Bunds zu prüfen und bezog zwei Jahre später in seiner Botschaft an die Bundesversammlung vom 4. August 1919 klar Stellung für einen Beitritt. Im Wissen um die Schwierigkeit, die strikte Neutralität der Schweiz mit einer Mitgliedschaft im Völkerbund zu vereinbaren, hob der Bundesrat in seiner Botschaft hervor, es sei wichtig, eine allzu absolute Beurteilung der Neutralitätspolitik zugunsten einer sogenannten differenziellen, auf militärische Aspekte beschränkten Neutralität zu vermeiden. Nach lebhaften Debatten nahmen beide Kammern die Botschaft mit grosser Mehrheit an (155:55 im Nationalrat und 30:6 im Ständerat). Ein Jahr später, am 16. Mai 1920, wurde der Beitritt bei einer Stimmbeteiligung von 76,5 Prozent mit doppeltem Mehr angenommen. Die Schweiz blieb in dieser Frage jedoch sehr gespalten: Die Annahme des Beitritts zum Völkerbund war das Ergebnis einer grossen Volksmehrheit in der Westschweiz, die ein knappes Nein in der Deutschschweiz kompensierte, sowie einer Differenz von weniger als 200 Stimmen im Halbkanton Appenzell Ausserrhoden.

Dieses Resultat liess bereits die Grenzen des Schweizer Engagements in der neuen Organisation erahnen, die die idealistischen Impulse des Bundesrats und seiner eifrigsten Befürworter bremsen sollten. In seiner Eröffnungsansprache bei der ersten Völkerbundversammlung in

Genf betonte Bundespräsident Giuseppe Motta, die Aufrechterhaltung der bewaffneten Neutralität habe das Schweizervolk davor bewahrt, bei der Abstimmung im Mai 1920 vor das «schmerzlichste aller Dilemmata» gestellt zu werden: seine Traditionen aufzugeben und seine Identität zu verleugnen oder für immer von der neuen internationalen Ordnung ausgeschlossen zu werden. Dennoch sollte sich die Umsetzung einer Politik, die Traditionen respektierte und sich gleichzeitig mit den Bestrebungen zum Aufbau einer neuen Ordnung solidarisierte, für die Schweizer Regierung als eine fast unlösbare Aufgabe erweisen.

Tatsächlich wurde der Wahrung der Neutralität rasch Vorrang eingeräumt. Die Schweiz sprach sich klar gegen alle Versuche oder Initiativen aus, die darauf abzielten, die Bedeutung zweier zentraler Artikel des Völkerbundpakts einzuschränken, nämlich Artikel 10 zur Unversehrtheit des Gebiets und der politischen Unabhängigkeit aller Mitglieder sowie Artikel 16 zu den Sanktionen. Ebenso fuhr sie in den drei wichtigsten Fällen, in denen die Streitschlichtungs- und Sanktionsmechanismen des Völkerbunds zur Anwendung kamen – dem Streit zwischen Finnland und Schweden um die Åland-Inseln in den 1920er-Jahren, dem Krieg zwischen Bolivien und Paraguay zu Beginn der 1930er-Jahre und der italienischen Besetzung Äthiopiens 1935 –, eine möglichst vorsichtige, wenn nicht gar abstentionistische Linie, die einen gewissen Opportunismus offenbarte. Nach dem Scheitern der Sanktionen gegen Italien, dem Rückzug Italiens und Deutschlands aus dem Völkerbund und seiner Untätigkeit im Konflikt zwischen Japan und China beantragte die Schweiz schliesslich eine Rückkehr zu ihrer integralen Neutralität. Sie argumentierte, es sei zu schwierig, die militärische von der wirtschaftlichen Dimension der Sanktionen zu trennen. Ihr Antrag wurde vom Rat des Völkerbunds am 14. Mai 1938 angenommen und stellte das Ende des Schweizer Experiments mit einer grösseren internationalen politischen Solidarität dar.

Neutralität und «technische» Solidarität:
Die Schweiz mit Beobachterstatus bei der UNO (1948–2002)
Angesichts der Bedingungen, unter denen die Vereinten Nationen (UNO) (anfänglicher Ausschluss von drei Nachbarländern der Schweiz: Deutschland, Österreich und Italien) ins Leben gerufen wurden, sowie der Auflösung des Völkerbunds war für die Schweiz ein Beitritt nur unter vorgängiger offizieller Anerkennung ihrer Neutralität möglich. Diesen Schritt

hielt die Schweiz wegen der fehlenden Universalität der neuen Organisation für unerlässlich. Darüber hinaus lehnte sie die zentrale Rolle ab, die die UNO den Siegermächten des Zweiten Weltkriegs zugestand, indem sie ihnen ein Veto im Sicherheitsrat einräumte – dem Gremium, das über militärische oder wirtschaftliche Zwangsmassnahmen zum Erhalt des Friedens entscheiden sollte. Obschon die UNO-Charta den Beitritt eines neutralen Staats nicht ausschloss, zeigte sich schon bald, dass das Bemühen der Schweiz um einen Sonderstatus im weltpolitischen Kontext der Nachkriegszeit zum Scheitern verurteilt sein würde.

So beschloss der Bundesrat Ende 1946, auf die Mitgliedschaft zu verzichten, sich aber zugleich so weit wie möglich an den Aktivitäten der UNO zu beteiligen. Die damalige Politik des Bundesrats basierte auf drei Schwerpunkten: a) Schaffung von ständigen Beobachtermissionen bei der neuen Organisation; b) Erleichterung und Förderung der Niederlassung von UNO-Organisationen und ihrer Sonderorganisationen in Genf; c) Kooperation mit diesen Organisationen und Institutionen oder alternativ ein Beitritt. Diese Vorgehensweise basierte auf der Unterscheidung zwischen den Vereinten Nationen einerseits als politische und andererseits als technische Organisation. Mit Letzterer konnte sich die Schweiz solidarisch zeigen und zugleich ihre Neutralität gegenüber den Handlungen der Ersteren bewahren – ein Ansatz, der im Kontext des Kalten Kriegs kaum auf internationale Ablehnung stiess. Dank ihrer Beobachtermissionen in New York (ab 1948) und Genf (ab 1965) hatte die Schweiz schliesslich den Status eines Quasimitglieds. Das Wohlwollen der Mitgliedstaaten ermöglichte ihr, die Arbeit der verschiedenen Organe und Organisationen der Vereinten Nationen mitzuverfolgen, Mitglied der verschiedenen von den Vereinten Nationen ausgearbeiteten Übereinkommen zu werden und an den unter ihrer Schirmherrschaft organisierten Weltkonferenzen sowie an ihren verschiedenen Fonds und Programmen teilzunehmen. Die Schweiz musste zwar ohne Mitspracherecht zum ordentlichen Budget der Vereinten Nationen beitragen, aber in weitaus geringerem Umfang, als sie dies als Mitglied hätte tun müssen. Zwischen 1946 und 1993 trat die Schweiz allen Sonderorganisationen sowie dem Statut des Internationalen Gerichtshofs bei und verpflichtete sich damit zur Förderung der internationalen Kooperation in so unterschiedlichen Bereichen wie beispielsweise im Handel, der Atomenergie, Agrarproduktion, Bildung und Entwicklungshilfe. Zahlreiche Schweizerinnen und Schweizer hatten wichtige Positionen in diesen Institutionen inne. In dieser Zeit gelang es der Schweiz nicht nur, den europäischen Sitz der Vereinten Nationen in Genf anzusiedeln, sondern darüber hinaus eine wachsende Zahl von ständigen Missionen und internationalen Regierungs- und Nichtregierungsorganisationen anzuziehen.

Die Entkolonialisierung und der schrittweise Beitritt einer grossen Zahl neuer Staaten zu den Vereinten Nationen Anfang der 1960er-Jahre führte dazu, dass die Schweizer Regierung aufgrund der Spannungen zwischen ihrer Pflicht zur internationalen Solidarität und der Achtung der Neutralität zunehmend unter Druck geriet. Wegen dieses neuen Kontexts setzte in der UNO – insbesondere innerhalb der Generalversammlung – eine Bewegung ein, die zugleich eine Universalisierung und eine stärkere Politisierung anstrebte. Angesichts einer Welt im Wandel konnte die Schweiz nicht mehr in einer abwartenden Haltung verharren, wie die UNO-Sanktionen gegen das Regime von Ian Smith in Rhodesien zwischen 1965 und 1968 zeigten. Die Schweiz lehnte es zwar ab, sich den Massnahmen der UNO anzuschliessen, tat dies aber indirekt, indem sie «autonome» Sanktionen ergriff, die sich eindeutig an das Kontrollregime der UNO anlehnten.

Damals entschied der Bundesrat, dass die Zeit für eine öffentliche Debatte über die Beziehungen der Schweiz zu den Vereinten Nationen gekommen sei. Zwischen 1969 und 1977 legte er der Bundesversammlung drei Berichte im Zusammenhang mit der Frage eines möglichen Beitritts vor, bevor er sich 1981 endgültig für eine Mitgliedschaft entschied.

Die Öffentlichkeit war jedoch gänzlich anderer Meinung. Nach der Annahme 1986 durch beide Kammern des Parlaments bei starker Opposition (112 Ja- und 78 Nein-Stimmen im Nationalrat und 26 Ja- und 16 Nein-Stimmen im Ständerat) wurde der Bundesbeschluss am 16. März 1986 bei einer Stimmbeteiligung von 50,7 Prozent vom Volk mit einer überwältigenden Mehrheit (75,7 Prozent) sowie von der Gesamtheit der Stände abgelehnt. Obwohl die Meinungsumfragen auf eine Niederlage hingedeutet hatten, kam das Ausmass des Abstimmungsergebnisses überraschend. Die starke Mobilisierung für die Vorlage, die Spaltung zwischen FDP und CVP, die Zurückhaltung der Berufsdachverbände und die starke Kampagne der nationalistischen Kreise unter Führung der SVP erwiesen sich trotz einer anhaltenden Kampagne des Bundesrats als entscheidend. Die Mehrheit (92 Prozent) der Nein-Stimmenden war der Ansicht, die Schweiz könne auch als Nichtmitglied der UNO weiterhin eine aktive Aussenpolitik betreiben – eine Meinung, die den Hauptargumenten des Bundesrats klar widersprach.

Diese Niederlage an der Urne bedeutete für den Bundesrat eine Zwangspause, tat jedoch der Thematik keinen Abbruch. Die Regierung vertrat die Auffassung, die Schweiz müsse multilateral aktiver werden, wenn sie eine Isolation vermeiden wolle. Neben den erneuten Anstrengungen im technischen Bereich wollte sie das Engagement der Schweiz im Bereich der Friedenssicherung sichtbar verstärken, indem sie ein Truppenkontingent von 600 Freiwilligen aufstellte, das den Vereinten Nationen oder der Konferenz über Sicherheit und Zusammenarbeit in Europa (KSZE) zur Verfügung stehen sollte. Erneut erlitten der Bundesrat und die eidgenössischen Räte, die der Vorlage ohne Weiteres zugestimmt hatten, eine Niederlage: Am 12. Juni 1994 stimmten 57,2 Prozent der Stimmbürgerinnen und Stimmbürger sowie alle Kantone ausser Genf, Waadt, Neuenburg und dem Jura gegen die Vorlage.

Ein Wandel kam schliesslich auf Betreiben von Parlamentsmitgliedern der SP zustande, die hinter der 1998 lancierten und im März 2000 eingereichten Volksinitiative «Für den Beitritt der Schweiz zur Organisation der Vereinten Nationen» mit mehr als 120 000 Unterschriften standen. Sowohl der Bundesrat als auch die beiden Kammern nahmen sie mit grosser Mehrheit an: Der Weg war frei für eine erneute Abstimmung am 3. März 2002. Die Mehrheit des Volks (54,6 Prozent) und der Stände (12) nahmen die Initiative an und öffneten der Schweiz die Türen zur UNO. Es war jedoch kein Erdrutschsieg, da das Ständemehr äusserst knapp ausfiel – mit einer Differenz von nur 2700 Stimmen im Wallis. Während einige der politischen Trennlinien, die bei den vorangegangenen Wahlen zutage getreten waren, nach wie vor sehr ausgeprägt waren – massive Unterstützung durch die Linke, umfassende Ablehnung durch die nationalistische Rechte –, war die Spaltung entlang der Sprachgrenzen insbesondere im deutschsprachigen Teil des Landes einer Stadt-Land-Kluft gewichen. Doch die Annahme und das Engagement der bürgerlichen Parteien und der wirtschaftlichen Dachverbände hatten die Skeptiker der Mitte und der gemässigten Rechten beruhigt und den Erfolg der Initiative sichergestellt. Für die Regierung war der strategische Horizont endlich erreicht: Am 10. September 2002 nahm die Generalversammlung der UNO die Aufnahme der Schweiz per Akklamation an.

Neutralität und Solidarität: Die Schweiz als Mitglied der UNO (seit 2002)

Mit dem Beitritt zu den Vereinten Nationen erlangte die Schweiz wieder den Status, den sie im Völkerbund gehabt hatte, diesmal jedoch in einer Organisation mit universellem Charakter und in einer ideologisch offeneren Welt. Aufgrund ihrer fundierten Kenntnisse der UNO, die sie als langjährige Beobachterin erworben hatte, fügte sich die Schweiz sehr rasch in ihre Rolle als Mitglied in den drei prioritären Aktionsbereichen ein – der Sicherheit und Friedenssicherung, der internationalen Justiz und der Menschenrechte sowie der Kooperation und Entwicklung. Die doppelte Realität einer von Machtverhältnissen geprägten Welt und die in der Innenpolitik nach wie vor sehr präsenten nationalistischen Tendenzen erschwerten jedoch die Verschmelzung von Neutralität und Solidarität weiterhin und beeinflussten die Auswahl konkreter Themen, bei denen sich die Schweiz engagieren und zum Wandel beitragen konnte.

Die Schweiz wurde im Bereich der Menschenrechte rasch tätig und profitierte von einer hohen internationalen Glaubwürdigkeit und einem grossen Handlungsspielraum auf nationaler Ebene. Bereits im Frühjahr 2003 sprach sich die Schweiz in der Menschenrechtskommission für eine tiefgreifende Reform dieses für die Tätigkeit der UNO zentralen, jedoch von einer zunehmenden Polarisierung der Mitgliedstaaten geprägten Organs aus, in dem sich die Befürworter einer stärkeren Reaktionsfähigkeit bei schweren Menschenrechtsverletzungen und die engagiertesten Verfechter des Souveränitätsprinzips gegenüberstanden. Die erklärte Motivation der Schweiz war, dieses Gremium – in den Worten von Bundesrätin Calmy-Rey – «besser, stärker und effektiver» zu machen. Ein weiteres, weniger deutlich erklärtes Ziel war jedoch, die Sichtbarkeit von Genf als Sitz eines gestärkten UNO-Organs zu erhöhen (Reber, 2009).

In den darauffolgenden zwei Jahren mobilisierte die Schweizer Diplomatie mit Berichten und Seminaren auf hoher Ebene Unterstützung für die Aufnahme von Verhandlungen zu diesem Thema. Als diese schliesslich im Herbst 2005 begannen, versuchte die Schweiz, den Inhalt der Gespräche zu beeinflussen, indem sie dem Präsidenten der UNO-Generalversammlung einen Menschenrechtsexperten zur Verfügung stellte, der ihm bei der Formulierung seiner Verhandlungsstrategie helfen sollte. Anschliessend richtete sie ein Seminar in Genf für alle französischsprachigen Länder aus, mit dem Ziel, das Bewusstsein für die Bedeutung von Genf als Zentrum für Menschenrechtsexpertise zu stärken. Doch die Verhandlungen über den Rat gerieten ins Stocken, vor allem im Hinblick auf seine Zusammensetzung und die Wahlmodalitäten sowie die Anzahl und Dauer seiner Sitzungen. Obwohl sich die Schweiz weiterhin an der Suche nach einem Konsens beteiligte, behielten die Grossmächte – insbesondere die Europäische Union, die Vereinigten Staaten und China – die Oberhand. Die Entscheidung fiel am 15. März 2006: Die Generalversammlung verabschiedete mit überwältigender Mehrheit den Vorschlag zur Einrichtung des Menschenrechtsrats in Genf. Die Vereinigten Staaten hatten dagegen votiert und kritisierten die mangelnde Selektivität bei der Auswahl der Länder, die in den Rat aufgenommen werden sollten, erklärten sich jedoch kooperationsbereit. Am 9. Mai wählte die Versammlung die Schweiz als eines der 47 Mitglieder des Rats, dessen erste Sitzung am 19. Juni in Genf stattfand. Die Schweiz wurde später für eine zweite Amtszeit von 2010 bis 2013 sowie eine dritte Amtszeit von 2016 bis 2018 wiedergewählt.

Für den Bundesrat war die Gründung des Rats ein durchschlagender Erfolg und ein Beweis für die neuen Möglichkeiten, die sich durch die Mitgliedschaft in den Vereinten Nationen ergaben. Bundesrätin Calmy-Rey betonte, dass der Rat eine «Schweizer Idee» sei, eine «Utopie», die die Schweiz mit «in die Tat umgesetzt» habe.

Obgleich unbestritten ist, dass die Schweiz in dieser Frage ein starkes Engagement an den Tag legte, zeigen sowohl der eigentliche Prozess wie auch sein Ergebnis, wie sehr die Einflussmöglichkeiten der Schweiz von der Glaubwürdigkeit ihres Fachwissens und Urteilsvermögens abhängen und nicht zuletzt auch von ihrer Fähigkeit, das richtige Netzwerk von Bündnissen zu schaffen und dieses dann auch zu nutzen. In diesen beiden Bereichen fällt die Bilanz jedoch gemischter aus, als es die offiziellen Verlautbarungen vermuten lassen. Zum einen hat sich die Schweizer Diplomatie vom Wunsch, ein neues Organ zu schaffen, etwas blenden lassen. Sie hat die mit einer tiefgreifenden Reform verbundenen Risiken deutlich unterschätzt und damit denjenigen Tür und Tor geöffnet, die die bestehenden Mechanismen – insbesondere die Rolle der unabhängigen Experten – untergraben wollten (Reber, 2009). Im Nachhinein scheint das so erzielte Ergebnis nicht den Erwartungen an ein «besseres, stärkeres und effektiveres» Organ zu entsprechen. Zum anderen konnte sich die Schweiz, die den anderen westlichen Ländern in der Frage der Menschenrechte sehr nahestand, kaum ausserhalb dieses Lagers Gehör verschaffen, was ihre Abhängigkeit von der europäischen oder der amerikanischen Position zusätzlich verstärkte.

Der UNO-Beitritt eröffnete auch neue Perspektiven in der Frage der Friedenssicherung. Die Schweiz versuchte sich bei der Reform des Sicherheitsrats, dem Schlüsselorgan des UNO-Systems, einzubringen. Auf dem Weltgipfel 2005 hatten sich die Mitgliedstaaten bei ihren Diskussionen auf zwei Bereiche konzentriert: die Erhöhung der Anzahl ständiger und nicht ständiger Mitglieder sowie die Umgestaltung der Arbeitsmethoden zur Sicherstellung einer grösseren Repräsentativität und Legitimität dieses Organs. Der erste Schwerpunkt war natürlich viel heikler, da er die grundsätzlichen Privilegien der fünf ständigen Mitglieder betraf. Es wurden mehrere Reformvorschläge unterbreitet, so beispielsweise eine Erhöhung der Anzahl der ständigen und nicht ständigen Sitze oder aber nur der nicht ständigen Sitze, mit oder ohne Verlängerung der Amtszeit um zwei Jahre. Abgesehen von der Verpflichtung, weiterhin nach einer Lösung zu suchen, wurde jedoch kein Konsens erzielt. In der Abschlusserklärung des Gipfels wurde dem Sicherheitsrat allerdings empfohlen, seine Arbeitsmethoden mit dem Ziel der grösseren Transparenz und Beteiligung aller Mitgliedstaaten anzupassen.

Die Schweiz sah dies als Chance, über ihre europäische und nordatlantische Basis hinaus zu expandieren. Gemeinsam mit vier weiteren Staaten – Costa Rica, Jordanien, Liechtenstein und Singapur, der sogenannten Gruppe der Fünf Kleinen (S-5) – setzt sie sich entschlossen für die Erarbeitung konkreter Lösungen für eine neue Arbeitsweise des Rats ein. Unterstützt von einer Welle der Sympathie aus anderen Mitgliedstaaten, brachte die Gruppe am 17. März 2006 einen ersten Resolutionsentwurf in die Generalversammlung ein. Doch in der Diplomatie zerbricht Sympathie häufig an der harten Realität der Geopolitik: Die S-5-Vorschläge waren chancenlos, solange die Frage der Ratserweiterung offenblieb. Dies veranlasste die S-5, ihren Resolutionsentwurf zurückzuziehen. In der Folge reaktivierte der Sicherheitsrat jedoch seine informelle Arbeitsgruppe zu Verfahrensfragen und griff dann in einer Mitteilung des Präsidenten einige der Vorschläge der S-5 auf, insbesondere im Hinblick auf eine stärkere Beteiligung der Mitgliedstaaten. Doch unter dem Gewicht der fünf ständigen Mitglieder, die an ihren Privilegien hingen, geriet die Reformdynamik erneut ins Stocken.

Der S-5 gelang es zwar, im August 2008 eine öffentliche Debatte zu diesem Thema anzustossen, aber dabei blieb es auch. Die Reform des Sicherheitsrats wurde aufgrund der ungelösten Erweiterungsfrage abgewürgt, und der Appetit nach einer Reform der Arbeitsmethoden liess nach. Dennoch beschlossen die Schweiz und die S-5 im Mai 2012, der Generalversammlung trotz negativer Signale der fünf ständigen Ratsmitglieder einen überarbeiteten Resolutionsentwurf zu unterbreiten. War es Blindheit, Verblendung oder einfach eine Fehleinschätzung seitens der Schweiz und ihrer Partner? Die Gruppe wurde erneut enttäuscht und musste ihren Entwurf in der Vollversammlung vom 16. Mai 2012 zurückziehen. Die Botschaft war klar: Die S-5 ist nicht gross genug, um Dinge zu bewegen. Die Lektion scheint nicht vollständig verinnerlicht worden zu sein, denn die Schweiz und die S-5 bildeten im Mai 2013 ein neues Bündnis, dem sie die Bezeichnung Accountability, Coherence, Transparency (ACT) gaben. Darin waren an die 20 Staaten aus allen Kontinenten vertreten, von denen keiner grosses Gewicht besass. Es überrascht nicht, dass diese Gruppe ihren Einfluss seit ihrer Gründung kaum ausspielen konnte.

Diese beiden Beispiele veranschaulichen das Handeln der Schweiz im ersten Jahrzehnt ihrer Mitgliedschaft in der UNO. Insbesondere lässt sich dieses an ihrer Fähigkeit messen, sich mit den Realitäten der Weltgeopolitik auseinanderzusetzen und dabei die innenpolitischen Erwägungen, die ihre Beziehungen zur UNO-Organisation bis dahin so stark dominiert hatten, in den Hintergrund zu stellen. Grund dafür ist wahrscheinlich, dass das Handeln der Schweiz innerhalb der UNO seit dem Beitritt eine deutliche innenpolitische Unterstützung genossen hat (siehe Tabelle 1). Das Bekenntnis zur strikten Neutralität ist jedoch nach wie vor sehr stark, und es besteht die Gefahr, dass es für innenpolitische Zwecke genutzt wird und das diplomatische Handeln ernsthaft erschwert.

Tabelle 1: Einige Meinungsbildungstrends in der Schweiz seit dem Beitritt zur UNO

Wie kann die Schweiz ihre Interessen am besten wahren und gleichzeitig zur Sicherheit in der Welt beitragen?	2002	2007	2013	2020
Die Schweiz sollte ihre Neutralität beibehalten	89%	92%	94%	96%
Die Schweiz sollte bei politischen Konflikten im Ausland klar Stellung beziehen, bei militärischen Konflikten aber neutral bleiben (differenzielle Neutralität)	60%	61%	63%	48%
Durch aktives Engagement an vorderster Front bei der Verteidigung der Interessen der UNO	59%	61%	65%	60%
Durch das Anstreben eines Sitzes im UN-Sicherheitsrat	55%	60%	63%	58%
Durch die aktive Teilnahme an internationalen Konferenzen	69%	75%	75%	74%

Quelle: Sicherheitsstudie 2020; Zürich: CSS/ETHZ

Ein erstes Beispiel für dieses Risiko ist das Streben der Schweiz nach einem Mandat für einen nicht ständigen Sitz im Sicherheitsrat – dem zentralen Organ der UNO zur Förderung und zum Schutz des internationalen Friedens. Nach einem langen Reflexions- und Konsultationsprozess in der Bundesverwaltung und im Parlament zwischen 2007 und 2010 beschloss der Bundesrat am 12. Januar 2011, die Schweiz auf die Kandidatenliste für die Periode von 2023 bis 2024 zu setzen. Diese Kandidatur erschien angesichts seiner Bereitschaft, sich vollumfänglich an den Aktivitäten der Organisation zu beteiligen, nicht nur logisch, sondern auch wünschenswert, da sie der Schweiz ermöglichen würde, Einfluss auf Fragen der Sicherheit und der Friedenssicherung zu gewinnen. Die Schweiz gehört zu den 20 grössten Beitragszahlern zum UNO-Budget (600–800 Millionen Franken pro Jahr zwischen 2010 und 2020). Von September 2010 bis September 2011 amtete der ehemalige Bundesrat Joseph Deiss als erster Schweizer Präsident der UNO-Generalversammlung. Eine Mitgliedschaft im Sicherheitsrat schien der nächste grosse Schritt zu sein, wobei man sich dessen Funktion als Brücke zwischen verschiedenen Gruppen zunutze machen wollte, die sich in seinen Stimmen in der Generalversammlung widerspiegelte (Hug und Wegmann, 2013). Dies weckte jedoch in den nationalistischen Kreisen Bedenken: Diese befürchteten, dass die Schweiz in Entscheidungen mit Zwangscharakter verwickelt würde, die sich nachteilig auf die Neutralität auswirken könnten. Als Reaktion auf parlamentarische Interpellationen, die zwar jeweils abgelehnt wurden, versicherte der Bundesrat in einem Bericht, dass ein Sitz im Sicherheitsrat die Neutralitätspolitik ebenso wenig gefährde wie kein Sitz im Sicherheitsrat. Aber die schlafenden Hunde waren geweckt, und die nationalistischen Parlamentarierinnen und Parlamentarier unternahmen weitere Schritte, zuletzt im Dezember 2018 in Form einer Motion im Parlament, die den völligen Verzicht auf die Kandidatur forderten. Der Bundesrat – gefolgt von beiden Kammern – blieb hart, versprach jedoch, das Parlament in der Endphase der Vorbereitung der Kandidatur einzubeziehen, obschon er aufgrund seiner verfassungsrechtlichen Vorrechte bei einem solchen Entscheid keineswegs dazu verpflichtet ist.

Der UNO-Migrationspakt, der von einer zwischenstaatlichen Konferenz unter der Schirmherrschaft der UNO-Generalversammlung zwischen 2016 und 2018 ausgehandelt und im Dezember 2018 in Marrakesch formell angenommen wurde, ist ein zweites Beispiel für die

innenpolitischen Turbulenzen, die langjährige multilaterale diplomatische Bemühungen unvermittelt zunichtemachen oder zumindest stark
schwächen können (vgl. Kapitel 9). Die Schweiz hatte seit fast 20 Jahren
aktiv an allen wichtigen Initiativen im Bereich der internationalen Mig-
rationskooperation mitgewirkt und eine Glaubwürdigkeit erlangt, die es
ihr ermöglichte, Ende Juli 2018 die Verhandlungen gemeinsam mit
Mexiko zur Annahme des endgültigen Entwurfs des Migrationspakts zu
führen. Nichtsdestotrotz reichten Rechts- und Mitte-rechts-Parteien im
September in den beiden Parlamentskammern Motionen ein, in denen
der Bundesrat aufgefordert wurde, den Pakt nicht zu unterzeichnen. Dies
kam für den Bundesrat und für viele Befürworter der Bemühungen der
Schweiz um einen besseren Schutz von Menschenrechten überraschend.
Beim Pakt handelt es sich nämlich nicht um ein rechtlich bindendes
internationales Abkommen, sondern um «Soft Law» – ein Instrument,
das einen Handlungsrahmen für eine menschenwürdige Steuerung der
Migration schaffen soll. Zu diesem Zweck legt er zehn Leitprinzipien fest,
darunter die Wahrung der Souveränität der Staaten in Fragen der Migrationspolitik. Die nationalistischen Kreise waren jedoch der Ansicht,
der Pakt würde früher oder später verbindlich werden und könnte so
die Unabhängigkeit eines Landes im Bereich der Migrationspolitik einschränken. Ihre Reaktion warf die allgemeinere Frage nach der Mitwirkung des Parlaments bei einem derart heiklen Thema auf. Dies veranlasste die Kommissionen für Staatspolitik und Aussenpolitik beider
Kammern, in einer Motion zu fordern, die Annahme des Pakts müsse
dem Parlament zur Prüfung vorgelegt werden. Zu den traditionellen
Rechts- und Mitte-rechts-Kreisen gesellten sich liberale und christdemo-
kratische Stimmen: Sie verlangten vom Bundesrat, die geplante Reise
nach Marrakesch zur Annahme des Pakts im Dezember 2018 auf Eis zu
legen, bis über die Motionen abgestimmt worden war. Die Motionen zur
Ablehnung des Pakts wurden zwar abgelehnt, aber in den beiden Kammern sprach sich eine klare Mehrheit dafür aus, dem Parlament das letzte
Wort zu geben.

Das internationale Genf als Kontinuitätsfaktor

Auch wenn die Beziehungen der Schweiz zu den Vereinten Nationen für
viele Schweizerinnen und Schweizer ein fernes, ja sogar unverständliches
Thema geblieben sind, so haben sie doch ein vertrautes Gesicht, nämlich das der Genfer UNO-Gebäude und ihrer Vorgänger aus der Zeit des

Völkerbunds. Nach aussen hin ist das internationale Genf im Hinblick auf Beziehungen der Schweiz zu den Vereinten Nationen die Konstante schlechthin, umhegt und beschützt durch die Behörden, in seinem fast geradlinigen Aufstieg zur Welthauptstadt der «technischen» Kooperation seit der Gründung des Völkerbunds im Jahr 1920.

Das Ende des Zweiten Weltkriegs mit der Auflösung des Völkerbunds und dem darauffolgenden Nichtbeitritt der Schweiz zur UNO stellte die Bedeutung von Genf für die multilaterale Kooperation nicht infrage. Auf der Grundlage der in den 1920er- und 1930er-Jahren erworbenen technischen und sozialen Kompetenzen fand Genf 1945 wie selbstverständlich zurück zu seiner Rolle als Zentrum einer funktionalistischen Welt, in der Branchenwissen einen wichtigen Platz einnahm. Weiter unterstützt wurde dies durch das vom Völkerbund an die UNO vermachte Immobilienvermögen.

Nach jahrzehntelangen Bemühungen im Bereich der Gaststaatpolitik, insbesondere im Hinblick auf die Infrastruktur und Gewährung von Vorrechten und Immunitäten, beherbergt Genf heute 38 internationale Organisationen, mehr als 400 Nichtregierungsorganisationen und Vertretungen von 177 Staaten. Die knapp 35 000 hier tätigen Mitarbeitenden organisieren jedes Jahr mehr als 3000 internationale Sitzungen, die rund 200 000 Delegierte sowie Expertinnen und Experten aus der ganzen Welt anziehen. Der Schweiz eröffnet diese enorme Dichte von internationalen Akteuren auf ihrem Staatsgebiet einzigartige Möglichkeiten, sich auf multilateraler Ebene Gehör zu verschaffen. Darüber hinaus stellen die gemäss einer auf Zahlen aus dem Jahr 2012 basierenden Studie (Stiftung für Genf 2015) geschätzten jährlichen Gesamteinnahmen von rund 7 Milliarden Franken (oder rund 14 Prozent des Genfer BIP) einen finanziellen Segen für den Kanton Genf dar.

Genf hat sich auf diese Weise einen Ehrenplatz in der multilateralen Kooperation erarbeitet, der jedoch insbesondere angesichts der Lebenshaltungskosten, aber auch aufgrund der Diversifizierungsbestrebungen multilateraler Systeme und der Bemühungen anderer Staaten nach globaler Sichtbarkeit nie als selbstverständlich betrachtet werden kann. So haben die Behörden sowohl auf lokaler als auch auf Bundesebene die Aufnahmebedingungen ständig verbessert, vor allem in Bezug auf die Immobilieninfrastruktur und die Gewährung von Privilegien und Immunitäten. Im sichtbarsten Bereich – bei den Immobilien – gewährt die Schweiz über die Immobilienstiftung für die internationalen Organisationen (FIPOI), die 1964 gemeinsam von Bern und Genf gegründet wurde, regelmässig umfangreiche Finanzkredite für den Bau und die Renovierung von Räumlichkeiten für internationale Organisationen. Als jüngstes Beispiel genehmigte das Bundesparlament 2016 eine Reihe von zinslosen Krediten von über 800 Millionen Franken, darunter 400 Millionen Franken für die Renovation des Völkerbundpalasts, 70 Millionen Franken für die Renovation des Sitzes der Internationalen Arbeitsorganisation, 140 Millionen Franken für die Weltgesundheitsorganisation und 150 Millionen Franken für die Internationale Fernmeldeunion.

Doch auch diese Bemühungen haben Rückschläge nicht ganz verhindern können. Zu ihnen gehören die Niederlage beim Entscheid über den Hauptsitz der Organisation für das Verbot chemischer Waffen im Jahr 1992 oder, in jüngerer Vergangenheit, die Ansiedlung des Hauptsitzes des Grünen Klimafonds im Jahr 2012 sowie die Ängste und Unsicherheiten im Zusammenhang mit der Ansiedlung des Hauptsitzes der Welthandelsorganisation. Diese Episoden haben jedoch dazu beigetragen, einen gesunden Druck auf den Erhalt von Genf als Gaststadt aufrechtzuerhalten. So erinnerte die Ablehnung der Kandidatur für den Grünen Fonds im ersten Wahlgang im Oktober 2012 mit nur einer Stimme – nämlich derjenigen Russlands – die Schweizer und Genfer Behörden daran, dass die geopolitische Logik zwar unerbittlich ist, dass aber nur die Einzigartigkeit von Genf sie abmildern kann. Neben der Gastpolitik sind die Möglichkeiten zur engen Interaktion mit anderen Organisationen laut einer Studie aus dem Jahr 2013 der wichtigste Attraktivitätsfaktor für Genf (Stiftung für Genf, 2015). Dieselbe Studie weist jedoch darauf hin, dass das Synergiepotenzial in den verschiedenen Tätigkeitsbereichen nicht überall gleich genutzt wird und tendenziell auf Akteure desselben Typs oder desselben Bereichs beschränkt ist. Als Reaktion auf diese Beobachtung haben Bern und Genf neue Mittel für Vierjahresprogramme (2016–2019, 2020–2023) freigegeben, zu deren Schwerpunkten der «Ausbau des Schweizer und Genfer Netzwerks der Reflexion und des Know-hows» gehört. Dabei geht es in erster Linie um die finanzielle Unterstützung für die Schaffung von Plattformen, «die in der Lage sind, Akteure, Ideen und Know-how zusammenzubringen» und Genf als einen wesentlichen Ort für «Multi Stakeholder»-Governance im 21. Jahrhundert zu positionieren.

Das Engagement von Bund und Kantonen hat seither zur Entstehung von etwa 15 neuen Einrichtungen geführt, die ein breites Spektrum der in Genf vorhandenen Expertise abdecken. Es wäre verfrüht, eine Bilanz zu diesen Einrichtungen zu ziehen, aber es stellt sich die Frage, ob sie ausreichen, um die Popularität der multilateralen Kooperation, die in vielen Ländern stark umstritten ist, wiederherzustellen. Vermutlich nicht, wenn es Genf nicht gelingt, mit der engagierten Unterstützung der Schweizer Diplomatie und eines Grossteils der Bevölkerung seine Wirkung als Nährboden der Global Governance in der gesamten Welt zu entfalten.

Schlussfolgerung

Die Reise der Schweiz durch universales Terrain – symbolisiert durch ihre Beziehungen zu den Vereinten Nationen – war politisch gesehen nicht einfach und spiegelt sowohl die Stärke als auch die Verwundbarkeit der Aussenpolitik eines Landes wider, in dem das Volk regelmässig zu deren Mitgestaltung aufgerufen ist. Im Verlauf der Zeit hat sich die Schweiz jedoch, wenn auch langsam und zaghaft, immer stärker für dieses Abenteuer begeistern können. Auch die Beteiligung an internationalen Sanktionen ist damit zu einer Normalität geworden, die keine grossen politischen Emotionen mehr hervorruft. Zugegeben, manche bezweifeln nach wie vor den Nutzen des Schweizer Engagements für den Aufbau einer Welt im Zeichen der multilateralen Kooperation und erinnern regelmässig an die (Miss-)Erfolge des Bundesrats. Eine Beurteilung der Vorteile stellt sich in der Tat als schwierig heraus und kann nur überzeugen, wenn sie auf einer kontrafaktischen historischen Analyse beruht. Was wäre die Schweiz zu Beginn des 21. Jahrhunderts, wenn sie nicht 1920 den Beitritt zum Völkerbund angestrebt und danach enge Beziehungen zu den Vereinten Nationen gepflegt hätte? Doch hätte sie dies angesichts ihrer Besonderheiten überhaupt unterlassen können?

Anstelle einer Antwort auf diese Frage sei hier nur daran erinnert, dass die Vereinten Nationen der Schweiz eine einzigartige Arena und Möglichkeiten für ein Engagement zugunsten einer gerechten und friedlichen internationalen Ordnung bieten – einem gemäss Artikel 2 der Bundesverfassung grundlegenden Ziel der Eidgenossenschaft. Ihre politische Geschichte, ihr System und ihre Kultur, ihre Werte und die Tatsache, dass auf ihrem Boden ein Weltzentrum für Kooperation angesiedelt ist, sind allesamt Trümpfe im Hinblick auf ihr Handeln und ihre Erfolgschancen. Nichtsdestotrotz sollte man wissen, wofür es sich zu kämpfen lohnt. Menschenrechte, Kooperation und Entwicklung bieten a priori mehr Gelegenheiten für eine politische Öffnung als Sicherheit und Friedenssicherung. In Anbetracht ihrer Grösse muss die Schweiz ihre Expertise möglichst gut nutzen, indem sie sich frühzeitig positioniert, Bündnisse schmiedet und führt und dabei möglichst lange vermeidet, ins Fahrwasser der Grossmächte zu geraten und so in innenpolitischen Debatten die schlafenden Hunde der Neutralität oder aber der Unabhängigkeit zu wecken.

Die aufgeführten Beispiele zeigen, dass die oben beschriebene Erfolgsgleichung nicht einfach zu lösen ist. Insbesondere erfordert sie die Fähigkeit, die idealistischen und realistischen Facetten der Neutralität (Goetschel, 2011) kombinieren zu können, einen Kurs zu wählen, an dem das Land anschliessend so unbeirrbar wie möglich und gleichzeitig so flexibel wie nötig festhält. Nur so kann die Schweizer UNO-Diplomatie nach innen an Zuspruch und nach aussen an Glaubwürdigkeit gewinnen.

Literatur

Stiftung für Genf (2015): Forces et synergies: L'impact du secteur international sur Genève et l'arc lémanique. Genève: Observatoire de la Fondation pour Genève, cahier N°3.

Goetschel, Laurent (2011): Neutrals as brokers of peacebuilding ideas? *Cooperation and Conflict,* 46(3), S. 312–333.

Hug, Simon & Wegmann, Simone (2013): Ten years in the United Nations: Where does Switzerland stand?, *Schweizerische Zeitschrift für Politikwissenschaft,* 19(2), S. 212–232.

Reber, Florian (2009): *Le Conseil des droits de l'homme. Le rôle de la Suisse sous la loupe.* Lausanne: Presses polytechniques et universitaires romandes.

4. Die Schweiz in der Europäischen Union: Enklave, Partnerin oder Mitglied?

Wie in der Einleitung bereits erwähnt, ist das Verhältnis Schweiz–EU der Dreh- und Angelpunkt der meisten aussenpolitischen Fragen. Das Verhältnis selbst ist für die Schweiz ebenso zentral wie umstritten, weshalb in diesem Kapitel mehrere Aspekte und Stimmen zum Tragen kommen.

Die Chronologie des Rahmenabkommens zeigt, dass dieser jüngste Versuch einer Stabilisierung der Beziehungen zur EU ein Vorschlag der Schweiz war, der von Bern nach Brüssel und von dort zurück in die Schweiz geschickt wurde, und trotz langer Verhandlungen und etlicher Wiedererwägungen nun ein weiteres Mal gescheitert ist.

Die Analyse von Fabio Wasserfallen erklärt, welche Koalition für bisherige europapolitische Vorlagen nötig war und warum diese nicht mehr zum Tragen kommt. Ein unentschiedener und uneiniger Bundesrat vermochte das von ihm ausgehandelte Abkommen nicht entschieden genug zu vertreten, wodurch die Kritiker ihren Anliegen Raum verschaffen konnten, bis das Abkommen auch vom Bundesrat für ungenügend erklärt werden musste.

Die Analyse von Heike Scholten zeigt auf, wie in der Öffentlichkeit in den vergangenen 20 Jahren über Europa diskutiert wurde und wie die Bevölkerung über Europa spricht. Entgegen der oberflächlichen Wahrnehmung haben sich die Konzepte und Ideen durchaus verschoben: Nach einer langen Dominanz der ursprünglich klaren Gegenposition von politischer Unabhängigkeit auf der einen und wirtschaftlicher Öffnung auf der anderen Seite mehren sich nun Stimmen, die Europa in einen globalen Kontext stellen und damit auch die Schweiz in Europa. Sie denken in Kategorien von «Problemlösung» und «Gemeinschaft» und eröffnen damit durchaus neue Spielräume für den Europadiskurs in der Schweiz.

Warum der bilaterale Weg so schwierig geworden ist, erklärt Matthias Oesch. Die Schweiz hat sich gleichsam selbst in eine Zwitterposition manövriert, zwischen einem integrierten Mitglied des Binnenmarkts auf der einen und einem «normalen» Drittstaat auf der anderen Seite. Damit ist es auch für die EU immer schwieriger, diesen sektoriellen Zugang in ihre Strukturen und Prozesse einzubetten. Letztlich steht die schweizerische Europapolitik an einem Punkt, an dem die Weichen neu gestellt werden müssen – und auch ein Beitritt kein Tabu sein darf.

Damit stellt sich eine alte Frage neu. Wo ist die Schweiz souveräner: ausserhalb oder innerhalb der EU? Diese Frage, die bereits in der Einleitung zitiert ist, hatte der Bundesrat im Vorfeld der Abstimmung über den EWR ausgeführt. Einen Auszug seiner damaligen Argumentation geben wir am Schluss dieses Kapitels wieder – und verweisen damit auf die innerschweizerische Auseinandersetzung, die uns in den kommenden Jahren bevorstehen könnte.

Eine Chronologie des Institutionellen Rahmenabkommens

Joëlle Kuntz

Gestützt auf die Recherchen von Felix E. Müller in: *Kleine Geschichte des Rahmenabkommens: Eine Idee, ihre Erfinder und was Brüssel und der Bundesrat daraus machten,* NZZ Libro 2020.

2002: Eine Schweizer Idee

Das umfassende Abkommen mit der Europäischen Union ist ursprünglich eine Schweizer Idee. Sie geht auf die Überlegungen des früheren Urner Ständerats Franz Muheim im Rahmen der Studiengruppe Schweiz–Europa zurück und wird im März 2002 in einem Bericht der Aussenpolitischen Kommission des Ständerats erstmals der Öffentlichkeit vorgestellt. Während der Bundesrat an der zehn Jahre zuvor in Brüssel geäusserten Beitrittsperspektive festhält, wollen die Vertreter der Kantone die Optionen erweitern. Ihr Bericht schlägt ein «Assoziierungsabkommen» mit der Europäischen Union vor.

2004: Immer noch eine Schweizer Idee

Die Idee wird in einem Artikel in der NZZ vom 21. März 2004 vom früheren Staatssekretär Franz Blankart (1936–2021) mit der Bezeichnung «Rahmenvertrag» aufgegriffen. 2004 sind die Verhandlungen mit der EU in vollem Gang, das zweite Paket bilateraler sektoraler Abkommen wird unterzeichnet.

2005: Eine von der EU geteilte Idee

Die Bilateralen II werden 2005 zeitgleich mit dem Beitritt der Schweiz zum Schengen-Raum und zum Dublin-Abkommen in einer Volksabstimmung gutgeheissen. Im gleichen Zug akzeptiert das Schweizer Volk eine Ausdehnung der Abkommen auf die zehn neuen Beitrittsländer.

Die Bilateralen sind unter Dach und Fach, aber ihre Weiterentwicklung und der Inhalt der künftigen Beziehungen zwischen der Schweiz und der EU bleiben noch zu definieren. Im Juni 2005 trifft sich Bundesrätin Micheline Calmy-Rey zweimal mit der EU-Kommissarin für Aussenbeziehungen, Benita Ferrero-Waldner. Gemeinsam erörtern sie die

Möglichkeit der Einrichtung einer gemeinsamen Expertengruppe zur Ausarbeitung eines möglichen Rahmenabkommens. Weder der Bundesrat noch die Europäische Kommission noch die Mitgliedstaaten sind für eine Wiederaufnahme der gerade erst abgeschlossenen Verhandlungen. Die Kommission scheint jedoch an einem Rahmenabkommen, das der Schweiz substanzielle Zugeständnisse, z. B. im Steuerbereich, abfordern würde, interessiert zu sein.

Am 6. Oktober 2005 reicht der Thurgauer Ständerat Philippe Staehelin ein Postulat ein, in dem er vom Bundesrat einen Bericht über ein mögliches Rahmenabkommen verlangt. Der Bundesrat kann dies nicht ablehnen. Im Dezember erfüllt er das Postulat mit der Zustimmung des Ständerats.

2006: Abschied von der Möglichkeit einer Mitgliedschaft

2006 steht die Schweiz am Scheideweg: Der Bundesrat gibt das strategische Ziel des Beitritts auf – sie wird neu bloss als eine von mehreren Optionen betrachtet. Er legt die Idee eines Rahmenabkommens den politischen Kreisen zur Prüfung vor. Gleichzeitig verhandelt Bundesrätin Doris Leuthard ihrerseits mit der EU über ein Stromabkommen.

2008: Das Rahmenabkommen wird eine europäische Idee

2008 schlägt der Europäische Rat Alarm: In einer Pressemitteilung äussert er «Besorgnis über die ungleiche Anwendung der abgeschlossenen bilateralen Abkommen, insbesondere der Acht-Tage-Regel» (über die Meldepflicht für entsandte Arbeitskräfte). Die Kommission hat erkannt, dass ein Beitritt der Schweiz zur EU in weite Ferne gerückt ist, und beginnt, die Alternative eines Rahmenabkommens zur Stabilisierung der Beziehungen in Betracht zu ziehen. Bern reagiert nicht.

2010: Zunehmende Europäisierung

2010 verweist der Europäische Rat darauf, dass es keine neuen sektoralen Abkommen geben wird. Die in Vorbereitung befindlichen Abkommen über Elektrizität, landwirtschaftliche Erzeugnisse und Chemikalien (REACH) sollen erst nach der Unterzeichnung eines Rahmenabkommens, das insbesondere auch einen Streitbeilegungsmechanismus umfasst, abgeschlossen werden.

In einem Treffen zwischen Doris Leuthard und dem Präsidenten der Europäischen Kommission, José Manuel Barroso, am 19. Juni 2010 wird die Bildung einer gemeinsamen Expertengruppe beschlossen. In der Schweiz wird das Bundesgericht konsultiert. Professor Daniel Thürer unterbreitet einen Bericht über ein Streitschlichtungsmodell. Die Arbeit der Expertengruppe gerät wegen der Frage der Souveränität ins Stocken.

2012: Ja zum Abkommen, aber zu welchem?

2012 übernimmt Didier Burkhalter die Leitung des EDA. Der Bundesrat erklärt sich bereit, auf Wunsch von Brüssel auf ein Institutionelles Abkommen einzutreten. Im März besucht Bundespräsidentin Eveline Widmer-Schlumpf EU-Kommissionspräsident José Manuel Barroso. Am 15. Juni 2012 folgt ein Schreiben: Die Schweiz schlägt vor, den Bundesrat als Aufsichtsbehörde für die Umsetzung des Abkommens zu bestimmen und das Bundesgericht mit der Streitschlichtung zu betrauen.

Im Dezember 2012 lehnt die Europäische Kommission mit Unterstützung des Ministerrats die auf der Grundlage der in der Expertengruppe formulierten Vorschläge der Schweiz ab. Die Schweiz ihrerseits anerkennt und akzeptiert die Notwendigkeit eines rechtlich homogenen Markts, lehnt aber jeglichen internationalen Konfliktlösungsmechanismus ab.

Frankreich und Deutschland werden aktiv, um einen Abbruch des Dialogs zu verhindern.

2013: Es geht vorwärts

Im März 2013 findet in Freiburg ein entscheidendes Treffen statt: Staatssekretär Yves Rossier empfängt David O'Sullivan, sein Pendant bei der Europäischen Kommission. Die Spitzendiplomaten erarbeiten ein «Non-Paper», das drei Optionen für einen verbindlichen Streitbeilegungsmechanismus vorschlägt. Bundesrat und EU-Kommission entscheiden sich gemeinsam für den Europäischen Gerichtshof als zuständige Streitschlichtungsbehörde. Es folgt ein Aufschrei in der Schweiz, die Rechtsprofessoren liefern sich einen heftigen Schlagabtausch, die CVP verkündet ihre Präferenz für den EFTA-Gerichtshof, aber auf der höchsten Ebene herrscht Einigkeit zwischen der Schweiz und der EU. Von nun an ist der Weg frei für substanzielle Verhandlungen.

Das Jahr 2013 vergeht mit Konsultationen zum Verhandlungsmandat. Brüssel schlägt die Übernahme des EWR vor, aber das kommt für die Schweiz nicht infrage. Am 18. Dezember einigen sich Parlament und Kantone auf die Verhandlungsthemen.

2014: Es geht rückwärts

Der bestehende Schwung kommt am 9. Februar 2014 mit der Annahme der SVP-Volksinitiative «Gegen Masseneinwanderung», die dem bilateralen Freizügigkeitsabkommen zuwiderläuft, zum Erliegen.

Am 16. Februar teilt der Bundesrat der Kommission mit, dass er das Protokoll über die Ausdehnung der Personenfreizügigkeit auf Kroatien nicht unterzeichnen könne.

Als Vergeltungsmassnahme setzt die Kommission wie angekündigt die Verhandlungen über die Zusammenarbeit in der Forschung, das Bildungsprogramm «Erasmus» und das Stromabkommen aus.

Nach einer anfänglichen Phase der Lähmung gelingt es dem Bundesrat schliesslich, die EU zur Aufnahme von Gesprächen über das Institutionelle Abkommen zu bewegen. Er ist der Ansicht, die Verhandlungen wären angesichts der Einigung vom März 2013 über die Zuständigkeit des Europäischen Gerichtshofs und der gefühlt günstigen Stimmungslage in Brüssel eine Sache von wenigen Wochen.

In der Tat eröffnet die Kommission – seit Anfang Mai frisch im Amt – am 22. Mai bereits die erste Verhandlungssitzung. Aber der Stillstand wird bereits im Oktober erkennbar. Bern versteht die Beweggründe der EU-Kommission nicht wirklich und ist sich auch nicht im Klaren darüber, was die Schweiz will. In der Zwischenzeit hat der Chefunterhändler, Staatssekretär Yves Rossier, das Vertrauen des Bundesrats verloren.

2015: Alles steht still

Ein Jahr vergeht, bevor am 12. August 2015 Jacques de Watteville als Chefunterhändler übernimmt. Zu diesem Zeitpunkt wird die parlamentarische Agenda von der Vorbereitung der Umsetzung der Initiative vom Februar 2014 dominiert. Das Institutionelle Abkommen bleibt bis zur Verabschiedung des Gesetzes am 16. Dezember 2016 in der Schublade.

In der Zwischenzeit wird über den Brexit abgestimmt (Juni 2016). Am 19. September führt Kommissionspräsident Jean-Claude Juncker Gespräche mit Bundesrat Johann Schneider-Ammann in Zürich. Vor der Presse bemerkt er scherzhaft, wenn von konstruktiven Gesprächen die Rede sei, bedeute dies meist, dass man auf keinen grünen Zweig komme.

2017: Tun wir so, als ginge es vorwärts

Am 6. April 2017 vereinbaren Bundespräsidentin Doris Leuthard und EU-Kommissionspräsident Jean-Claude Juncker, das Dossier «abzustauben». Man verspricht, die Gespräche wieder aufzunehmen und zu beschleunigen. Auch die Frage der Erneuerung des Schweizer Beitrags zum Europäischen Kohäsionsfonds muss vorankommen.

In Wirklichkeit bewegt sich nichts. Am 14. Juni gibt Bundesrat Didier Burkhalter seinen Rücktritt für Oktober bekannt. Auf Schweizer Seite sind die Verhandlungen praktisch zum Erliegen gekommen. Die erwartete Erneuerung des Kohäsionsfonds kommt im Schneckentempo voran: Die Botschaft ist noch nicht fertiggestellt.

Bei einem Besuch in Bern am 23. November wartet Kommissionspräsident Juncker mit einem Zugeständnis seitens der EU auf: In den Streitbeilegungsmechanismus, der sich bisher ausschliesslich auf den Europäischen Gerichtshof gestützt hat, soll die Möglichkeit eines Schiedsgerichts eingeführt werden. Der Bundesrat reagiert nicht sofort. Er lehnt den Antrag der EU ab, die Verhandlungen bis zum Ende einer sechsmonatigen Frist – also bis April 2018 – abzuschliessen. In diesem Klima der Unsicherheit kündigt der Bundesrat die Zahlung von 1,3 Milliarden Franken an den Europäischen Kohäsionsfonds an.

Beim Institutionellen Abkommen selbst bewegt sich nichts. Der Bundesrat weicht aus, er hat es nicht eilig. Daran stösst sich die Kommission. Im Dezember 2017 entzieht sie den Schweizer Banken die Börsenäquivalenz, die sie ihnen vorübergehend bis Ende Dezember 2018 gewährt hatte, damit diese ungehindert an europäischen Börsen tätig sein konnten. Es folgen empörte Proteste aus der Schweiz.

2018: Wir beeilen uns ja, aber ...

Anfang 2018 beschliesst der Bundesrat, die Verhandlungen wieder aufzunehmen. Er akzeptiert den Vorschlag von Kommissionspräsident Juncker für ein Schiedsgericht zur Beilegung von Streitigkeiten, ernennt mit Botschafter Roberto Balzaretti einen neuen Chefunterhändler und revidiert am 2. März nach zahlreichen Regierungssitzungen das Verhandlungsmandat. Die Gespräche nehmen an Fahrt auf, und Jean-Claude Juncker will sie bis Ende 2018 abschliessen. Ende März lanciert der Bundesrat eine Vernehmlassung zur Botschaft über die Erneuerung des Kohäsionsfonds. Es werden Massnahmen ergriffen, um die durch den Verlust der Börsenäquivalenz entstehenden Nachteile auszugleichen.

Am 13. Juni deutet der neue Vorsteher des Departements für auswärtige Angelegenheiten, Ignazio Cassis, an, er sei bereit, der EU Zugeständnisse bei den Bedingungen für entsandte Arbeitskräfte zu machen, wobei der Lohnschutz laut Bundesrat eine rote Linie sei. Überrascht und schockiert darüber, nicht konsultiert worden zu sein, reagiert der Schweizerische Gewerkschaftsbund bereits am 8. August mit einem Boykott der Gespräche zwischen den Sozialpartnern. Die Schweizer Delegation in Brüssel wartet auf eine Klärung des weiteren Vorgehens, die Arbeiten an der Ausarbeitung des Institutionellen Abkommens laufen aber dennoch weiter. Diverse Probleme werden ohne wesentliche Beteiligung der Schweiz geregelt.

Am 23. November übergibt EU-Kommissar Johannes Hahn am Flughafen Zürich den Vertragstext des Institutionellen Abkommens an Bundesrat Ignazio Cassis.

Der Bundesrat bezieht weder Stellung noch ermächtigt er das EDA, ihn zu paraphieren. Am 7. Dezember leitet er den Text zusammen mit einer einfachen Erläuterung an die Teilnehmenden einer Reihe von Ad-hoc-Konsultationen weiter, die am 15. Januar 2019 aufgenommen und im April abgeschlossen werden sollen.

2019: Klarstellungen sind gewünscht

Als Schlussfolgerung aus diesen Konsultationen erklärt sich der Bundesrat in einem Schreiben an Kommissionspräsident Jean-Claude Juncker vom 7. Juni bereit, das Abkommen in seinen Grundzügen zu akzeptieren, wünscht jedoch «Klarstellungen» zu drei wichtigen Anliegen.

In seinem Antwortschreiben fordert der EU-Kommissionspräsident die Schweiz auf, ihre Fragen zu formulieren und diese vor dem 18. Juni – dem Datum, an dem die Union eine Bilanz ihrer Verhandlungen mit der Eidgenossenschaft ziehen müsse – Brüssel zu unterbreiten. Der Bundesrat erachtet diese Frist als zu knapp. Tatsächlich rechnet er mit dem Abgang des Kommissionspräsidenten, der vom Hin und Her der Brexit-Verhandlungen vollkommen vereinnahmt ist.

Karin Keller-Sutter ist als neu gewähltes Mitglied des Bundesrats als Einzige nicht an den 2018 getroffenen Entscheiden beteiligt. Sie überzeugt das Regierungskollegium, den Entscheid über das Abkommen zu verschieben, um prioritär die neue SVP-Initiative «Für eine massvolle Zuwanderung» abzuwehren. In einer Rede in Zürich im Juni 2019 äussert sie Zweifel am Abkommen. Sie sucht nach Möglichkeiten für ein

Bündnis mit den Gewerkschaften, indem sie sich für Überbrückungs-
leistungen für ältere Arbeitslose einsetzt. Das Parlament knüpft seine
Milliarden-Zahlung an den Europäischen Kohäsionsfonds an die Bedingung, dass die EU die Schweiz nicht diskriminiert (wie im Fall der Börsenäquivalenz).

Die am 2. Juli ernannte Kommissionspräsidentin Ursula von der
Leyen übernimmt im Umgang mit dem Schweizer Dossier die Regeln
und Positionen ihres Vorgängers. Die Hoffnungen auf eine Änderung des
Tons in Brüssel stellen sich als vergeblich heraus.

2020: Covid-19 mischt auf

Am 30. Januar 2020 trifft EU-Kommissionspräsidentin Ursula von der
Leyen in Davos mit Bundespräsidentin Simonetta Sommaruga zusammen. Sie einigen sich darauf, vor der Wiederaufnahme der Gespräche
über das Institutionelle Abkommen die wahrscheinliche Ablehnung
der SVP-Initiative «Für eine massvolle Zuwanderung» im Mai abzuwarten. Die EU kündigt der Schweiz jedoch an, dass die Kommission
eine Richtlinie umsetzen werde, die sie ermächtige, Schweizer Medi-
zintechnikprodukten (MedTech) die normative Äquivalenz zu verwei-
gern, wenn ein Ergebnis ausbleibe. Diese Massnahme würde am 26. Mai
in Kraft treten, also fünf Tage nach der Abstimmung über die SVP-
Initiative.

Covid-19 führt zu einer Verschiebung aller Fristen. Die eidgenössische Abstimmung wird auf den 27. September verschoben, das Inkraft-
treten der Äquivalenzrichtlinie auf den 26. Mai 2021.

Im August 2020 lehnen SAV, SGB und Travail.Suisse in einem gemeinsamen Schreiben an den Bundesrat die Aspekte des Abkommens
ab, die mit Lohnschutz und Freizügigkeit zu tun haben und auf entsandte Arbeitskräfte angewendet werden.

Im November und Dezember 2020 erreichen die Spannungen in
der Schweiz ihren Höhepunkt. Der Bundesrat übernimmt das Dossier, entlässt Staatssekretär Roberto Balzaretti und ersetzt ihn durch
die Diplomatin Livia Leu, der er vertrauliche Anweisungen erteilt. Ver-
traulich, aber transparent: Die Anweisung lautet, die drei Punkte neu
zu verhandeln, zu denen man ursprünglich nur «Klarstellungen» verlangt hatte.

Unterdessen beendet die Europäische Union ihren Verhandlungs-
marathon mit London. Die Bedingungen des Freihandelsabkommens

vom 24. Dezember 2020 zwischen der EU und dem Vereinigten Königreich sorgen in der Schweiz für Kontroversen. Gegner des Abkommens
werfen Bern vor, nicht wie Boris Johnson zu verhandeln. Der Bundesrat
verteidigt sich und verweist auf die grundlegenden Unterschiede zwischen der Schweiz und dem Vereinigten Königreich.

2021: «Man bleibt in Kontakt»

Die EU-Kommission empfängt Staatssekretärin Livia Leu am 21. Januar.
Am Ende der zweistündigen Gespräche bekräftigt sie in einer Medien-
mitteilung, dass sie von der Schweiz die Einleitung des Prozesses zur
Ratifizierung des ausgehandelten Institutionellen Abkommens erwarte.
In der Schweiz wird die Kampagne gegen das Abkommen mit der Bildung von zwei Gruppen aus Wirtschaftskreisen – «Kompass/Europa»
und «autonomiesuisse» – zusätzlich belebt.

Die Gewerkschaften halten an ihrer Opposition zum Rahmenabkommen fest, da es ihrer Ansicht nach in den bilateralen Verträgen enthaltene flankierende Massnahmen und damit den Lohnschutz schwächt.

Es folgen sechs weitere intensive, substanzielle und konkrete Verhandlungsrunden, ohne dass Resultate kommuniziert werden.

Im März drängen die Dachorganisationen der Schweizer Wirtschaft
den Bundesrat, die strittigen Punkte zu regeln und eine Lösung zu finden. Auch der Nationalrat lehnt eine Motion der SVP-Fraktion «Rück-
weisung des Rahmenabkommens an die EU» mit 134:52 Stimmen ohne
Enthaltung ab.

Am 23. April reist Bundespräsident Guy Parmelin zu einem Treffen
mit Kommissionspräsidentin Ursula von der Leyen nach Brüssel. Sie
empfängt ihn mit Optimismus und geht von einer raschen Einigung aus.
Doch nach einem rund 90-minütigen Gespräch erklärt der Bundespräsident gegenüber den Medien: «Wir haben gemeinsam mit der Präsidentin
der Europäischen Kommission festgestellt, dass wir in unseren Positionen weiterhin erhebliche Differenzen haben.» Ein weiteres Treffen wird
nicht vereinbart; man einigt sich jedoch darauf, dass die Verhandlungs-
führerinnen in Kontakt bleiben.

Am 26. Mai, nach Konsultationen der Aussenpolitischen Kommissionen und der Kantone – die Aussenpolitische Kommission des
Nationalrats hatte dem Bundesrat sogar konkrete Lösungsansätze über-
mittelt –, kommuniziert der Bundespräsident den Abbruch der Verhandlungen seitens der Schweiz. Der Kommission wird ein Brief über-

bracht; Bern bekräftigt seine Absicht, «eine zuverlässige und engagierte Partnerin» der EU zu bleiben und den bilateralen Weg fortsetzen zu wollen.

Der Rahmenvertrag ist tot. Die Hoffnungen der Schweiz sind intakt.

Weshalb war das Rahmenabkommen hochumstritten, wenn es doch von der Schweiz selbst initiiert wurde?

Fabio Wasserfallen

Nachdem ein EWR-Beitritt der Schweiz in der Abstimmung von 1992 gescheitert war, etablierte sich der bilaterale Weg als «Königsweg». Dieser Weg zur Ausgestaltung der Beziehung zwischen der Schweiz und der Europäischen Union (EU) wurde denn auch in mehr als zehn nationalen Abstimmungen von den Schweizer Stimmbürgerinnen und Stimmbürgern unterstützt. Umfragen zeigen auch, dass ein EU- oder EWR-Beitritt, die wichtigsten Alternativen zum bilateralen Weg, nur von einer Minderheit priorisiert werden (Europa Barometer, 2020). Vor diesem Hintergrund scheint das Ziel der Schweiz klar zu sein: Die bilateralen Beziehungen sollen als massgeschneidertes Modell gesichert und ausgebaut werden. Ob dies nach dem Scheitern des Rahmenabkommens möglich sein wird, ist nun die grosse Frage. Aber zuerst bedarf es einer Rückblende, bevor wir einen Ausblick wagen.

Im Jahr 1999 unterzeichnete die Schweiz mit der EU Marktzugangsabkommen in den Bereichen Personenfreizügigkeit, Landverkehr, Luftverkehr, Landwirtschaft und technische Handelshemmnisse. Diese Verträge haben die Schweizer Wirtschaft in Teile des EU-Binnenmarkts integriert. Im Jahr 2004 wurden die bilateralen Verträge mit den Abkommen von Schengen und Dublin auf die Bereiche innere Sicherheit und Asyl erweitert. Als nächsten Schritt schlug die Schweiz ein Rahmenabkommen mit der EU vor, mit dem Ziel, den bilateralen Weg zu konsolidieren und zukunftsfähig zu machen. Für die Schweiz stehen u. a. eine Erweiterung des Marktzugangs durch zusätzliche Abkommen im Elektrizitäts- oder Gesundheitsbereich im Vordergrund, aber auch die Frage der Beibehaltung des Marktzugangs bei Weiterentwicklungen des EU-Binnenmarkts. Die EU hat diese Anliegen der Schweiz aufgenommen und die Schaffung eines breiter angelegten institutionellen Rahmens zur Voraussetzung für die Weiterführung der bilateralen Beziehungen in bisheriger Form gemacht (Müller, 2020). Dass die Schweiz von sich aus ursprünglich ein institutionelles Abkommen mit der EU angeregt hat, mag angesichts der innenpolitischen Probleme mit dem Rahmenabkommen im Nachhinein paradox anmuten, ist aber im Prinzip durchaus konsequent, weil sich die Schweiz ja zum Ziel setzt, die bilateralen Beziehungen zu sichern und auszubauen.

Nach langjährigen Verhandlungen unterzeichnete der Bundesrat Ende 2018 das vermeintlich fertig ausgehandelte Institutionelle Rahmenabkommen (InstA) jedoch nicht. Stattdessen leitete die Schweizer Regierung einen Prozess zur Ermittlung der innenpolitischen Unterstützung für das Abkommen ein, was in dieser Form unüblich ist. Konsultationen mit innenpolitischen Akteuren finden üblicherweise vor und während internationalen Verhandlungen statt – nicht danach. Basierend auf den Stellungnahmen der konsultierten Akteure, gelangte der Bundesrat zum Schluss, dass in der Schweiz «keine ausreichende Unterstützung für das InstA besteht» (Bundesrat, 2019, S. 16). Der Widerstand gegen das Rahmenabkommen nahm nach diesen Konsultationen sogar noch weiter zu. Warum war die Kritik am InstA so stark, wenn doch ein Rahmenabkommen von der Schweiz selbst gefordert wurde und ein solches Abkommen den bilateralen Weg sichern, erweitern und damit zukunftsfähig machen sollte?

Zur Beantwortung dieser Frage ist es wichtig, eine Grundprämisse der Schweizer EU-Politik im Auge zu behalten: Ohne die Unterstützung aller grossen Parteien (ausser der SVP), der Wirtschaftsverbände, Gewerkschaften und Kantone ist es sehr schwierig, eine Volksmehrheit für EU-Vorlagen zu erzielen. Bereits die Opposition durch einen dieser Akteure gefährdet den Abstimmungserfolg, wie die mehr als zehn EU-bezogenen Volksabstimmungen seit dem EWR-Nein 1992 zeigen (Goetschel und Wasserfallen, 2021). Eine breite innenpolitische Unterstützung ist im Fall eines obligatorischen Referendums sogar noch wichtiger, weil ein obligatorisches Referendum neben dem Volksmehr auch eine Mehrheit der Kantone erfordert. Da die Stimmberechtigten in den kleinen Landkantonen Öffnungsschritten gegenüber skeptischer sind, reicht bereits eine Sperrminorität von 45 Prozent Nein-Stimmen, um EU-Vorlagen am Ständemehr scheitern zu lassen (Vatter, 2018). Basierend auf diesen Grundprämissen der Schweizer EU-Politik, stellt sich also die folgende Frage zum innenpolitischen Scheitern des Rahmenabkommens: Weshalb gelang es nicht, die Koalition, die von der SP und der politischen Mitte zur FDP reicht und auch Wirtschaftsverbände, Kantone und Gewerkschaften umfasst, für das InstA zu aktivieren? Die folgenden vier Argumente sollen zur Klärung dieser Frage beitragen.

Der Bundesrat verfolgte keine einheitliche, integrierende InstA-Strategie
Der Regierung ist es nicht gelungen, alle wesentlichen Akteure in vertrauensbildender Weise in den InstA-Verhandlungsprozess zu integrieren, sodass diese das Verhandlungsresultat am Ende unterstützt hätten. Bei den Verhandlungen der bilateralen Verträge von 1999 ist genau dies gelungen (Kellenberger, 2014, S. 55). Für die innenpolitische Absicherung hätte der Bundesrat die relevanten Akteure vor und während den Verhandlungen einbeziehen müssen. Konsultationen erst nach Verhandlungsabschluss durchzuführen, wie es der Bundesrat beim InstA gemacht hat, hat sich als kontraproduktiv erwiesen. Das Ex-post-Konsultationsverfahren hat lediglich dazu geführt, einzelne Verhandlungspunkte, bei denen die Schweiz Konzessionen machen musste, um dafür bei anderen Verhandlungspunkten gewünschte Ergebnisse zu erzielen, in der öffentlichen Debatte herausgelöst in den Vordergrund zu rücken. Dies hat schliesslich die breite Koalition, die sich eigentlich für die bilateralen Beziehungen einsetzt, gespalten und zugleich Irritationen bei der Verhandlungspartnerin, der EU, ausgelöst.

Die Kohäsionskraft der wirtschaftlichen (Export-)Interessen schwindet
Die Interessen derjenigen Akteure, die sich in der Schweiz für die Bilateralen aussprechen, sind teilweise gegenläufig. Die Kohäsionskraft, die diese Koalition zusammenhielt, war das Streben nach wirtschaftlichen Vorteilen durch die Teilnahme am EU-Binnenmarkt. Insbesondere der exportierende Teil der Schweizer Wirtschaft profitiert stark vom EU-Marktzugang. Die Wirtschaftsverbände konnten diesen wirtschaftlichen Nutzen jedoch in den Diskussionen zum InstA nicht als dominantes Interesse etablieren. Zudem gab es keine sozialpartnerschaftlichen Absprachen. Bei den bilateralen Verträgen von 1999 wurden den Gewerkschaften mit den flankierenden Massnahmen Zugeständnisse gemacht. Die Schweiz hat Schutzklauseln für Arbeitnehmende ausgehandelt, damit das Abkommen innenpolitisch mehrheitsfähig wurde und die wirtschaftlichen Vorteile des Zugangs zum EU-Binnenmarkt realisiert werden konnten. Auffallend abwesend waren in den InstA-Diskussionen Vorschläge in diese Richtung, auch innenpolitische Vorschläge. Beispielsweise hätten Lohnschutzforderungen der Gewerkschaften mit Mindestlöhnen erfüllt werden können. Die Erfolgsformel der bilateralen Marktzugangsabkommen, dass wirtschaftliche Vorteile für den Exportsektor mit Zugeständnissen an die Gewerkschaften politisch abgesichert

werden, konnte beim InstA nicht reaktiviert werden – was überraschend ist, nachdem die Gewerkschaften und die FDP-Bundesrätin Karin Keller-Sutter die SVP-Begrenzungsinitiative noch in grosser Harmonie gemeinsam bekämpften (Eidgenössisches Justiz- und Polizeidepartement, 2020). Ganz allgemein ist festzustellen, dass die Kohäsionswirkung des wirtschaftlichen Exportnutzens als dominantes Schweizer Interesse abgenommen hat. Dieser Bedeutungsverlust ist auch im Volk sichtbar. Beispielsweise in der Abstimmung am 7. März 2021, als sich nur 52 Prozent für das Freihandelsabkommen mit Indonesien aussprachen.

Das Verständnis, wie sich die EU verändert hat, fehlt in der Schweiz
In der Schweiz fehlt das Verständnis dafür, wie sich die EU in den letzten 20 Jahren verändert hat – und wie sich diese Veränderungen auf die bilateralen Beziehungen auswirken. Jakob Kellenberger, der als Staatssekretär erfolgreich die bilateralen Verträge von 1999 verhandelte, fasst diese Problematik treffend zusammen (2014, S. 54): Die «Entwicklung der EU […] scheint in einem helvetozentrischen Weltbild nur beiläufig zu interessieren.» Ein wesentlicher Punkt in diesem Zusammenhang ist die Osterweiterung. Die neuen Mitgliedländer aus Zentral- und Osteuropa mussten die EU-Gesetzgebung vollständig übernehmen. Entsprechend unverständlich ist für sie das Schweizer Modell mit selektivem Zugang zum Binnenmarkt. In der erweiterten EU mit 27 Mitgliedern wurde auch die Stellung der Europäischen Kommission stärker, gerade in der Pflege der EU-Aussenbeziehungen. Für die Schweiz bedeutet das: Der direkte Draht nach Berlin, Rom, Paris oder Wien hat in der EU-27 an Bedeutung verloren. Zudem ist die EU in einer Konsolidierungsphase wegen der verschiedenen Krisen der letzten Jahre (Euro, Migration, Brexit und Covid-19). Die in der Schweiz verbreitete Einschätzung, die EU sei durch diese Krisen geschwächt worden, greift jedoch zu kurz. Für die Beziehung zur Schweiz ist entscheidend, dass sich die EU-27, als Reaktion auf diese Krisen, wieder stärker auf den Binnenmarkt fokussiert. Die EU verteidigt die Vorteile des Binnenmarkts sowie die Prinzipien der Rechtssicherheit und der gleichen Bedingungen für alle, die an diesem Binnenmarkt partizipieren möchten (Europäische Kommission, 2017). Entsprechend fordert Brüssel von der Schweiz die Übernahme der sich weiterentwickelnden EU-Marktregeln als Bedingung für den hindernisfreien Zugang zum Binnenmarkt. Wer teilnimmt, soll auch die geltenden Regeln übernehmen. In diesem Punkt geht es der EU um ein Grundprin-

zip, das politisch in der EU-27 tief verankert ist. Die EU hat der Schweiz deshalb auch klargemacht, dass es ohne institutionellen Rahmen weder eine Weiterführung noch einen Ausbau der bilateralen Beziehungen geben wird. Diese Logik ist aus der Perspektive der EU kohärent und langfristig angelegt. Daran wird sich auch nach dem Scheitern des Rahmenabkommens wenig ändern.

Das InstA wurde kaum mit (realen) Alternativen verglichen

Teile der Gegnerschaft des InstA bewerben gerne ein Freihandelsabkommen als zukunftsträchtige Lösung, gerade auch in Anlehnung an den Brexit. Freihandelsverträge erlauben jedoch keinen freien Zugang zum EU-Binnenmarkt. Waren, die im Rahmen solcher Verträge exportiert oder importiert werden, werden geprüft, kontrolliert, registriert und müssen diverse regulatorische Bedingungen erfüllen, was vom momentan hindernisfreien Zugang zum EU-Binnenmarkt zu unterscheiden ist. Natürlich ist es im Prinzip denkbar, die bilateralen Verträge durch Freihandelsverträge zu ersetzen. Dieses Modell wäre jedoch ein grosser Rückschritt im Vergleich zum sektoriellen Marktzugang, den die bilateralen Verträge ermöglichen. Auf der anderen Seite des politischen Spektrums werden der EWR- oder der EU-Beitritt als Alternativen zum Rahmenabkommen ins Spiel gebracht. Umfragen zeigen aber, dass ein EU-Beitritt bei einer Abstimmung chancenlos wäre (Europa Barometer, 2020). Interessanterweise wurde das InstA in der öffentlichen Debatte auch stark mit dem Argument kritisiert, das Abkommen schränke die politische Eigenständigkeit der Schweiz ein (Schneider-Ammann, 2020). Diese Einschränkung wäre jedoch bei einem EWR- oder EU-Beitritt noch wesentlich ausgeprägter. Bei diesen beiden Alternativen zum InstA müsste die Schweiz umfangreicher und systematischer EU-Gesetzgebung übernehmen, wobei im Fall des EU-Beitritts allerdings die Mitwirkung bei der EU-Gesetzgebung den Souveränitätsverlust abfedern würde. Mit der «Souveränitätskritik» wurde dem Rahmenabkommen somit als Schwachpunkt angelastet, was eigentlich ein Vorteil dieses Modells gewesen wäre im Vergleich mit dem EWR- oder EU-Mitgliedschaftsmodell (solange die Beziehung zur EU nicht auf einen Freihandelsvertrag reduziert werden soll). Ganz grundsätzlich wurde das InstA zu wenig im Kontext der real existierenden Alternativen und deren Vor- und Nachteile diskutiert.

Schlussfolgerungen und Ausblick

Die Diskussionen in der Schweiz zum InstA haben den Bundesrat dazu bewogen, die Verhandlungen zum Rahmenabkommen am 26. Mai 2021 zu beenden. Nach diesem Regierungsentscheid bleibt die Frage nach der zukünftigen Beziehung zwischen der Schweiz und der EU offen. Unilateral kann der Bundesrat die bilateralen Beziehungen auf die Dauer nicht im Interesse der Schweiz weiterführen. Es bleibt also die Hoffnung, die EU werde im Sinn des gegenseitigen wirtschaftlichen Nutzens ihre Grundprinzipien aufweichen – und die Schweiz werde sich bei Bedarf auf die Hilfe ihrer Nachbarländer verlassen können. Diese Annahmen, die EU werde nicht an ihren Grundsätzen festhalten und die Schweiz könne Brüssel mit direkten Kontakten nach Berlin oder Paris ausspielen, basieren jedoch auf einem veralteten Verständnis der EU. Die heutige EU-27 ist nicht mehr vergleichbar mit der EU-15 vor mehr als 20 Jahren, als die ersten bilateralen Verträge abgeschlossen wurden.

Während der Verhandlungen zum Rahmenabkommen blieb in der Schweiz die Perspektive der schleichenden Erosion der bilateralen Beziehungen abstrakt. Daran haben auch die Beendigung der Börsenäquivalenz, das Nichtzustandekommen des Stromabkommens und die Probleme beim Marktzugang für die Medizintechnik wenig geändert. Aus Sicht der EU-27 ging es in diesen Fragen nicht nur um Verhandlungstaktik, sondern auch um Grundprinzipien und Kohärenz.

Nachdem die Verhandlungen zum Rahmenabkommen beendet sind, werden sich die bilateralen Beziehungen weiter verschlechtern. Unklar bleiben die genaue Ausprägung und das Tempo dieser Erosion. Aller Voraussicht nach werden Massnahmen und Gegenmassnahmen von der EU und der Schweiz von gegenseitigen Schuldzuweisungen begleitet werden, was das gegenseitige Unverständnis noch zusätzlich vergrössern könnte. Diese Dynamik kann sich in zwei Richtungen entwickeln, die sich sehr grundsätzlich unterscheiden: Die Verschlechterung der bilateralen Beziehungen kann entweder als Basis für neue Verhandlungen dienen oder die gegenseitige Entfremdung und die Ressentiments zwischen der Schweiz und der EU weiter verstärken, was eine politische Annäherung noch schwieriger machen würde. Die Zukunft ist noch ungewisser als zuvor.

Die schweizerische Europapolitik auf dem Prüfstand

Matthias Oesch

Der bilaterale Weg gilt als Erfolgsgeschichte. Die Doppelstrategie der völkerrechtlichen Anbindung qua sektorieller Abkommen und der selbst gewählten Anpassung im Zuge des autonomen Nachvollzugs wird politisch von Volk und Ständen getragen und liefert inhaltlich grossenteils die gewünschten Resultate. Sie hat dazu beigetragen, die Nachteile, die im Nachgang zur Ablehnung des Beitritts zum EWR befürchtet wurden, zu minimieren. Schweizerische Unternehmen verfügen über den gewünschten Zugang zum europäischen Markt. Die Schweiz profitiert von weiteren Abkommen, die die Integration in den europäischen Rechtsraum – etwa in den Bereichen Justiz und Inneres, Visa und Asyl – und die Teilnahme an Agenturen und Programmen der EU – etwa in den Bereichen Luftfahrt und Forschung – ermöglichen. Gemäss Bundesrat bilden die bilateralen Abkommen «einen massgeschneiderten rechtlichen Rahmen, welcher den engen wirtschaftlichen und politischen Beziehungen zwischen der Schweiz und der EU sowie der geografischen Lage der Schweiz im Zentrum Europas gerecht wird» und den Interessen der Schweiz am besten dient (Bundesrat, 2015, S. 75). Über den unmittelbaren volkswirtschaftlichen Nutzen hinaus widerspiegelt das dichte Vertragsnetz eine Geisteshaltung, wonach sich die Schweiz als Teil Europas versteht und bereit ist, einen Beitrag zur gemeinsamen Problemlösung und zum Wohlergehen auf dem Kontinent zu leisten.

Die Anzeichen mehren sich allerdings, dass sich die Rahmenbedingungen für die erfolgreiche Weiterführung des bilateralen Wegs verschlechtert haben. Die folgenden vier Aspekte stehen dabei im Vordergrund: Erstens hat sich die Schweiz mit dem Entscheid des Bundesrats von 2006, den EU-Beitritt nicht mehr als Ziel der schweizerischen Europapolitik zu verstehen, sondern nur mehr als eine Option, selbst in die Kategorie «normaler» Drittstaaten eingeordnet. Damit mutierte der pragmatische Bilateralismus stillschweigend von einer Übergangslösung zu einem Dauerprovisorium, und die Bereitschaft der EU, Hand zu bieten für massgeschneiderte Sonderlösungen, verringerte sich weiter. Zweitens hat das Verständnis für den europapolitischen Sonderweg der

Schweiz auch mit der Osterweiterung 2004/2007/2013 und der damit einhergehenden Verdoppelung der Anzahl der Mitgliedstaaten der EU abgenommen. Die Schweiz muss sich neu auch mit den mittel- und osteuropäischen Staaten arrangieren, mit denen traditionell weniger enge Bande bestehen und die bei ihren eigenen Verhandlungen über den EU-Beitritt nur ganz beschränkt von Ausnahmen und Sonderlösungen profitieren konnten. Drittens verlangt die EU seit 2008 von der Schweiz die Schaffung eines institutionellen Rahmens, der für alle bestehenden und zukünftigen Marktzugangsabkommen gilt, die auf EU-Recht beruhen. Sie betrachtet den Status quo nicht mehr als valable Option. Ein institutionelles Abkommen gehört gleichsam zum Preis, den die Schweiz dafür bezahlen müsste, sektoriell weiterhin in mitgliedstaatsähnlicher Weise in den Binnenmarkt eingebunden zu sein, ohne die Regeln des Klubs vollumfänglich akzeptieren zu müssen. Viertens haben die Scheidungsverhandlungen der EU mit dem Vereinigten Königreich gezeigt, dass die EU gegenüber Drittstaaten weiterhin konsequent auftritt und ihnen nur eine mitgliedstaatsähnliche Beteiligung am Binnenmarkt gewährt, wenn sie den Grundsatz der Unteilbarkeit der Grundfreiheiten und das institutionelle Credo des *form follows function* respektieren; es gibt «kein Rosinenpicken» (Europäischer Rat, 2017, Rz. 1).

Damit steht die Schweiz europapolitisch am Scheideweg. Kurzfristig wäre es darum gegangen, mit einem neuen institutionellen Rahmen die Voraussetzungen für die Fortführung und Weiterentwicklung des bilateralen Wegs zu schaffen. Die Schweiz hat sich anders entschieden. Sie brach im Mai 2021 die Verhandlungen über das Rahmenabkommen ab. Damit verzichtet sie darauf, den bilateralen *Acquis* auf eine solide institutionelle Grundlage zu stellen, zu seiner Verrechtlichung beizutragen und den Boden für weitere pragmatische Integrationsschritte zu legen. Die EU hat seit Längerem klargemacht, dass sie ohne Rahmenabkommen nicht bereit ist, die geltenden Abkommen aufzudatieren (z. B. Medizinaltechnik), Hand zu bieten für Kooperationen in weiteren Bereichen (z. B. Börsenäquivalenz, Horizon Europe, Kultur, Gesundheit) und neue Abkommen über die Beteiligung am Binnenmarkt abzuschliessen (z. B. Stromabkommen). Nun droht der bilaterale Weg zu erodieren; das ist keine verlockende Perspektive – weder für die Schweiz noch für die EU.

Längerfristig wird die Schweiz nicht darum herumkommen, ihr Verhältnis zur EU grundsätzlich zu überdenken. Der bilaterale Ansatz – seit der Ablehnung des EWR im Jahr 1992 als Übergangslösung konzipiert – bleibt störungsanfällig. Negativ fällt ins Gewicht, dass das bilaterale Vertragswerk unübersichtlich und wenig systematisch aufgebaut ist. Konkrete Bedürfnisse und situative Opportunitäten bestimmen den Sachbereich und Zeitpunkt der staatsvertraglichen Annäherung. Das Vorgehen folgt einem punktuell-pragmatischen induktiven Ansatz. Auch inhaltlich offenbart der bilaterale *Acquis* ein janusköpfiges Naturell: Partiell ist die Schweiz mitgliedstaatsähnlich in den unionalen Binnenmarkt integriert; das einschlägige EU-Recht wird auf das Verhältnis zur Schweiz ausgedehnt. Partiell verbleibt die Schweiz in der bunt zusammengewürfelten Kategorie von «normalen» Drittstaaten; die gegenseitigen Rechte und Pflichten bestimmen sich nach klassisch völkerrechtlichen Mustern. Auch langjährige Beobachterinnen und Beobachter haben mitunter Mühe, sich in diesem rechtlichen Dickicht zurechtzufinden und den Status der Schweiz als «zugewandten Ort» der EU (Freiburghaus, 2015, S. 391) einzuordnen.

Aus demokratietheoretischer Warte fällt die fortlaufende Übernahme von EU-Recht negativ ins Licht. Die Schweiz hat die Rechtsetzung in durchaus relevanten Bereichen faktisch an die EU delegiert. Dabei zeigt sich immer deutlicher, dass zwischen der fortlaufenden Rechtsübernahme und der (direkten) Demokratie ein Spannungsverhältnis besteht; die Substanz der demokratischen Rechte wird punktuell ausgehöhlt, weil sich die Rahmenbedingungen für ihre Ausübung verändert haben. Bei Weiterentwicklungen des Schengen/Dublin-Besitzstands stehen Bundesrat, Parlament und Volk unter Druck, Verordnungen und Richtlinien der EU «durchzuwinken», weil die Opportunitätskosten einer Ablehnung schlicht zu hoch erscheinen. Für den autonomen Nachvollzug schätzen Studien, dass zwischen 40 und 60 Prozent der Bundesgesetzgebung direkt oder indirekt vom EU-Recht beeinflusst werden (Oesch, 2020, Rz. 347). Des Weiteren erweisen sich die Beteiligung der Schweiz an Agenturen – wie etwa die Beteiligung an Frontex und die damit einhergehende Teilnahme von Schweizer Spezialistinnen und Spezialisten an Frontex-Operationen an den EU-Aussengrenzen – und der Einbezug neuer Sachbereiche in den bilateralen *Acquis* – wie potenziell die Teilnahme der Schweiz am europäischen Strommarkt, worüber seit 2007 verhandelt wird – zunehmend als schwierig; der paneuropäische Verwaltungsverbund unter dem Dach der EU, der durch die netzwerkartige Verflechtung von Verwaltungsstellen der EU und der EU-Mitgliedstaaten gekennzeichnet ist, ist nur beschränkt in der Lage, Drittstaaten zu integrieren. Die Politik, sektoriell am multilateralen Integrationsprojekt der EU teilzunehmen, ohne sich institutionell den gemeinsamen Regeln zu unterwerfen, stösst damit schon rein systembedingt an Grenzen.

Dessen ungeachtet entwickelt sich die EU selbst weiter. Die in der Strategie «NextGenerationEU» skizzierten Massnahmen der EU zur Bekämpfung der durch Covid-19 ausgelösten Krise, inkl. der Einführung eines Aufbaubonds, dürften zu einer weiteren Vergemeinschaftung im Bereich der Wirtschafts- und Währungsunion und der Finanzierung der Unionsaufgaben führen. Eine ähnliche Entwicklung zeichnet sich beim Umwelt- und Klimaschutz ab; hier werden die mit dem sogenannten Green Deal avisierten Massnahmen für eine neue Wachstumsstrategie für eine nachhaltige Wirtschaft mit dem Ziel der Klimaneutralität bis 2050 einen Integrationsschub bewirken. Diverse Massnahmen, die in der Folge der Finanz-, Wirtschafts- und Staatsschuldenkrise erlassen wurden, weisen ein Diskriminierungspotenzial für Unternehmen in Drittstaaten aus; dies dürfte etwa auf die Errichtung der Bankenunion und weitere regulatorische Verschärfungen im Finanzdienstleistungsbereich zutreffen. Beim Abschluss von Freihandelsabkommen hat die EU die Schweiz bereits mehrfach überholt; die Vorteile der handelspolitischen Autonomie der Schweiz werden zunehmend kleiner, womit sich auch hier unter Umständen eine Neubeurteilung der Optionen der Schweiz aufdrängen mag (Cottier, 2019). Schliesslich ist Europa gefordert, die eigenen Werte und Interessen auf dem globalen Parkett mit vereinten Kräften zu fördern und sich als wirtschaftlich und politisch einflussreicher Akteur insbesondere gegenüber China und den Vereinigten Staaten klug zu positionieren. Die Verbesserung der Kohärenz der europäischen Aussenpolitik rückt mit dem Ende der Pax Americana und den aktuellen geopolitischen Verschiebungen weiter in den Vordergrund. Es kann nicht im Interesse eines geeinten Europas sein, global an Einfluss zu verlieren – insbesondere dann nicht, wenn sich Brandherde an den europäischen Rändern entzünden, wie dies in den letzten Jahren in Nordafrika, in der Ukraine und im Nahen Osten wiederholt der Fall war. Dabei zwingen auch die fortschreitende Digitalisierung und damit einhergehende fundamentale Veränderungen in Gesellschaft und Wirtschaft die europäischen Staaten, gemeinsam trag- und konkurrenzfähige Strategien zu entwickeln, um die eigenen Werte und Interessen zu wahren und sich gegenüber «Systemrivalen» (Europäische Kommission, 2019, S. 1, betr. China) zu behaupten. Das sind Baustellen, bei denen auch die Schweiz –

geografisch im Herzen Europas gelegen – stark herausgefordert ist; sie
muss sich überlegen, ob sie im Verbund mit den anderen europäischen
Staaten nicht besser aufgestellt wäre.

Diese Entwicklungen gebieten, Alternativen zum bilateralen Weg
in seiner jetzigen Form zu prüfen. Der Rückbau des bilateralen *Acquis*
zu einem – allenfalls modernisierten – Freihandelsabkommen würde
zwar erlauben, institutionell weiterhin nach klassisch völkerrechtlichen
Mustern zu verfahren. Ein solches Abkommen würde aber den Bedürfnissen der schweizerischen Wirtschaft in Bezug auf den Marktzugang
kaum angemessen Rechnung tragen; erste Auswirkungen des Brexit auf
die Wirtschaft im Vereinigten Königreich, das sich notabene bereits mit
Blick auf seine geografische Lage in einer anderen Situation als die
Schweiz befindet, lassen erahnen, dass ein solcher Schritt gut überlegt
sein müsste. Auch wäre auf diese Weise eine enge Zusammenarbeit in
weiteren Bereichen – wie Personenfreizügigkeit und Schengen/Dublin –
nicht mehr möglich (Bundesrat, 2015, S. 75). Vereinzelt wird vorgeschla-
gen, einen nochmaligen Anlauf für einen EWR-Beitritt zu wagen. Die
EWR-Option scheint für die Schweiz – ungeachtet des Charmes der
umfassenden Binnenmarktteilhabe – allerdings kaum erstrebenswert. So
ist der EWR weiterhin durch institutionelle Besonderheiten charakteri-
siert, die bereits 1992 umstritten waren und zur Ablehnung des Beitritts
beitrugen; dazu gehören die fehlenden Mitentscheidungsrechte beim
Erlass neuer EU-Rechtsakte, die «quasi automatisch» (Bundesrat, 2010,
S. 7314) übernommen werden müssen, und der supranationale Charakter – ein Wesensmerkmal der europäischen Integration, gegen das sich
die Schweiz seit je gewehrt hat. Weiter dürfte ein Beitritt der Schweiz das
Einstimmigkeitsprinzip aufseiten der EWR-EFTA-Staaten arg strapazie-
ren. Es bestünde das Risiko, dass die fein austarierte Balance zwischen
den EWR-EFTA-Staaten Island, Liechtenstein und Norwegen wie auch
die eingespielte Zusammenarbeit zwischen der EU und den EWR-EFTA-
Staaten unnötig aufs Spiel gesetzt würden. Schliesslich stösst nicht nur
der bilaterale *Acquis* Schweiz–EU, sondern auch der EWR systembedingt
an Grenzen; Stirnrunzeln bereiten etwa die zeitweise unklare Binnen-
markt- und damit EWR-Relevanz von EU-Rechtsakten und die Verzöge-
rung ihrer Übernahme in das EWR-Abkommen *(backlogs)*, das kompli-
zierte Verhältnis der EWR-EFTA-Staaten zu den unionalen Agenturen
und die unklare Rechtslage in Bezug auf den Grundrechtsschutz im
EWR-EFTA-Pfeiler. Beide Optionen – Rückbau zu einem klassischen

Freihandelsverhältnis und EWR-Mitgliedschaft – bieten zudem keine Handhabe, als Teil der «europäischen Familie» die Interessenwahrung Europas gegen aussen aktiv mitzugestalten.

Damit rückt die Gretchenfrage ins Zentrum, ob sich eine weitergehende Integration aufdrängt – gleichsam als Flucht nach vorn, weg von der Praxis, als Passivmitglied die Rechtsentwicklungen in der EU im Akkord einfach nur nachzuvollziehen, hin zur konstruktiven Mitwirkung und Übernahme von Verantwortung. Letztlich ist das Schicksal der Schweiz wirtschaftlich, politisch, gesellschaftlich, kulturell und wissenschaftlich unweigerlich mit demjenigen ihrer Nachbarn und weiterer Staaten in Europa verbunden. Die aktive Mitgestaltung der Zukunft im Verbund mit gleichgesinnten Staaten liegt im ureigenen Interesse der Schweiz. Politische Klugheit und Weitsicht gebieten, die Option des EU-Beitritts ins Auge zu fassen.

Vox populi: Der Europadiskurs in der Schweizer Bevölkerung

Heike Scholten im Gespräch mit Katja Gentinetta

Heike Scholten, Soziologin und Kommunikationswissenschaftlerin, hat als langjährige Kampagnenleiterin beim Wirtschaftsdachverband economie-suisse fünf europapolitische Kampagnen geführt. Seit 2010 ist sie selbst-ständige Politik- und Kommunikationsberaterin. Ihr Unternehmen Sensor Advice ist spezialisiert auf qualitative Analysen zu gesellschaftspolitischen Fragen.

Für die Studien «Reden über die Schweiz und Europa» (2015/2020) hat Sensor Advice in der ganzen Schweiz Gruppendiskussionen mit Bürgerinnen und Bürgern geführt und qualitativ ausgewertet. Ziel war es zu zeigen, wie die Positionen der Schweizerinnen und Schweizer zu Europa zustande kommen, auf welchen Konzepten und Ideen sie beruhen und welche Argumente ins Spiel gebracht werden. Der Blick einer qualitativen Studie in die Tiefe zeigt, wie Themen in der Gesellschaft diskutiert werden und wo Potentiale für politische Entscheidungen liegen.

Im Gespräch erläutert Heike Scholten, wie sie die europapolitische Debatte in der Schweiz wahrnimmt, was ihre diskurspolitische Forschung dies-bezüglich zutage förderte, wo der Diskurs heute steht und wo sie dabei Resonanzräume sieht, die in die Zukunft weisen können.

«Unabhängigkeit» gegen «Realität»

Die gegnerischen Positionen hinsichtlich einer Annäherung an Europa waren von Beginn an sehr klar. Argumente gegen eine mehr oder minder verbindliche Beziehung zu Europa wurden von ihren Gegnern und Befürwortern immer wieder auf ähnliche Weise in die öffentliche Debatte eingebracht. Die Schweizerische Volkspartei SVP, die 1992 das Nein zum EWR erreichte und seither mit dem Thema Europa politisiert, führt konsequent eine Debatte über die «Unabhängigkeit» der Schweiz, fokussiert auf die gefürchtete «Invasion von Ausländern und steigende Arbeitslosigkeit» und stellt sich gegen die Classe politique und damit gegen die EU als ein Eliteprojekt. Ihre Grundpositionen lassen sich immer auf drei Argumentationsmuster zurückführen: Zuwanderung, die Sicherung der Schweizer Souveränität und die Wahrung der Neutralität.

Im Gegensatz dazu operieren der Bundesrat und mit ihm die europafreundlicheren Parteien und Gruppierungen mit den Begründungen, Europa beziehungsweise die EU sei eine «Realität», der Zugang zum Binnenmarkt vor allem wirtschaftlich «nützlich» und enge und gute Beziehungen folglich «notwendig». Diese rationale Grundposition ist nicht zwingend einer aussenpolitischen Offenheit verpflichtet, sondern primär der wirtschaftlichen Sicherheit. Und praktisch jede Erläuterung zu einem europapolitischen Geschäft ist mit dem mehr oder minder expliziten Hinweis darauf versehen, dass es mit einem Beitritt nichts zu tun habe.

Die «bewährten Bilateralen»
Dass die Stimmbevölkerung die bilateralen Verträge im Nachgang zum EWR-Nein mehrmals bestätigte, ist vor allem auf zwei Gründe zurückzuführen: Zum einen konnte die Schweiz bei der Personenfreizügigkeit, dem schwierigsten Thema, Übergangsfristen und eine Ventilklausel aushandeln. Ausserdem gab man den Stimmbürgerinnen und Stimmbürgern von Beginn an die Möglichkeit, den bilateralen Weg gleichsam zu testen und nach sieben Jahren, also 2009, über dessen Weiterführung abzustimmen. Bereits 2005 – in dem Jahr, als über die Assoziation zum Schengen-Dublin-Abkommen und die Ausdehnung der Personenfreizügigkeit im Zuge der EU-Osterweiterung abgestimmt wurde – konnte die Kampagne mit den «bewährten Bilateralen» operieren: jenen Verträgen, die wirtschaftliche Vorteile brachten, aber die politische Unabhängigkeit wahrten.

Der zweite und mindestens ebenso wichtige Grund war, dass in allen Abstimmungen – bis zu jener zur Masseneinwanderungsinitiative 2014 – eine breite Koalition von Mitte, Links und Wirtschaft gegen die SVP kämpfte. Für die Kampagnenführung war klar: Zwei Gräben konnte man sich bei keiner Abstimmung leisten. Die rechte Seite, die SVP, war nicht zu gewinnen, also mussten die Flanken nach links geschlossen werden. Dazu bedurfte es zunächst Weichenstellungen in der Verkehrspolitik über die LSVA (leistungsabhängige Schwerverkehrsabgabe), die die Befürworter der Alpeninitiative europafreundlich stimmen sollte, und dann die Einbindung der Sozialpartner. Dies geschah mit den flankierenden Massnahmen, die der Angst vor Arbeitsplatzverlust und Lohndumping begegneten.

Nach 2009, als unter dem Motto der «erfolgreichen Bilateralen» auch die Abstimmung über die Weiterführung der Personenfreizügigkeit und ihre Ausdehnung auf Rumänien-Bulgarien (2009) gewonnen wurde, lehnte sich die Allianz zurück und versäumte es, die Realität der bilateralen Verträge in der politischen Kommunikation zu pflegen. Dabei hatte sich der scherenschnittartige Baum, dessen eine Hälfte blüht, die andere jedoch verkümmert, als Sinnbild für die Bilateralen bereits stark im öffentlichen Bewusstsein verankert. So stark, dass er auch die Abstimmungskampagne zur Masseneinwanderungsinitiative im Februar 2014 beherrschte: Die Initianten operierten mit der krakenartigen Darstellung seiner Wurzeln, die die Schweiz in den Würgegriff nehmen, die Initiativgegner mit Hodlers Holzfäller, der den Früchte tragenden Baum fällen will. Die knappe Annahme dieser Initiative wurde zum Weckruf: Der bilaterale Weg war nicht mehr so sicher wie gedacht.

«Handel» oder «Spiel»?

Im Bürgerdialog Schweiz–Europa – 2014, den wir im Nachgang zu dieser Abstimmung und im Auftrag der Wirtschaftsverbände in der ganzen Schweiz führten, stachen denn auch zwei Aussagen heraus:

In sämtlichen Gesprächen wurde der Wunsch – oder besser noch der Vorwurf laut, die Politik solle den Leuten doch reinen Wein einschenken. Hätten sie gewusst, dass es letztlich um den bilateralen Weg ging und wie schwierig bis unmöglich die Umsetzung der Masseneinwanderungsinitiative ist, hätten sie ihr nicht zugestimmt, so die Stimmen in den Gruppendiskussionen. Diese Einschätzung wurde gestützt durch den durchwegs prominent, aber undifferenziert benutzten Begriff der «Bilateralen»: Diese wurden klar als Fundament für die Beziehungen mit der EU gesehen. Die Bilateralen waren eine nicht hinterfragte Selbstverständlichkeit, aber interessanterweise auch eine Worthülse. Denn der eigentliche Nutzen der einzelnen Verträge konnte nicht beschrieben werden: Der tatsächliche Inhalt war, einschliesslich der sie verbindenden Guillotine-Klausel, offensichtlich zu wenig bekannt. Dies ist eine Erklärung, weshalb die Strategie der SVP, nicht einfach gegen die Bilateralen zu sein, sondern zu differenzieren und nur die Personenfreizügigkeit infrage zu stellen, erfolgreich war.

Was die Beziehung der Schweiz zur EU betrifft, konnten wir klar zwei unterschiedliche semantische Felder und damit kognitive Frames identifizieren: jenes des Handels und jenes des Spiels. Handel und Spiel sind zwei klassische kognitive Konstellationsmetaphern, mit denen Menschen ihre Vorstellung von Politik verbalisieren. Wer mit der Handelsmetapher argumentiert (Vertrag, Verhandlung, Partner, geschäften, regeln), sieht die Beziehungen Schweiz–EU als von handlungs- und vor allem verhandlungsfähigen Akteuren geprägt, die Kosten und Nutzen abwägen und ein Win-win-Ergebnis anstreben. In ihren Augen ist die Beziehung zur EU ein Geben und ein Nehmen und basiert auf Vertrauen.

Jene Dialogteilnehmer hingegen, die mit der Spielmetapher operieren (Trümpfe, nicht fair, es steht viel auf dem Spiel, «un échiquier»), betonten die ungleiche Konstellation: die EU als Utopie, als Ungetüm, als Machtapparat. Sie sehen die Beziehung der Schweiz zur EU als ein Spiel zwischen ungleichen Gegnern, weshalb die Schweiz allen Grund zur Angst habe. Was sich in diesen beiden Metaphern auch zeigt, sind die beiden herkömmlichen Positionen, die den Europadiskurs prägen: das Argument der wirtschaftlichen Bedeutung der Verträge auf der einen und die Angst vor einem unfairen und übermächtigen Gegner, der die Werte der Schweiz bedroht, auf der anderen Seite.

«Kröten» und «Rosinen»

Heute steht der Diskurs an einem anderen Ort. Es zeigen sich wichtige Veränderungen. In unserem zweiten grossen Europadialogprojekt «Reden über die Schweiz und Europa», das wir 2020 über das Rahmenabkommen und vor der Abstimmung über die Begrenzungsinitiative der SVP lanciert haben, war «partnerschaftlich» ein oft gebrauchter Begriff, um die Perspektive auf die Beziehungen zwischen der Schweiz und der EU zu beschreiben: So würde man sie sich zumindest wünschen. Es sei wie bei Nachbarn: Man müsse nicht befreundet sein, aber miteinander auskommen. Das Kräfteverhältnis war den Gesprächsteilnehmenden durchaus bewusst, viel stärker als 2014. Diese Ungleichheit wurde, je nach Perspektive auf die EU, entweder als «Abhängigkeit» der Schweiz in einem geografisch, wirtschaftlich und kulturell vernetzten Europa oder als bedrohliche «Dominanz» der EU wahrgenommen. Die letztere, von Angst dominierte Sichtweise war jedoch wesentlich seltener zu hören, und zahlreiche Dialogteilnehmer standen auch dem Rahmenabkommen deutlich positiv gegenüber. Die Sicherung des bilateralen Wegs ist dafür das Hauptargument. Untermauert wurde es durch ein deutlich höheres Wissen über die Inhalte der Verträge als fünf Jahre zuvor. Man sprach nicht mehr einfach nur von den Bilateralen, sondern von der Personenfreizügigkeit, von Erasmus, dem Forschungsabkommen, Schengen, den Kohäsionszahlungen. Die bilateralen Verträge wurden mehrfach als bestmögliche Lösung für die Schweiz bezeichnet. Sie hatten sich zu einem eigentlichen Wert für die Schweiz entwickelt, der ein Geben und Nehmen erfordert. Ein Bürger brachte diese Einschätzung wie folgt auf den Punkt: «Vielleicht müssen wir irgendeine Kröte schlucken, dafür bekommen wir ganz viele Rosinen.»

«Lösungsorientierung» und «Gemeinschaft»

Eine weitere, sehr viel grundlegendere Verschiebung aber kennzeichnete die Diskurse 2014 und 2020. Im Nachgang zur Masseneinwanderungsinitiative waren die Debatten geprägt vom Dilemma zwischen dem Wunsch nach Wohlstand und der Angst vor Wachstum, insbesondere vor Bevölkerungswachstum. Das medial geprägte Schlagwort «Dichtestress», im Volksmund: «die vielen Leute, die kommen» oder «es wird gebaut und gebaut», war Ausdruck einer gewissen Angst vor dem Zerfall der Heimat. Diese fiel zusammen mit einer Globalisierungs- und grundlegenden Wachstumsskepsis, die im Übrigen auch die Spaltung der Wirtschaft beförderte und die wichtige europapolitische Koalition aufweicht.

In den Dialogen 2020 zeichnete sich eine andere globale Dimension in den Argumenten ab. Tendenzen, die das Potenzial haben, einen neuen, zukünftigen Diskursraum zu eröffnen: Internationale Sicherheitsfragen, der weltweite Klimawandel und geopolitische Machtverschiebungen beginnen sich im Bewusstsein der Öffentlichkeit niederzuschlagen; der Handelskonflikt zwischen den USA und China bestärkt das Bewusstsein für die Zugehörigkeit der Schweiz zu Europa als geografischem Raum und als demokratischem Wertesystem. Auch der Klimawandel erfordert Kooperation, die ohne partnerschaftliche Beziehungen nicht möglich ist. Diese Argumentationslinien zeigen sich auch in einem modernen Verständnis von Souveränität: nämlich als Möglichkeit, in einer Gemeinschaft mit Europa gegenüber anderen geopolitischen Mächten unabhängig und souverän zu bleiben. Die Analyse zeigte, dass es in der Beziehung Schweiz–Europa nicht mehr (nur) um Öffnung oder Abschottung, um Unabhängigkeit oder Abhängigkeit geht, sondern um das pragmatische Finden gemeinsamer Lösungen. Das Potenzial eines solchen lösungs-orientierten Gemeinschaftsgedankens scheint weder in der Politik noch bei den Medien auf dem Radar. Es würde sich lohnen, einen genaueren Blick darauf zu werfen. Ein solches Argumentationsfeld sollte den künf-tigen Europadiskurs stärker mitbestimmen.

Auszug:
Bericht des Bundesrats vom 18. Mai 1992
über einen Beitritt der Schweiz
zur Europäischen Gemeinschaft

3.6. Unsere Wahlfreiheit

So entscheidend diese Gründe, die uns zur Befürwortung eines EG-Beitritts bewogen haben, auch sein mögen, dürfen sie uns doch nicht zur Ueberzeugung bringen, dass die Schweiz keine andere Wahl hat, als der EG beizutreten. Ist man der Ansicht, dass sich die Schweiz damit begnügen kann, weniger ehrgeizige Zielsetzungen zu verfolgen als eine umfassende Beteiligung am europäischen Entscheidungsprozess, so bedeutet der EG-Beitritt keine zwingende Notwendigkeit. Unter dieser Voraussetzung ist für die Schweiz eine andere Zukunft als die Mitgliedschaft in der EG denkbar. Letztlich hängt unsere ganze Beurteilung von der Vorstellung ab, die wir uns von der Aufgabe unseres Landes im zukünftigen Europa machen, und demnach vom Ziel, das wir für unsere Integrationspolitik festsetzen wollen.

Wir könnten eine in erster Linie wirtschaftlich begründete Zielsetzung verfolgen, d.h. die möglichst weitgehende, nicht-diskriminierende Beteiligung am Binnenmarkt. In diesem Fall könnten wir uns damit begnügen, dem EWR beizutreten. Dies bedeutete, dass wir am EG-Binnenmarkt unter Bedingungen teilhaben, die denjenigen eines EG-Mitgliedlandes nahekommen. Wir zögen daraus wirtschaftliche Vorteile. Unsere Integrationspolitik im Rahmen des EWR könnte sich auf institutionelle Mittel abstützen, die zwar begrenzt, aber doch nicht unerheblich sind. Damit wären wir aber lediglich Beteiligte an der europäischen Integration, mit der Möglichkeit, auf deren Entwicklung einen gewissen Einfluss zu nehmen, jedoch ohne Mitbestimmungsrecht. Ausserdem ist zu berücksichtigen, dass wir im Bereich der Wirtschafts- und Währungspolitik sowie der Aussen- und Sicherheitspolitik abseits der neuen Entwicklungen der europäischen Integration stehen würden.

Wir könnten zu einer pragmatischen, punktuellen Integrationspolitik zurückkehren, wie wir sie vor Beginn des Prozesses verfolgten, der zum EWR-Abkommen geführt hat. Dies setzt jedoch voraus, dass die Gemeinschaft einer solchen Politik zustimmt, was mehr als unsicher ist. In jedem Falle wäre diese Politik die Folge einer Ablehnung sowohl des EWR als auch des EG-Beitritts. Wir müssen uns aber der Tatsache bewusst sein, dass damit unsere Mittel zur Einflussnahme auf die europäische Entwicklung beschränkt wären. Eine Integrationspolitik unter diesen Bedingungen erreichte keinesfalls mehr als eine Politik im Rahmen des EWR. Wir befänden uns weitgehend in einem einseitigen Abhängigkeitsverhältnis gegenüber der EG. Damit ist nicht gesagt, dass wir in dieser Situation durch eine systematische Anpassung unserer Rahmenbedingungen an die Entwicklung in der EG nicht die wirtschaftlichen Nachteile einer solchen pragmatischen und punktuellen Politik zum Teil ausgleichen könnten. Dennoch ginge damit eine Satellisierung der Schweiz einher. Aus der Tatsache, dass wir diese Entwicklung vor Beginn des Prozesses, der zum EWR-Abkommen geführt hat, vermeiden konnten, dürfen wir nicht schliessen, dass uns dies auch in Zukunft gelingen wird, denn die Umstände haben sich verändert. Die EG verlangt heute von den EFTA-Ländern, dass sie ihre Beziehungen zur EG auf der Basis der Harmonisierung ihrer nationalen Gesetzgebungen mit dem EG-Recht entwickeln. Dies ist verständlich, da es nicht mehr nur um den Abbau der Zollgebühren und quantitative Einfuhrbeschränkungen geht, sondern um die Inländerbehandlung bei der Vermarktung von Produkten und Dienstleistungen und um die Nichtdiskriminierung beim Zugang zu und der Ausübung von Wirtschaftstätigkeiten.

Wollen wir hingegen unsere Integrationspolitik nicht rein auf Verfolgung von weitgehend wirtschaftlichen Interessen beschränken, sondern uns auch zum Ziel setzen, dass die Schweiz vollumfänglich an den Entscheidungen im europäischen Rahmen teilhaben kann, bleibt keine andere Wahl als der EG-Beitritt. Die Schweiz sollte als gleichberechtigter Partner mit ihren Nachbarn an der Gestaltung der Politik in Europa teilnehmen und damit in der Lage sein, ihre Interessen wirksam wahrzunehmen. Diese Perspektive steht ihr nur im Falle eines EG-Beitritts offen.

Quellenangabe zum Auszug:
Bericht des Bundesrates vom 18. Mai 1992 über einen Beitritt der Schweiz zur Europäischen Gemeinschaft (92.053), https://www.fedlex.admin.ch/eli/fga/1992/3_1185__/de

Literatur

Bundesrat (2010): *Bericht über die Evaluation der schweizerischen Europapolitik (in Beantwortung des Postulats Markwalder [09.3560] «Europapolitik. Evaluation, Prioritäten, Sofortmassnahmen und nächste Integrationsschritte»* vom 17. September 2010, BBl 2010 7239.

Bundesrat (2015): *Bericht des Bundesrates in Beantwortung des Postulats Keller-Sutter (13.4022), «Freihandelsabkommen mit der EU statt bilaterale Abkommen»* vom Juni 2015. Bern.

Bundesrat (2019): *Bericht über die Konsultationen zum institutionellen Abkommen zwischen der Schweiz und der Europäischen Union.* Bern: Juni 2019.

Cottier, T. (2019): Der Strukturwandel des Aussenwirtschaftsrechts. *Swiss Review of International and European Law,* 29(2), 203–229.

Cottier, T. et al. (2014): *Die Rechtsbeziehungen der Schweiz und der Europäischen Union.* Bern: Stämpfli Verlag AG.

Eidgenössisches Justiz- und Polizeidepartement (2020): *Bundesrat und Sozialpartner lehnen die Begrenzungsinitiative ab.* Bern: Juni 2020.

Europa Barometer (2020): Umfrage durchgeführt von gfs.bern im Auftrag der Credit Suisse. Bern: November 2020.

Europäische Kommission (2017): *Weissbuch zur Zukunft Europas. Die EU der 27 im Jahr 2025 – Überlegungen und Szenarien.* Brüssel.

Europäische Kommission (2019): *Gemeinsame Mitteilung an das Europäische Parlament, den Europäischen Rat und den Rat, EU-China – Strategische Perspektiven,* 12. März 2019, JOIN(2019) 5 final.

Europäischer Rat (2017): *Leitlinien im Anschluss an die Mitteilung des Vereinigten Königreichs gemäss Artikel 50 EUV,* 29. April 2017.

Freiburghaus, D. (2015): *Königsweg oder Sackgasse? Schweizerische Europapolitik von 1945 bis heute* (2. Aufl.). Zürich: NZZ Libro.

Gentinetta, Katja & Kohler, Georg (Hrsg.) (2010): *Souveränität im Härtetest. Selbstbestimmung unter neuen Vorzeichen.* Zürich: NZZ Libro.

Gentinetta, Katja, Scholten, Heike (2015): Konstruktion und Dekonstruktion: Identität und Wirklichkeit der Agglomeration. In: Georg Kreis (Hrsg.): *Städtische versus ländliche Schweiz? Siedlungsstrukturen und ihre politischen Determinanten.* Zürich: NZZ Libro, S. 119–138.

Goetschel, Laurent & Wasserfallen, Fabio (2021): Aussenpolitik. In: *Handbuch der Schweizer Politik,* Y. Papdopoulos, P. Sciarini, A. Vatter, S. Häusermann, P. Emmenegger und F. Fossatti (Hrsg.), 7. Auflage, Kapitel 7.1., Zürich: NZZ Libro.

Kellenberger, Jakob (2014): *Wo liegt die Schweiz? Gedanken zum Verhältnis CH-EU.* Zürich: NZZ Libro.

Müller, Felix E. (2020): *Kleine Geschichte des Rahmenabkommens: Eine Idee, ihre Erfinder und was Brüssel und der Bundesrat daraus machten.* Zürich: NZZ Libro.

Novak, Eva (2016): Wirtschaft ergreift Flucht nach vorne: Eine Studie zeigt Versäumnisse der Wirtschaft: Die Leute wissen gar nicht, worum es bei den Bilateralen genau geht. Jetzt startet Interpharma eine Roadshow. *Zentralschweiz am Sonntag;* 4.9.2016; https://sensor advice.ch/news/#post-687_(abgerufen am 30.4.2021).

Oesch, Matthias (2020): *Schweiz – Europäische Union: Grundlagen, Bilaterale Abkommen, Autonomer Nachvollzug.* Zürich: EIZ Publishing.

Schneider-Ammann, Johann N. (2020): Rahmenabkommen: Drei Klarstellungen reichen nicht aus. Die Souveränitätsfrage muss angesprochen werden. Gastkommentar in der *Neuen Zürcher Zeitung,* 19.9.2020.

Scholten, Heike (2014): Europapolitik und europapolitische Kampagnen in der Schweiz; in: Heike Scholten, Klaus Kamps (Hrsg): *Abstimmungskampagnen. Politikvermittlung in der Referendumsdemokratie.* Springer, Wiesbaden.

Scholten, Heike (2020): Es wird persönlich. In: *Die Zeit Schweiz,* 1. März 2020; https://sensoradvice.ch/news/#post-3422 (abgerufen am 30.4.2021).

Scholten, Heike & Tissot, Fabienne (2020): Reden über die Schweiz und Europa. Analyse von Gruppendiskussionen zu den Beziehungen zwischen der Schweiz und Europa, zum institutionellen Abkommen und zur Eidgenössischen Volksinitiative «Für eine massvolle Zuwanderung (Begrenzungsinitiative)»; https://sensoradvice.ch/news/#post-2993 (abgerufen am 30.4.2021).

Vatter, A. (2018): *Das politische System der Schweiz.* 3. Auflage. Baden-Baden: Nomos.

5. Aussenhandel und Investitionen: Unter direktdemokratischer Beobachtung

Charlotte Sieber-Gasser

Die Herausforderungen in der Aussenwirtschaftspolitik der kommenden Jahre werden die Schweiz prägen. Abgesehen von der Bewältigung der wirtschaftlichen und gesellschaftlichen Folgen der Covid-19-Pandemie stechen insbesondere drei Gründe hervor, weshalb sich die schweizerische Aussenwirtschaftspolitik grundlegend verändern wird: Wir befinden uns aktuell an der Schwelle zur zweiten Phase der Digitalisierung. Robotik, künstliche Intelligenz und das Internet der Dinge folgen auf den grundlegenden Umbau des internationalen Handels der vergangenen 20 Jahre; weg vom Handel mit Endprodukten, hin zum Handel mit Teil- und Zwischenprodukten innerhalb von globalen Wertschöpfungsketten.

Dass damit zunehmend Aussenwirtschaftspolitik mit Innenpolitik verschmilzt, ist nicht ohne Weiteres vereinbar mit dem bestehenden Aufbau der politischen Institutionen der schweizerischen halbdirekten Demokratie. Während auch andere demokratische Staatsformen – wie die repräsentative Demokratie – politisch mit den Herausforderungen der Globalisierung zu kämpfen haben, stellen insbesondere die direktdemokratischen Mitspracherechte in der Schweiz sowohl Chance wie auch Risiko für Rechtssicherheit und Interessenwahrung in der Aussenwirtschaftspolitik dar.

Schliesslich zeichnet sich ab, dass der gemeinsame globale Markt in grosse Wirtschaftsblöcke zerfällt, die untereinander die international geltenden Regeln bestimmen. Die Schweiz als unabhängige, vergleichsweise kleine Volkswirtschaft droht dabei zwischen die Fronten zu geraten, verliert an Mitbestimmungsmöglichkeiten und an Möglichkeiten zur Interessenwahrung über den Rechtsweg. Der folgende Beitrag[1] führt diese drei prägenden Elemente der Aussenwirtschaftspolitik der kommenden Jahre weiter aus, insbesondere mit Fokus auf Handelsabkommen und ausländische Direktinvestitionen. Wie zum Schluss diskutiert wird, drängt sich die Beschäftigung mit den Vor- und Nachteilen einer unveränderten schweizerischen Aussenwirtschaftspolitik gegenüber einer neuen Ausrichtung derselben auf.

Strukturwandel: Standards statt Zölle

Als in den 1980er-Jahren die WTO-Abkommen verhandelt wurden, wurde weltweit noch primär mit Endprodukten gehandelt; das Internet und die Liberalisierung des Dienstleistungshandels waren noch gar nicht erfunden. Im Ergebnis reflektieren die 1995 in Kraft getretenen WTO-Abkommen daher Marktrealitäten, die so nur noch teilweise vorkommen. Heute ist der globale Handel in weiten Teilen entlang von globalen Wertschöpfungsketten strukturiert, und über die Hälfte des globalen Güterhandels besteht aus Teilprodukten und Bestandteilen. Der Anteil an Dienstleistungen im globalen Handel steigt kontinuierlich, während zuletzt der Anteil an Handel mit Daten zu bedeutender Grösse gewachsen ist.

Zölle auf Güter, die erfolgreich über die multilateralen Verhandlungsrunden der WTO in Industriestaaten auf im Durchschnitt nur noch 1,5 Prozent reduziert werden konnten, spielen deshalb für den Aussenhandel nur noch eine untergeordnete Rolle. Viel wichtiger sind die gegenseitige Anerkennung von Standards, der Schutz des geistigen Eigentums und die Aufrechterhaltung der globalen Wertschöpfungsketten. Demzufolge versprechen die gegenseitige Anerkennung und die Harmonisierung von Produktions- und Produktestandards den grösseren wirtschaftlichen Nutzen als eine weitere Reduktion von Zöllen. Standards greifen aber in das geltende nationale Recht ein, was die strikte Trennung zwischen Aussen- und Innenpolitik zunehmend erschwert (siehe auch Cottier, 2019). Zudem bleiben die WTO-Abkommen sowie die grosse Mehrzahl der Freihandelsabkommen der Schweiz strukturell auf die Reduktion von Zöllen ausgerichtet. Es fehlen demnach umfassende multilaterale oder bilaterale Bestimmungen über die wirtschaftlich notwendig gewordene Reduktion der technischen Handelshemmnisse.

Dies führt unter anderem dazu, dass das geltende Wirtschaftsvölkerrecht (multilaterale, z. B. WTO, wie auch regionale, z. B. EWR, CPTPP, sowie bilaterale Handelsabkommen) einen regulatorischen Anreiz für multinationale Unternehmen schafft, ihre Produktion in Länder zu verlegen, in denen neben den Lohnkosten auch die geltenden Standards tief sind, um damit die Produktionskosten zu senken. Dies ist an und für sich unproblematisch, solange dabei weiterhin dem Klima-, Umwelt- und Menschenrechtsschutz Rechnung getragen wird und die Senkung der Produktionskosten nicht über eine Unterbietung der geltenden nicht produktbezogenen Mindestvorschriften (sogenannter race to the bottom) stattfindet. Weil insbesondere die WTO-Abkommen bewusst handelsbezogene Fragen des Umwelt- und Klimaschutzes oder der Menschenrechte vom Geltungsbereich des Wirtschaftsvölkerrechts ausklammern, verhindern sie diesen «race to the bottom» nicht automatisch, und es ist an den Mitgliedstaaten, in diesen Bereichen Recht zu setzen. Allerdings bleiben die WTO-Mitgliedstaaten auch dann an das Prinzip der Nichtdiskriminierung gebunden – nationale, handelsbezogene Verpflichtungen in den Bereichen Klima-, Umwelt- und Menschenrechtsschutz dürfen grundsätzlich keine extraterritoriale Geltung erlangen und nicht zwischen unterschiedlichen Herkunftsländern von Gütern und Dienstleistungen unterscheiden. Daher ist es insbesondere nicht möglich, unilateral die Unterbietung von nicht produktbezogenen Produktionsvorschriften durch die Verlegung der Produktionsstätte ins Ausland zu verhindern. Angesichts der internationalen Unternehmensmobilität heute und dem nicht unwesentlichen Anteil des internationalen Handels z. B. am Klimawandel erscheint diese reduzierte Betrachtungsweise von Handel als isolierter, unabhängiger Politikbereich folglich nicht mehr zeitgemäss.

Während die schweizerische Exportwirtschaft aus strukturellen Gründen bisher vergleichsweise weniger stark von einer Auslagerung von Arbeitsplätzen betroffen war, führt die Tatsache, dass multinationale Unternehmen mobil sind und andernorts tatsächlich ihre Produktionsstätte ins Ausland verlegt haben, auch in der Schweiz zu einem «regulatory chill»-Effekt: Strengere Vorschriften im schweizerischen Markt werden umgehend mit der Gefahr der Abwanderung in Verbindung gebracht. Diese Haltung verstärkt den Eindruck in globalisierungskritischen Bevölkerungsschichten, dass der Schweiz im Zuge der Globalisierung die Kontrolle über die eigene Politik entglitten ist. Es ist zudem fraglich, inwiefern die Schweiz auf diese Weise weiterhin ihren anderen völkerrechtlichen Verpflichtungen nachkommen kann, insbesondere da Widersprüche mit den UN Sustainable Development Goals und den Klimazielen im Pariser Klimaübereinkommen augenscheinlich sind.

Damit im Zusammenhang steht auch die Politik der Schweiz in Bezug auf Direktinvestitionen im Ausland (FDI). Die Schweiz ist Sitz-staat vieler multinationaler Unternehmen und Konzerne und verfügt damit über einen wesentlichen Anteil am globalen FDI. Einerseits ist dies zurückzuführen auf die zunehmende Internationalisierung schwei-zerischer Unternehmen, anderseits auch auf den Zuzug ausländischer Konzerne in die Schweiz. Insgesamt zeigt sich, dass die Schweiz etwas mehr im Ausland investiert als das Ausland in der Schweiz. Neben In-frastruktur und politischer Stabilität punktete die Schweiz als Firmen-standort bisher auch mit tiefen Steuern. Mit der Unternehmenssteuer-reform und den damit verbundenen internationalen Bemühungen, Good Practices durchzusetzen im Steuerwettbewerb, schwächt sich die-ser komparative Vorteil der Schweiz ab. Zudem zeigt sich, dass auch der uneingeschränkte Marktzugang zum EU-Binnenmarkt sowie die Ver-fügbarkeit von talentierten Arbeitskräften immer wichtiger werden für den Entscheid über den Standort des Firmenhauptsitzes. Entsprechend entscheiden sich multinationale Unternehmen jüngst eher gegen die Schweiz und für einen Sitz in der Europäischen Union, etwa in den Nie-derlanden, Irland oder Luxemburg. Die Standortpolitik der Schweiz einzig über Unterbietung der Unternehmenssteuern und ein Minimum an Vorschriften für ausländische Unternehmen gerät daher zunehmend ins Stocken.

Mit dem Bedeutungsverlust der WTO und dem damit verbunde-nen Erstarken regionaler Wirtschaftsblöcke (EU, CPTPP, RCEP usw.) verschiebt sich auch das regulatorische Forum weg vom multilateralen Forum der WTO hin zu den bilateralen Verhandlungen zwischen den grössten Volkswirtschaften. Die Schweiz verliert damit als unabhängige, vergleichsweise kleine Volkswirtschaft die Möglichkeit, sich in den Ent-scheidfindungsprozess einzubringen. Bisher verfolgt die Schweiz eine sogenannte neutrale Handelspolitik, in der sie sich den Zugang zu allen wichtigen Absatzmärkten über bilaterale Handelsabkommen rechtlich absichert. Es ist denkbar, dass diese Strategie an ihre rechtlichen Gren-zen stösst, beispielsweise dann, wenn die jeweils verlangten Ursprungs-regeln sowie die Produkte- und Produktionsstandards in den wichtigen Absatzmärkten miteinander unvereinbar werden (siehe auch Sieber-Gasser, 2015).

Da die schweizerische Volkswirtschaft bereits heute stark geprägt ist von Dienstleistungen und hoch spezialisierten technischen Gütern, dürfte die zweite Phase der Digitalisierung keinen allzu starken Druck auf den schweizerischen Arbeitsmarkt ausüben. Eher im Gegenteil dürfte es schweizerischen Unternehmen dank des Einsatzes von Robotik und dem Internet der Dinge in Zukunft eher wieder möglich sein, einzelne der aktuell ins Ausland ausgelagerten Produktionsschritte in die Schweiz zurückzuholen. Eine gezielte Bildungspolitik und der Einsatz der neuen digitalen und technischen Möglichkeiten dürften der Schweiz sogar potenziell neue Handelsnischen eröffnen und insgesamt die Exportindustrie stärken.

In dieser Hinsicht befindet sich die Schweiz in einer ausserordentlich privilegierten Ausgangslage: Die zweite Phase der Digitalisierung stellt eine reelle Gefahr dar für die Einbindung von Schwellen- und Entwicklungsländern in den globalen Markt. Es ist daher nicht auszuschliessen, dass die globale Ungleichheit – auch angesichts der massiven Herausforderungen in Bezug auf die Bewältigung der Folgen der Covid-19-Pandemie – substanziell zunehmen wird, was wieder auch für die Schweiz spürbar sein dürfte, beispielsweise über einen Rückgang der internationalen Nachfrage nach Schweizer Produkten, über Immigration oder eine aggressivere Abwerbungspolitik von Produktionsstätten der Schwellen- und Entwicklungsländer.

Staatsform: Die direkte Demokratie als Herausforderung

Bereits seit dem Ersten Weltkrieg, dem Ende der sogenannten ersten Globalisierungswelle, zählt die Schweiz international zu den offensten und vernetztesten Volkswirtschaften. Zurückgeführt wird dies einerseits auf die erfolgreiche Umstrukturierung der Schweizer Wirtschaft nach der Schaffung des Bundesstaats 1848 und anderseits auf das institutionelle Umfeld, das diese Umstrukturierung möglich machte. Als besonders wichtig erachtet wird die Tatsache, dass mit der Verfassungsreform von 1874 das Referendum eingeführt wurde. Dieses setzte dem Bundesrat und den Wirtschaftseliten Grenzen in ihrer Entscheidungsfreiheit und trug zu einer Aussenwirtschaftspolitik bei, die auch die Anliegen der wirtschaftlich Schlechtergestellten mitberücksichtigte. Entscheidend für die Schaffung des Wohlfahrtsstaats Anfang des 20. Jahrhunderts war demnach die politische Notwendigkeit – insbesondere wegen des Referendums –, eine Balance zu finden zwischen den Gewinnern und Verlierern der ersten Globalisierungswelle. Die direktdemokratische Mitsprache hat folglich wesentlich dazu beigetragen, dass die Schweiz die

Chancen der Industrialisierung weitgehend zum Vorteil der gesamten Bevölkerung nutzen konnte.

Die Spannung zwischen Demokratie, Souveränität und Globalisierung ist ein globales Phänomen, das sich in den vergangenen 20 Jahren weiter akzentuiert hat: Aussenwirtschaftspolitik befasst sich nicht mehr länger nur mit zwischenstaatlichen Beziehungen – was bisher die Exekutivlastigkeit auch in der Schweiz institutionell zu rechtfertigen vermochte –, sondern wirkt sich immer stärker auf den innenpolitischen Handlungsspielraum aus. Während diese Spannung in allen westlichen Demokratien Fragen betreffend die Legitimation der Teilnahme am globalisierten Markt aufwirft, ist diese Spannung im Legitimitätsverständnis in der halbdirekten Demokratie der Schweiz von ungleich grösserem Gewicht: Das Staatsverständnis der Schweiz bedingt nämlich, dass sich staatliches Handeln an der Mehrheitsmeinung der stimmberechtigten Bevölkerung orientiert. Andernfalls bestehen über die Volksinitiative und das Referendum institutionelle Vetomöglichkeiten, die den Staat zwingen, sein Handeln rückgängig zu machen, oder ihn daran hindern, seine Vorhaben umzusetzen. So geschehen beispielsweise in der Volksabstimmung 1992 über den Beitritt zum EWR: Wäre die Schweiz eine repräsentative Demokratie, wäre sie angesichts der überaus klaren Mehrheitsverhältnisse im Bundesrat und in der Bundesversammlung damals wohl dem EWR beigetreten. Der Entscheid, nicht dem EWR beizutreten, prägt die Aussenwirtschaftspolitik der Schweiz auch fast 30 Jahre später noch wesentlich. Hier zeigt sich deutlich, dass die Staatsform der halbdirekten Demokratie zwar der Legitimation der Aussenwirtschaftspolitik dienen kann, aber die Interessenwahrung erschwert oder wenigstens verzögert.

Im Gegensatz zu anderen Politikbereichen in der Schweizer Aussenpolitik sind die vergangenen 20 Jahre geprägt von einer Reihe von Volksinitiativen und Referenden, die den Aussenhandel und damit die wirtschaftliche Globalisierung der Schweiz betreffen. Vermehrt hat die Schweiz in den vergangenen Jahren zudem über Vorlagen abgestimmt, die sich grundsätzlich mit innenpolitischen Anliegen befassten, aber mit Argumenten der Inkompatibilität mit den Verpflichtungen im Wirtschaftsvölkerrecht verworfen wurden. Während «internationalisierte» Vorlagen (also Vorlagen mit einer aussenpolitischen Dimension) in den 1960er-Jahren noch 17 Prozent aller Initiativ- und Referendumsabstimmungen ausmachten (Sciarini, 2017, S. 175), liegt dieser Anteil seit den 2000er-Jahren teilweise bei über 50 Prozent (Sieber-Gasser, 2019).

Aus einiger Distanz gesehen, scheint es, als käme das Schweizer Demokratiemodell bisher mit der Realität einer immer grösseren Durchmischung von Innen- und Aussenpolitik relativ gut zurecht. Überdies scheint der Bundesrat bis heute selten sonderlich Mühe gehabt zu haben, öffentliche Unterstützung für die von ihm bevorzugte Position in internationalisierten Abstimmungsvorlagen zu gewinnen: So fielen etwa seit 1960 in keiner Dekade weniger als 60 Prozent der internationalisierten Abstimmungsresultate im Sinn der bundesrätlichen Empfehlung aus (Sciarini, 2017, S. 176). Solche Zahlen könnten zum Schluss verleiten, das System der halbdirekten Demokratie verschone die Schweiz vom viel diskutierten Trade-off zwischen Internationalisierung und innenpolitischer Legitimation.

Jüngste Entwicklungen geben aber durchaus Anlass zur Sorge, dass das labile Gleichgewicht zwischen Internationalisierung und innenpolitischer Legitimität gefährdet und damit auch die Konfliktualität der bundesrätlichen Aussenpolitik verschärft ist. So zeichnet sich eine zunehmende Tendenz ab, dass Abkommen, die noch vor einem Jahrzehnt als politisch ungefährdet galten, von «unheiligen Allianzen», bestehend aus Akteuren beider Pole der kulturellen Konfliktlinie, bekämpft werden. Ein Gradmesser dafür ist das im Juni 2020 zustande gekommene Staatsvertragsreferendum gegen das Freihandelsabkommen mit Indonesien («Stopp Palmöl»), das sowohl von Bauernorganisationen wie auch von Akteuren der «neuen Linken» mitgetragen wurde. Auch der überaus hitzige Abstimmungskampf über die Konzernverantwortungsinitiative im Herbst 2020 deutet darauf hin, dass sich annähernd eine Mehrheit der Stimmbevölkerung Korrekturen in der Aussenwirtschaftspolitik wünscht.

Für das Staatsverständnis und die politische Kultur der Schweiz ist die direktdemokratische Mitsprache Teil der Legitimität und damit von grosser Bedeutung. Spätestens seit der demokratischen Bewegung der 1860er-Jahre nähren sich Forderungen nach mehr direktdemokratischer Mitbestimmung – gerade auch in der Aussenpolitik – regelmässig aus einer Unzufriedenheit mit der fehlenden oder intransparenten Begründung politischer Entscheide der politischen Eliten und des Bundesrats. So waren die Einführung des Staatsvertragsreferendums 1921 sowie dessen Ausbauschritte 1977 und 2003 jeweils eine institutionelle Antwort auf Bewegungen, die von der Exekutive mehr Rechenschaft über die Motive und Hintergründe ihrer Beratungen in wichtigen aussenpolitischen Dossiers verlangten.

Die Tatsache, dass das Staatsvertragsreferendum seit seiner Einführung 1921 bis heute lediglich elfmal erfolgreich ergriffen wurde,[2] und dies obschon der Anteil der dem fakultativen Referendum unterstellten Staatsverträge 1977 und erneut 2003 stark zugenommen hat, kann als Indiz für die Wichtigkeit seiner präventiven Wirkung gedeutet werden (El-Wakil, 2017). Die präventive Wirkung hängt allerdings in kritischem Mass von der Bereitschaft der Bundesbehörden ab, bereits das Verhandlungsmandat der Vernehmlassung zu unterbreiten und nicht erst das fertige, von Diplomaten unter strenger Geheimhaltung ausgehandelte Endprodukt. Eine solche «Vogel-friss-oder-stirb-Praxis» würde auch bei einer bestehenden Referendumsmöglichkeit den direktdemokratischen Legitimierungsprozess unterlaufen (siehe auch Diggelmann, 2005), wie etwa im Zusammenhang mit den laufenden MERCOSUR-Verhandlungen von verschiedenen Seiten moniert wurde.

In der Aussenwirtschaftspolitik der Schweiz wird aber bisher genau diese Möglichkeit, den Entscheid, exploratorische Gespräche mit potenziellen Handelspartnern aufzunehmen und den Entscheid über die wesentlichen Rahmenbedingungen des Verhandlungsmandats dem direktdemokratischen Legitimierungsprozess über die Vernehmlassung zuzuführen, nicht genutzt. Die Abschaffung der Praxis der «Standardabkommen» und somit die Bereitschaft, neue Freihandels- und Investitionsschutzabkommen generell dem fakultativen Staatsvertragsreferendum zu unterstellen, dürften demnach den Druck erhöhen, über den gesamten Verhandlungsprozess hinweg direktdemokratische Mitsprache zu gewährleisten.

Solange sich die Schweiz transnationalen Legitimationsformen (wie dem Beitritt zum EWR oder zur EU) gegenüber verschlossen zeigt, scheint es folglich unabdingbar, dass die Schweizer Aussenwirtschaftspolitik im Einflussbereich direktdemokratischer Kontrollinstrumente bleibt. Dies erschwert oder verzögert aber bisweilen die Interessenwahrung, insbesondere in komplexen und zeitkritischen Fragestellungen.

Rechtsrahmen: Die Krise des Multilateralismus
Die Aussenwirtschaftspolitik der Schweiz war in beiden Weltkriegen geprägt von einem starken staatlichen Interventionismus und dem sogenannten Vollmachtenregime des Bundesrats (Gesetzgebung allein durch den Bundesrat, ermöglicht dank extrakonstitutionellen Staatsnotrechts). Auch in den Zwischen- und Nachkriegsjahren behielt der Bundesrat

weitreichende Kompetenzen, insbesondere im Hinblick auf die Ver-
sorgungssicherheit. Mit der Revision der Wirtschaftsartikel 1947 und der
Abkehr vom Vollmachtenregime 1952 wurden die Aussenhandels- und
die Investitionspolitik des Bundes schliesslich wieder der demokratischen Mitsprache durch das Parlament und die Bevölkerung zugeführt.
Allerdings hatten sich bis dahin die vom Bundesrat etablierten Grundprinzipien in der Aussenwirtschaftspolitik bereits nachhaltig politisch
gefestigt und wurden in der Folge denn auch bis zum EWR-Nein 1992
kaum infrage gestellt.

Die Aussenpolitik der Schweiz gründete nach dem Zweiten Welt-
krieg in den Leitprinzipien Souveränität, Unabhängigkeit und Neutra-
lität, die nach damals vorherrschender Ansicht einem Beitritt zu den
Nachkriegsinstitutionen im Weg standen. Davon erfasst war auch die
Aussenwirtschaftspolitik. Wegen der starken Nachfrage nach Gütern aus
der Schweiz im Rahmen des europäischen Wiederaufbaus bestand lange
Zeit kein Bedarf, an der bestehenden Orientierung und Regelung der
Aussenwirtschaftspolitik etwas zu ändern.

Im Zuge der europäischen Integrationsbemühungen setzte sich die
Schweiz für eine Alternative zur EWG ein – für die europäische Frei-
handelszone –, die später zur Gründung der EFTA führte. Die Schweiz
sah in der EFTA die Möglichkeit, Agrarprotektionismus und nationale
Souveränität mit Freihandel zu vereinen. Auch trat die Schweiz dem
GATT-1947-Abkommen erst 1966 bei, als geklärt war, dass die Währungspolitik der Schweiz unabhängig bleiben würde und auch der Agrarprotektionismus weiterhin möglich wäre.

Widerstand sowohl innerhalb der Schweiz wie auch insbesondere
aus Frankreich verhinderte zunächst eine Assoziierung oder Annäherung der EFTA an die EWG. Erst im Hinblick auf den Beitritt der EFTA-
Mitglieder Dänemark, Irland und Grossbritannien zur EWG 1973 wurde
es möglich, ein Freihandelsabkommen zwischen den verbleibenden
EFTA-Staaten und der EWG auszuhandeln. Dieses Freihandelsabkommen legte den Grundstein für die Aussenwirtschaftspolitik der Schweiz
sowohl gegenüber der EWG und später der EU wie auch gegenüber dem
Rest der Welt: eine pragmatische Integrationspolitik, die supranationale
Elemente vermeidet und den Agrarprotektionismus unberührt lässt.

Anfang der 1990er-Jahre begann die Schweiz (bzw. die EFTA) damit, weitere Freihandelsabkommen zu verhandeln. Das Abkommen mit
der Türkei von 1992 war das erste weitere Abkommen, danach folgten

die Abkommen mit Israel (1993), mit den Färöer-Inseln (1995) und mit der Palästinensischen Behörde und Marokko (beides 1999). Seit dem Jahr 2000 folgten – neben den bilateralen Abkommen mit der EU – eine ganze Reihe an neuen Freihandelsabkommen,[3] die die Schweiz entweder im Rahmen der EFTA oder bilateral verhandelt und abgeschlossen hat. Die EFTA profitierte davon, als Versuchsballon zu dienen für aussereuropäische Märkte, die den europäischen Markt in einem überschaubaren Rahmen austesten wollten, bevor sie Verhandlungen mit der EU aufnehmen.

Ganz unabhängig agierte die EFTA folglich nicht: Obwohl die EFTA-Mitgliedstaaten eigenständig Verhandlungen führten, war die Auswahl der potenziellen Vertragspartner doch zu einem wesentlichen Anteil von der EU geprägt. Bis 2016 gelang es der EFTA, mit einigen Zielländern vor der EU ein Freihandelsabkommen abzuschliessen und sich damit einen zeitlichen Vorsprung gegenüber den Anbietern der EU in Bezug auf den präferenziellen Marktzugang zu sichern (siehe auch Oesch, 2020).

Seit die EU eine offensive Aussenwirtschaftspolitik verfolgt und umfassende Handelsabkommen abschliesst, hat sich die Dynamik geändert: Die neuen Handelsabkommen der EU sind deutlich umfangreicher als die bestehenden Freihandelsabkommen der EFTA bzw. der Schweiz, womit sich die EU einen besseren Marktzugang sichern kann, sogar auch mit Staaten, mit denen die Schweiz zuvor bereits ein Abkommen abgeschlossen hat. Das erste Beispiel dafür ist das EFTA-Abkommen mit Kanada: Durch den Abschluss des CETA-Abkommens der EU mit Kanada geraten EFTA-Anbieter gegenüber EU-Anbietern auf dem kanadischen Markt ins Hintertreffen, trotz eigenem Freihandelsabkommen (Sieber-Gasser, 2015). Dieser Trend setzt sich fort; so gelang es beispielsweise der EU, sich vor den EFTA-Staaten mit MERCOSUR auf einen (provisorischen) Vertragstext zu einigen, auch führt die EU gegenwärtig Verhandlungen mit Märkten (z. B. Australien und Neuseeland), in denen die EFTA-Staaten bisher noch keinen präferenziellen Marktzugang haben. Demgegenüber scheinen die Verhandlungen über die Vertiefung und Modernisierung der bestehenden EFTA-Freihandelsabkommen (z. B. mit Kanada) mit dem Ziel, den Rückstand gegenüber der EU aufzuholen, wenn überhaupt nur schleppend vorwärtszukommen.

Gleichzeitig ist die schweizerische Aussenwirtschaft zunehmend geprägt von den Beziehungen zwischen den USA und China. Einerseits betreffen die im Rahmen des Handelskonflikts zwischen den USA und China erhobenen Strafzölle und Schutzmassnahmen auch die Schweiz, anderseits ist die Schweiz auch bemüht darum, die wirtschaftliche Abhängigkeit vom Marktzugang zum EU-Binnenmarkt mit alternativen Abkommen zu reduzieren. Mit Ausnahme der USA verfügt die Schweiz 2020 mit allen grösseren bestehenden Absatzmärkten über ein Freihandelsabkommen. Verhandlungen mit den USA scheiterten bisher offiziell am schweizerischen Agrarprotektionismus. Neuere Abkommen wie mit MERCOSUR oder Indonesien zielen auch darauf ab, neue Absatzmärkte zu erschliessen. Der Druck, neue, umfassende Freihandelsabkommen abzuschliessen und die bestehenden eher flachen Abkommen zu vertiefen, wird in Zukunft steigen: Der Multilateralismus ist in der Krise, und damit ist auch der WTO-Mindeststandard im globalen Markt nicht mehr ohne Weiteres gewährleistet. Bilaterale Freihandelsabkommen gewinnen deshalb an Bedeutung für die Rechtssicherheit in den Handelsbeziehungen der Schweiz.

Dass die Schweizer Aussenwirtschaftspolitik bisweilen am Volk vorbei politisiert, zeigte sich Anfang der 1990er-Jahre deutlich in der Abstimmung über den Beitritt zum EWR. Abgesehen von den Volksabstimmungen über die bilateralen Abkommen – die ebenfalls nicht unumstritten waren –, wurde bisher erst zweimal über ein internationales Handels- oder Investitionsschutzabkommen abgestimmt (FHA Schweiz – EU 1972; EWR 1992). In diesem Kontext ist auch das 2003 eingeführte fakultative Staatsvertragsreferendum (Art. 141 Abs. 1 lit. D Ziff. 3 BV) zu verstehen: Mit der Einführung des fakultativen Staatsvertragsreferendums sollte die demokratische Mitsprache in der Aussenpolitik gestärkt werden.

Nichtsdestotrotz hat sich bisher an der Exekutivlastigkeit der Aussenwirtschaftspolitik in der Schweiz wenig geändert. Verdeutlicht wird dies insbesondere durch die ab 2003 entwickelte – parallel zur Einführung des fakultativen Staatsvertragsreferendums –, umstrittene Praxis der «Standardabkommen»: Freihandelsabkommen sowie Investitionsschutzabkommen wurden dem fakultativen Staatsvertragsreferendum nicht unterstellt mit der Begründung, die Annahme eines Abkommens habe auch Geltung für alle weiteren «ähnlichen» Staatsverträge. Die Praxis der «Standardabkommen» wurde im August 2019 abgeschafft, nachdem die Vernehmlassung über einen Vorentwurf für ein Bundesgesetz zur vereinfachten Genehmigung von Freihandelsabkommen nur eine geringe Zustimmung ergab. Entsprechend deutet die aktuelle Rechtsentwicklung auf Staatsebene darauf hin, dass die Aussenwirtschaftspolitik künftig von mehr direktdemokratischer Mitsprache geprägt sein wird als bisher.

Als kleine, unabhängige Volkswirtschaft ist die Schweiz auf die Gewährleistung ihrer Aussenhandelsinteressen über den Rechtsweg angewiesen, denn die Durchsetzung der eigenen Handelsinteressen über wirtschaftliche Sanktionen und Schutzmassnahmen steht der Schweiz im Gegensatz zum EU-Binnenmarkt, China oder den USA kaum zur Verfügung. Entsprechend schwer wiegen deshalb die jüngsten Entwicklungen im globalen Markt: Die im Zuge des Handelskriegs zwischen den USA und China ergriffenen Strafzölle und Schutzmassnahmen – allesamt mutmasslich unvereinbar mit den WTO-Abkommen – betreffen die Schweiz sowohl indirekt über eine Verteuerung in den Wertschöpfungsketten als auch direkt über unilateral ergriffene Schutzmassnahmen, insbesondere durch die EU. Die durch den Handelskrieg und die Covid-19-Pandemie hervorgerufene globale Wirtschaftskrise wird den Schutz des regelgebundenen globalen Markts und der Handelsinteressen der Schweiz zusätzlich erschweren, insbesondere weil gegenwärtig die WTO und deren Streitbeilegungsverfahren nur noch reduziert funktionsfähig sind und eine rasche Entspannung auch nach dem Machtwechsel in Washington nicht zu erwarten ist (siehe auch Sieber-Gasser, 2020).

Die gegenwärtige Krise des Multilateralismus ist aber nicht allein auf den Handelskrieg und die Covid-19-Pandemie zurückzuführen. Einerseits war die WTO schon seit längerer Zeit blockiert, die durch die strukturellen Veränderungen im globalen Markt notwendig gewordenen Reformen in den WTO-Abkommen vorzunehmen. Anderseits trat 2001 mit China ein globaler Wirtschaftsakteur der WTO bei, der dank des eigenen Staatskapitalismus über strukturelle Wettbewerbsvorteile verfügt – und diese auch nutzt. Bestrebungen der anderen WTO-Mitglieder, China über den Rechtsweg und den politischen Dialog zur Einhaltung der gemeinsamen Regeln zu bewegen, waren nur teilweise erfolgreich. Der beispiellose Aufstieg Chinas vom Entwicklungsland zur gegenwärtig zweitgrössten Volkswirtschaft der Welt ging entsprechend auch auf Kosten anderer Märkte – und dies nicht immer unter Einhaltung fairer Handelspraktiken. Dass die WTO nicht in der Lage ist, faire Wettbewerbsbedingungen unter Beteiligung des chinesischen Staatskapitalismus zu gewährleisten, hat unter anderem dazu beigetragen, dass sich auch andere grosse Märkte nicht mehr bedingungslos an die gemeinsamen Handelsregeln halten.

In ihren Handels- und Investitionsbeziehungen mit China verfolgt die Schweiz bisher eine pragmatische Politik. So verfügt die Schweiz beispielsweise seit 2014 über ein Freihandelsabkommen mit China (Ratifikation ohne fakultatives Referendum). Mutmasslich unfaire Handelspraktiken thematisiert die Schweiz lediglich im Rahmen der gemischten Ausschüsse dieses Freihandelsabkommens und verzichtet damit auf eine Teilnahme an den Streitbeilegungsverfahren gegen China im Rahmen der WTO. In Bezug auf die bilateralen Handelsbeziehungen scheint diese Strategie bisher die Gewährleistung der Schweizer Aussenhandelsinteressen zu erfüllen.

Deutlich umstrittener hingegen sind chinesische Direktinvestitionen in der Schweiz wie beispielsweise bei der Übernahme von Syngenta durch Chem China 2016. Dies primär, weil chinesische Konzerne häufig direkt vom Staat kontrolliert sind (sogenannte Staatsunternehmen) und mit der Übernahme von Schweizer Unternehmen auch der Einfluss der chinesischen Regierung auf die Schweizer Wirtschaft steigt. In diesem Zusammenhang hat die Bundesversammlung im März 2020 gegen den Widerstand von Teilen der Wirtschaft und des Bundesrats die Einführung von Investitionskontrollen beschlossen.

Weitgehend verschont war die Schweiz bisher von Investor-Staat-Schiedsverfahren, basierend auf einem der über 100 bilateralen Investitionsschutzabkommen der Schweiz. Nichtsdestotrotz steht auch in der Schweiz die in Investitionsschutzabkommen vorgesehene Investor-Staat-Streitbeilegung in der Kritik, insbesondere wegen deren Intransparenz und des ihr angelasteten übermässigen Eingriffs in demokratische Entscheidungsfindungsprozesse. Während die EU, Kanada und weitere Länder als Reaktion auf die massive Kritik an den Abkommen Massnahmen ergriffen haben, um die Investor-Staat-Streitbeilegung transparenter, fairer und demokratischer auszugestalten, beteiligt sich die Schweiz bisher nicht aktiv an diesen Bemühungen.

Ausblick: Drei Szenarien

Zusammenfassend kann also festgehalten werden, dass der Strukturwandel im globalen Markt dazu führt, dass die bestehenden Freihandelsabkommen der Schweiz zusammen mit den WTO-Abkommen nur noch beschränkt der Interessenwahrung dienen. Modernisierte, umfassende Abkommen sind notwendig, um den Rechtsschutz der schweizerischen Handelsbeziehungen aufrechtzuerhalten. Um dies zu erreichen, ist es allerdings notwendig, den eigenen Markt über den bisherigen Grad an präferenzieller Marktöffnung hinaus zu öffnen. Insbesondere drängt sich zunehmend ein Überdenken des Agrarprotektionismus, der Vermeidung supranationaler Elemente und der relativ bescheidenen Marktöffnung im Dienstleistungshandel auf.

Selbst wenn diese Hindernisse überwunden würden, bleibt unklar, ob die internationale Gemeinschaft die Krise im Multilateralismus überwinden kann oder ob der globale Markt in regionale Wirtschaftsblöcke zerfallen wird. Tritt Letzteres ein, erscheint wahrscheinlich, dass die bisher verfolgte «neutrale» Aussenwirtschaftspolitik der Schweiz an ihre rechtlichen Grenzen stösst; Inkompatibilitäten zwischen den einzelnen Rechtssystemen (z. B. geografische Herkunftsbezeichnungen, Vorsorgeprinzip bei der Produktezulassung) fordern den globalen Markt bereits heute heraus. Die Schweiz könnte somit nicht umhin, sich einer der sich im Entstehen befindenden plurilateralen Rechtsordnungen anzuschliessen und damit Farbe zu bekennen.

Schliesslich zeigt sich, dass die gegenwärtige Tendenz, aussenwirtschaftspolitische Entscheide der direktdemokratischen Mitsprache zuzuführen, zwar der Legitimität der Internationalisierung der Schweiz dient, hingegen die Interessenwahrung teilweise massgeblich erschwert und verzögert. Gegeben, dass annähernd eine Mehrheit der Stimmbevölkerung der gegenwärtigen Aussenwirtschaftspolitik kritisch gegenübersteht, ist auch der innenpolitische Handlungsspielraum zumindest unsicher.

Aus dem Gesagten ergeben sich für die Schweiz verschiedene mögliche Szenarien für die künftige Strategie im Aussenhandel und in den Investitionen:

1) Weiter wie bisher

Wenn die Schweiz keine weiteren aussenwirtschaftspolitischen Massnahmen ergreift (keine neuen grossen Abkommen, z. B. mit den USA) und die bestehenden Freihandelsabkommen nicht modernisiert, setzt sich die bereits bestehende Konzentration auf die Produktion und den Export von Nischenprodukten und Dienstleistungen weiter fort. Die Nachfrage nach Exportgütern der Schweiz wäre dann unabhängig von weiteren Handelskriegen, dem Zerfall der WTO oder wirtschaftlichen Schutzmassnahmen gesichert, die Abhängigkeit von der Durchsetzung der Handelsinteressen über den Rechtsweg gemindert. Die Abwanderung von Unternehmen in den EU-Binnenmarkt würde damit allerdings nicht gebremst, und längerfristig wäre eine solche Nischenstrategie mit einem Verlust an Arbeitsplätzen verbunden und mit einem substanziellen Digitalisierungs- und Innovationsdruck.

2) Positionierung statt «Neutralität»

Demgegenüber würde eine proaktivere Aussenwirtschaftspolitik die Bereitschaft bedingen, umfassende Handelsabkommen abzuschliessen und damit verbunden die bisherige «neutrale» Aussenwirtschaftspolitik aufzugeben. Mit dem Abschluss von neuen, substanziellen Handelsabkommen oder aber auch dem Andocken an bestehende Handelspartnerschaften – wie den EWR, eine allfällige transatlantischen Partnerschaft oder transpazifische Partnerschaft – könnte die Schweiz ihre eigenen Aussenhandelsinteressen rechtlich und politisch besser vor geopolitischen Unsicherheiten und unilateralen Schutzmassnahmen schützen. Dieses Szenario verlangt folglich einen Grundsatzentscheid über den Stellenwert der Exportindustrie in der Schweiz und die künftigen Leitprinzipien der modernen Schweizer Aussenwirtschaftspolitik (z. B. über ein Aussenwirtschaftsgesetz, verbunden mit der Aufhebung des Staatsvertragsreferendums für Freihandels- und Investitionsschutzabkommen, siehe auch Cottier, 2019).

3) Beitritt zur EU

Schliesslich verspricht aus einer rein aussenwirtschaftspolitischen Perspektive ein EU-Beitritt wesentliche Vorteile angesichts der zunehmend überholten bestehenden Freihandelsabkommen der Schweiz und der geopolitischen Entwicklungen: Als EU-Mitglied wäre die Schweiz vor merkantilistischen Tendenzen einzelner wirtschaftlicher Grossmächte (inklusive der EU) geschützt, würde aber im Gegensatz zu einem Andocken an den EWR gleichzeitig Mitspracherechte erhalten. Die Schweiz würde damit Teil der EU-Handelsabkommen und erschlösse sich zusätzlichen Marktzugang ausserhalb Europas. Über 60 Prozent des Schweizer Aussenhandels wären mit einer EU-Mitgliedschaft vor EU-Schutzmassnahmen geschützt. Auch die Abwanderung einzelner Unternehmen ins EU-Ausland würde gebremst. Die Aussenhandelspolitik läge neu in der Kompetenz der EU, dafür könnte sich die Schweiz als Mitglied der EU aktiv an der Aufrechterhaltung der auch von der Schweiz vertretenen Werte in der Aussenhandelspolitik – z. B. Rechtsstaatlichkeit, Multilateralismus, Nachhaltigkeit – beteiligen und müsste nicht mehr aus Rücksicht auf andere wichtige Handelspartner eine «neutrale» Aussenhandelspolitik verfolgen. So oder so ist die Aussenwirtschaftspolitik der Schweiz langfristig nur dann nachhaltig, wenn die damit verfolgte Internationalisierung von der Mehrheit der Bevölkerung unterstützt wird. Ein direktdemokratischer Grundsatzentscheid erscheint damit erstrebenswert, um eine inkohärente Aussenwirtschaftspolitik nach dem Prinzip «trial and error» zu vermeiden. Die Gewissheit über die Unterstützung durch eine Mehrheit der Bevölkerung würde die Planung, aber auch die Umsetzung der Aussenhandelspolitik der Schweiz massgeblich erleichtern. Nicht zuletzt würde ein solcher Grundsatzentscheid populistischen Bestrebungen entgegenwirken, einen Keil zwischen das Stimmvolk und die von bestimmten Kräften als eigenmächtig bezeichnete Classe politique zu treiben und so einfache aussenpolitische Belange in eine Systemfrage hochzustilisieren (Stojanović, 2019).

Anmerkungen zu Kapitel 5

1   Das vorliegende Kapitel hat von der wertvollen Mitarbeit von Prof. Dr. Dominik Gerber profitiert.

2   Lediglich zwei gegen Staatsverträge ergriffene Referenden – 1923 (Abkommen mit Frankreich betreffend Hochsavoyen) und 1976 (Darlehen an die Internationale Entwicklungsorganisation) – erhielten die Unterstützung der Stimmbevölkerung.

3   Stand Ende 2020 sind es 31 Freihandelsabkommen mit 41 Partnerstaaten.

Literatur

Cottier, Thomas (2019): «Der Strukturwandel des Aussenwirtschaftsrechts», *SRIEL* 29:2:203.

Diggelmann, Oliver (2005), *Der liberale Verfassungsstaat und die Internationalisierung der Politik*. Stämpfli, Bern.

El-Wakil, Alice (2017): «The Deliberative Potential of Facultative Referendums: Procedure and Substance in Direct Democracy», *Democratic Theory* 4:1, 59–78.

Oesch, Matthias (2020): «Wird die handelspolitische Autonomie der EFTA-Staaten überschätzt?», *EuR* 1:2020:329.

Sciarini, Pascal (2017): «Direct Democracy in Switzerland: The Growing Tension Between Domestic and Foreign Politics», in: Saskia P. Ruth, Yanina Welp, Laurence Whitehead (Hrsg.), *Let the People Rule? Direct Democracy in the Twenty-First Century*. ECPR Press, Colchester, 169–186.

Sieber-Gasser, Charlotte (2020): «In engen Grenzen – Kleine Volkswirtschaften, der Handelskrieg und COVID-19», *SRIEL* 30:2:203.

Sieber-Gasser, Charlotte (2019): Die Internationalisierung des Rechts und Eidg. Volksabstimmungen in der Schweiz, https://www.researchgate.net/publication/334732775_Die_

Internationalisierung_des_Rechts_und_Eidg_Volksabstimmungen_in_der_Schweiz (abgerufen am 11.6.2021).

Sieber-Gasser, Charlotte (2015): «Das Ende der bilateralen Handelsabkommen?», *Sui Generis* sui-generis.ch/10.

Stojanović, Nenad (2019): «Democrazia diretta e populismo», in: Enrico Biale & Corrado Fumagalli (Hrsg.), *Innovazioni democratiche*. Fondazione Giancarlo Feltrinelli, Milano, 169–225.

6. Finanzen und Währung: Trotz Schocks agil

Aymo Brunetti, Cédric Tille

Die Schweizer Finanzmärkte und ihre Institutionen waren schon immer sehr international ausgerichtet. Das zeigt sich etwa daran, dass der Schweizer Franken (Geldpolitik) und der Schweizer Finanzplatz (Finanzsektor) international eine Bedeutung haben, die angesichts der Bevölkerungszahl unseres Landes kaum zu erwarten wäre. Entsprechend wichtig sind die internationalen Finanzbeziehungen. Seit der grossen Finanzkrise des Jahres 2008 hat sich das institutionelle Umfeld, die internationale Finanzarchitektur also, gewaltig verändert. Gleichzeitig hat sich das internationale Wirtschaftsumfeld substanziell geändert durch die weitergehende finanzielle Globalisierung, sinkende Zinsen, die steigende Bedeutung von Themen wie Digitalisierung und Klimawandel und jüngst die Covid-19-Pandemie.

Die Finanzmarktpolitik[1] der Schweiz orientiert sich an den drei übergeordneten Zielen der Wettbewerbsfähigkeit, der Stabilität und der Integrität (gemeint ist hier in erster Linie die Reputation). Diese bestimmen folglich auch die Aussenpolitik in diesem Bereich. So steht seit Jahren der Wechselkurs im Zentrum der Schweizer Geldpolitik; dessen Entwicklung hat einen sehr direkten Einfluss auf die preisliche Wettbewerbsfähigkeit der Gesamtwirtschaft und auf die Stabilität des Finanzsektors. Die Finanzmarktpolitik der letzten Jahrzehnte wiederum bemüht sich um ein Umfeld, das einen gegenüber anderen Finanzplätzen wettbewerbsfähigen Finanzsektor begünstigt, dessen Integrität und damit Reputation sich an der internationalen Spitze bewegt.

Dieser Beitrag skizziert das sich rasch ändernde internationale Umfeld für die Finanzmärkte und die Geldpolitik und beleuchtet die

Implikationen dieser Entwicklungen für die Schweizer Finanzaussen-politik. Der erste Abschnitt beleuchtet die finanzielle Globalisierung und die veränderte internationale Finanzinfrastruktur. Im zweiten Abschnitt werden die Situation des Schweizer Finanzplatzes und die Finanzmarktregulierung diskutiert, und im dritten Abschnitt folgt die Analyse der Geldpolitik und ihrer veränderten globalen Herausforderungen. Der letzte Abschnitt zieht ein Fazit zu den aussenpolitischen Herausforderungen.

Finanzielle Globalisierung und veränderte internationale Finanzarchitektur

Die Globalisierung stellt sowohl in Bezug auf die Handelsströme[2] als auch in finanzieller Hinsicht die grösste Veränderung in der Weltwirtschaft seit 1990 dar. Die finanzielle Integration, gemessen am Wert der mit der Schweiz verbundenen grenzüberschreitenden Vermögenswerte[3] im Verhältnis zum Bruttoinlandprodukt (BIP), hat sich seit 1990 fast vervierfacht – vom 3,7-Fachen des BIP auf das 13,9-Fache. Obschon dieser Trend in allen Industrieländern zu beobachten ist, sind diese Vermögenswerte für die Schweiz aufgrund ihrer Position als internationaler Finanzplatz deutlich höher.

Finanzielle Globalisierung bedeutet, dass Finanzmarktschwankungen einen immer grösseren Einfluss auf Konjunkturschwankungen ausüben. Mehrere Studien der letzten Jahre (Rey, 2016) heben die Rolle des globalen Finanzzyklus im Unterschied zum Konjunkturzyklus hervor. Ersterer verstärkt die Gesamtwirkung der Wirtschaftspolitik der wichtigsten Länder, hauptsächlich der Vereinigten Staaten aufgrund der zentralen Rolle des Dollars bei Finanzaktivitäten. Zudem verlagern Anleger bei sinkender Risikobereitschaft ihr Vermögen in sichere, vornehmlich in der Schweiz befindliche Anlagen. Diese Umschichtung führt in Zeiten von Spannungen zu einer verstärkten Nachfrage nach dem Schweizer Franken. Dieses Phänomen ist zwar nicht neu, aber es wurde durch die Globalisierung verstärkt.

Banken spielen eine wesentliche Rolle bei der Globalisierung des Schweizer Finanzplatzes, obschon ihr Einfluss in den letzten zehn Jahren abgenommen hat. Abbildung 1 veranschaulicht ihre Grösse (Gesamtvermögen in Prozent des BIP, durchgezogene Linie) und ihre internationale Ausrichtung (Anteil des im Ausland investierten Vermögens, gestrichelte Linie). Die Grösse hat zwischen 1990 und 2007 deutlich zugenommen und ist vom Dreifachen auf das Fünffache des BIP angestiegen. Jedoch führte die Finanzkrise von 2007 bis 2008 zu einem starken Rückgang.[4] Die internationale Ausrichtung verstärkte sich zwischen 1990 und 2007, wobei die jeweilige Zunahme der Grösse einer Bank ihre Expansion ins Ausland widerspiegelt. Seither ist es zu einer Trendwende gekommen. Im Zentrum standen dabei die Grossbanken.

Dieser Bankenzyklus ist kein rein schweizerisches Phänomen: Er lässt sich in allen Industrieländern, insbesondere in Europa, beobachten. Die kontinuierliche Zunahme der finanziellen Globalisierung seit der Krise von 2007 und 2008 widerspiegelt somit andere Faktoren als die Bankaktivitäten. Der erste Faktor ist der Preisanstieg der Finanzanlagen, der ihren Wert auf mechanische Weise hat ansteigen lassen. Der zweite Faktor ist eine verstärkte Präsenz von Nichtbank-Akteuren. Im Fall der Schweiz hat die Nationalbank durch ihre Devisenkäufe zur Begrenzung der Frankenaufwertung eine wichtige Rolle gespielt (Tille, 2007).

Eine weitere wichtige Veränderung seit 1990 sind die sinkenden Zinssätze. Abbildung 2 veranschaulicht dies im Fall der Staatsanleihen. Mehrere wissenschaftliche Studien (Bean et al., 2015) verweisen auf

Abbildung 1: Bilanzsummen der Schweizer Banken, Grösse und Zusammensetzung
Vermögen in Prozent des BIP (linke Skala), Anteil des Auslandvermögens (rechte Skala)
Quelle: Schweizerische Nationalbank

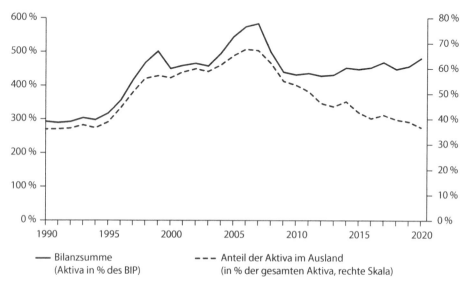

— Bilanzsumme
(Aktiva in % des BIP)

– – – Anteil der Aktiva im Ausland
(in % der gesamten Aktiva, rechte Skala)

Abbildung 2: Zinssätze, zehnjährige Bundesanleihen
Quelle: Schweizerische Nationalbank

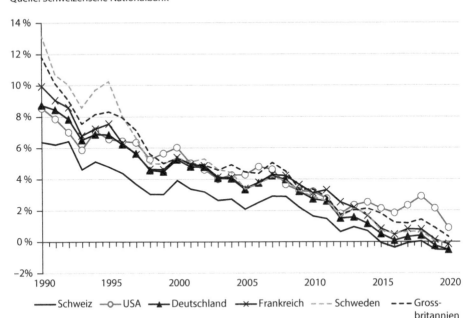

—— Schweiz —o— USA —▲— Deutschland —✕— Frankreich - - - Schweden - - - Grossbritannien

strukturelle Faktoren wie den wachsenden Anteil von Ländern mit hoher
Sparquote in der Weltwirtschaft, eine alternde Bevölkerung, rückläufiges
Produktivitätswachstum und eine erhöhte Nachfrage nach sicheren Anlagen. Die Schweiz ist von diesem globalen Trend besonders betroffen, da
das Zinsniveau historisch gesehen niedriger ist als anderswo. Diese
Grundtendenz erklärt, warum die Leitzinsen in mehreren Industrieländern in den Negativbereich gefallen sind.

Die Schweiz ist daher von den globalen Trends besonders betroffen,
und die daraus resultierenden Zwänge für die Zentralbanken sind deutlicher zu spüren.

Veränderte globale Finanzarchitektur

Die grosse Finanzkrise von 2008 hat in den meisten Ländern zu einer
starken Veränderung der Finanzmarktregulierung geführt. Noch grösser
aber war die Veränderung der internationalen Zusammenarbeit auf diesem Gebiet. Eine ganze Reihe neuer, einflussreicher Organisationen bestimmen heute nicht nur die internationale Zusammenarbeit, sondern

wirken weit in die nationale Gesetzgebung, Regulierung und Finanz-
marktaufsicht hinein. Abbildung 3 fasst dies zusammen.

2008 wurde die G20 als Forum der wichtigsten Industrie- und
Schwellenländer ins Leben gerufen. Diese neue Institution ist über den
sogenannten G20 Finance Track der Dreh- und Angelpunkt der heutigen
internationalen Zusammenarbeit in der globalen Finanzmarktpolitik.
Die Schweiz ist nicht Mitglied der G20, weil die Schweizer Wirtschaft
nicht gross genug ist, um zu den 20 führenden Wirtschaftsnationen
gezählt werden zu können. Betrachtet man allerdings allein den Stellenwert des Finanzplatzes, so würde unser Land wohl in dieses Gremium
gehören, und dies wäre angesichts der zentralen Bedeutung der G20 in
der Gestaltung der internationalen Finanzmarktarchitektur vorteilhaft.
Immerhin nimmt die Schweiz jedoch regelmässig auf Einladung hin an
Aktivitäten des G20 Finance Tracks teil. Dort treffen sich die Finanzmi-
nister und Zentralbankspitzen der G20 sowie die Vertreter der wichtigsten internationalen Finanzinstitute IWF, Weltbank, OECD sowie Financial Stability Board (FSB). Die Schweiz ist in den drei erstgenannten,
schon lange etablierten Organisationen ebenso Mitglied wie in der für
die internationale Zusammenarbeit der Zentralbanken wichtigen Bank
für Internationalen Zahlungsausgleich (BIZ). Auch ist die Schweiz Mitglied beim Financial Stability Board (FSB), einer relativ neuen internationalen Organisation, die von der G20 2009 ins Leben gerufen wurde. Das
FSB spielt heute die zentrale Rolle bei allen Fragen zur internationalen
Koordination bei der Regulierung des Finanzsektors.

Das FSB hat seinen Sitz bei der BIZ in Basel. Wie Abbildung 3 zu
entnehmen ist, vereinigt diese Organisation heute die relevanten internationalen Koordinationsgremien für die Regulierung von Banken, Versicherungen, Effektenhandel/Börse und Zahlungsverkehr/Marktinfra-
strukturen.

Die Schweiz ist ebenso Mitglied bei verschiedenen anderen, relativ
jungen internationalen Gremien, die sich mit für die nationalen Regulierungen relevanten gemeinsamen Standards beschäftigen. Das Global
Forum, das die Umsetzung internationaler Standards für Transparenz
und Informationsaustausch begleitet, sowie die Financial Action Task
Force, die sich mit der Bekämpfung der Geldwäscherei und der Terroris-
musfinanzierung befasst, haben die Schweizer Finanzmarktregulierung
der letzten Jahre stark geprägt. Im Global Forum wurde der automatische
Informationsaustausch vorbereitet, der das Umfeld für die Schweizer

Abbildung 3: Wichtigste Akteure der internationalen Finanzarchitektur
Quelle: Staatssekretariat für internationale Finanzfragen (SIF) (2017, S. 24)

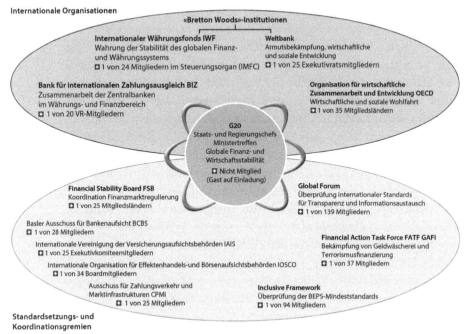

Vermögensverwaltung seit der Finanzkrise stark verändert hat, wie wir im zweiten Abschnitt ausführen werden.

Diese starke Ausweitung der internationalen Koordination in der Finanzmarktpolitik war einer der Hauptgründe, dass in der Schweiz auf nationaler Ebene 2010 das Staatssekretariat für Internationale Finanzfragen (SIF) geschaffen wurde. Ziel war primär eine Stärkung und bessere Sichtbarkeit der schweizerischen Position in Finanz- und Steuerfragen auf internationaler Ebene.

Finanzplatz und Finanzmarktregulierung

In diesem Abschnitt wenden wir uns dem Schweizer Finanzplatz und seiner internationalen Einbettung zu. Zunächst erläutern wir die massiven strukturellen Schocks, die im vergangenen Jahrzehnt zu einer starken Anpassung der internationalen Wettbewerbsposition des Schweizer Finanzsektors geführt haben. Dann diskutieren wir den Umsetzungsstand internationaler regulatorischer Vorgaben für den Finanzsektor in der Schweiz, bevor wir uns dem schwierigsten Thema der internationalen Finanzaussenpolitik zuwenden, dem Marktzutritt in der EU.

Strukturelle Schocks

Der Schweizer Finanzplatz wurde seit der Finanzkrise durch zwei signifikante strukturelle Schocks getroffen, die durch die globale wirtschaftliche Entwicklung und die internationale Wirtschaftspolitik ausgelöst wurden.

Der erste Schock war die Abschaffung des steuerlichen Bankgeheimnisses für Ausländer. Das Bankgeheimnis wurde jahrzehntelang als entscheidender Eckpfeiler für die international ausserordentlich erfolgreiche Schweizer Vermögensverwaltung und damit für das für den Finanzsektor bei Weitem wichtigste Exportgeschäft betrachtet. Es war letztlich zu einem guten Teil dieser Standortfaktor, der es erlaubte, einen Finanzplatz aufzubauen, der im Verhältnis zur Grösse des Landes ungewöhnlich gross und wichtig war. Die regulatorische Besonderheit der Schweiz, ausländischen Kunden schweizerischer Banken de facto die Steuerhinterziehung zu erleichtern, wurde schon seit Jahrzehnten immer wieder kritisiert und führte dazu, dass die Schweiz regelmässig auf diversen grauen und schwarzen Listen internationaler Organisationen auftauchte. Mit dem Stress, den die Finanzkrise 2008 für alle Staatshaushalte auslöste, intensivierte sich der Druck auf die Schweiz, sich hier internationalen Gepflogenheiten anzupassen. 2012 akzeptierte der Bundesrat das Unvermeidliche und beschloss, mit den wichtigsten internationalen Handelspartnern ein Regime mit automatischem Informationsaustausch von steuerrelevanten Bankkundendaten zwischen den Behörden zu etablieren. Mit diesem Entscheid war das steuerliche Bankgeheimnis für Ausländer Geschichte.

Der zweite Schock wurde durch die regulatorischen Anpassungen nach der grossen Finanzkrise ausgelöst. Dieses globale Ereignis hatte seinen Ursprung im Finanzsektor, weshalb es kaum überrascht, dass mit einer Regulierungsoffensive versucht wurde, die wichtigsten Löcher zu stopfen. Für den Finanzsektor und insbesondere die Banken bedeutete dies überall eine sehr rasche Anpassung der Rahmenbedingungen, die das Geschäft verteuerte. Dies betraf einmal die deutliche Stärkung der Regulierungen zum Kundenschutz, die das Geschäft mit Privatkunden verkomplizierte. Dies bedeutete aber vor allem auch zusätzliche Anforderungen an die Banken, um die Verlusttragfähigkeit in Krisen und damit die Finanzstabilität zu stärken. Für die Schweiz von besonderer Bedeutung war in diesem Zusammenhang die weitergehende Verschärfung der Vorgaben für die Finanzinstitute, die als «too big to fail» eingestuft wurden. Diese Institute (in der Schweiz betrifft dies zurzeit UBS, Credit Suisse, Raiffeisen, ZKB und Postfinance) müssen einerseits höhere Kapitalanforderungen erfüllen, also grössere Sicherheitspolster haben, um allfällige Verluste wegstecken zu können. Andererseits müssen sie aber auch ihre Geschäfte so organisieren, dass sie im Konkursfall abgewickelt werden können, ohne die nationale oder internationale Finanzstabilität zu gefährden. Derartige, angesichts der in der grossen Finanzkrise offenbarten Risiken verständliche Vorgaben zwangen die Finanzinstitute zu deutlichen und weitgehenden Restrukturierungen und Neuausrichtungen des Geschäftsmodells.

Beide Ereignisse brachten eine so starke Veränderung der Rahmenbedingungen für das Geschäftsmodell der Finanzindustrie mit sich, dass ein eigentlicher Strukturbruch zu befürchten war. Die Daten belegen tatsächlich einen starken Strukturwandel im Finanzsektor und hier in erster Linie im Bankensektor.

Abbildung 4 zeigt einen Vergleich der relativen Entwicklung des BIP-Anteils[5] des Finanzsektors (Bank- und Versicherungsdienstleistungen) für fünf global wichtige Finanzplätze seit der grossen Finanzkrise. Die meisten Finanzplätze erlitten in den ersten Jahren nach der Finanzkrise einen relativen Bedeutungsverlust. In Grossbritannien, Hongkong und der Schweiz ist das Vorkrisenniveau im relativen BIP-Anteil noch nicht erreicht.

Am deutlichsten war der Rückgang in der Schweiz, und zwar von einem BIP-Anteil von 13,3 Prozent im Jahr 2007 auf 9,4 Prozent im Jahr 2018. Der relative Vergleich bestätigt die Vermutung, dass die Strukturanpassung im hiesigen Finanzsektor besonders gross war; dennoch ist festzuhalten, dass der absolute Rückgang nicht so stark war, da die Schweiz in dieser Periode ein positives Wirtschaftswachstum verzeichnen konnte, und dass der BIP-Anteil mit etwas unter 10 Prozent im internationalen Vergleich auch heute immer noch gross ist. Die Schweiz ist nach wie vor ein Finanzzentrum mit globaler Ausstrahlung. Dies zeigt sich insbesondere auch darin, dass der ebenfalls stark international ausgerichtete Versicherungssektor – im Gegensatz zum Bankensektor – in den letzten Jahren keinen Bedeutungsverlust zu verzeichnen hatte; sein BIP-Anteil blieb konstant.

Abbildung 4: Markanter Rückgang der relativen Bedeutung des Schweizer Finanzsektors
Quellen: OECD (2020a und 2020b); Singapore Department of Statistics (2020); Census and Statistics
Department Hong Kong Special Administrative Region (2020)

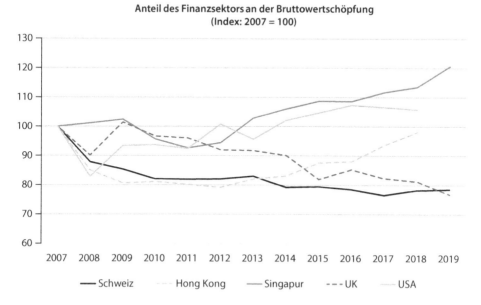

Wenn wir die Entwicklung des wichtigsten internationalen Geschäfts des Schweizer Finanzsektors, der Vermögensverwaltung, ansehen,
dann zeigt sich ein differenziertes Bild. Nach 2007 war zwar ein deutlicher Rückgang der verwalteten ausländischen Vermögen zu verzeichnen, der sicher auch zum Teil den Auswirkungen der grossen Finanzkrise
geschuldet war. Aber in den Jahren 2010 bis 2012, als sich das Ende des
traditionellen Bankgeheimnisses für ausländische Kunden immer stärker
abzeichnete, gab es keinen weiteren Einschnitt mehr. Das deutet darauf
hin, dass die Schweiz bei der Verwaltung ausländischer Vermögen doch
noch über eine Reihe anderer, wesentlicher Vorteile verfügen muss. Dies
bestätigt sich, wenn wir die Schweiz mit anderen international bedeutenden Standorten für ausländische Vermögen vergleichen.[6]

Umsetzungsstand international vereinbarter Finanzregulierungen
Insbesondere seit der Finanzkrise von 2008 haben sich die regulatorischen Vorgaben für den Finanzsektor stark verändert. Wegweisend für
die nationale Umsetzung waren dabei die Richtlinien, die in den oben
genannten internationalen Gremien gemeinsam erarbeitet wurden. Die

Schweiz ist, was die Umsetzung dieser Vorgaben betrifft, besonders weit gegangen, wie eine neue Analyse des Swiss Finance Institute (SFI) (2020) aufzeigt, die einen umfassenden, global vergleichbaren Index konstruiert. Für unsere Fragestellung interessant ist dabei vor allem der Index,

Abbildung 5: Index zum Umsetzungsstand internationaler Standards der Finanzregulierung
Quelle: Swiss Finance Institute (SFI), 2020

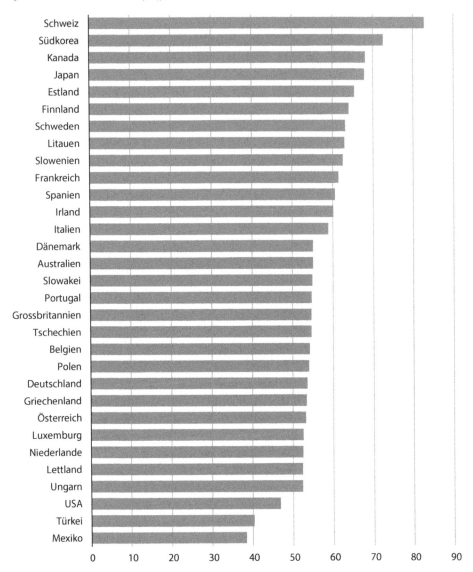

der den Stand der Umsetzung internationaler Standards für die Finanzmarktregulierung misst. Er basiert auf drei unterschiedlich gewichteten
Teilindizes für die Bankenstabilität (60 Prozent), den Informationsaustausch (20 Prozent) und die Geldwäscherei (20 Prozent).

Abbildung 5 zeigt, dass die Schweiz den höchsten Indexstand aufweist, also das Land ist, das die internationalen Standards zur Finanzmarktregulierung am weitgehendsten umgesetzt hat.

Besonders bemerkenswert ist dabei der Wert für den mit 60 Prozent
deutlich am höchsten gewichteten Teilindex der Umsetzung der Basler
Vorgaben für die Bankenregulierung. Die Schweiz steht hier mit einem
Wert von 74 deutlich vor den zweitplatzierten Ländern Japan und Kanada mit einem Wert von 60. Bei der oft diskutierten Geldwäscherei
weist die Schweiz im internationalen Vergleich einen respektablen, nicht
aber einen Spitzenwert auf. Und beim Themenfeld der Steuerhinterziehung hat sich ihre Position seit der Einführung des automatischen Infor-
mationsaustauschs markant verbessert.

Die Schweiz kann also heute mit Fug und Recht als weitgehend
vorbildlich betrachtet werden, was die Umsetzung internationaler Standards der Finanzmarktregulierung betrifft. Dies kontrastiert stark mit
dem Image eines abgeschotteten, nach eigenen Regeln funktionierenden
«Steuerhinterziehungsparadieses», das dem Schweizer Finanzplatz in der
internationalen Wahrnehmung während der Nachkriegszeit lange an-
haftete. Zumindest seit der grossen Finanzkrise von 2008 entspricht dieses Zerrbild nicht mehr der Realität; der Schweizer Finanzplatz zeichnet
sich heute vielmehr durch solide, international breit anerkannte institutionelle Rahmenbedingungen aus. Angesichts der jahrzehntelangen
negativen Schlagzeilen dürfte es allerdings noch eine Weile dauern, bis
sich diese Bemühungen auch nachhaltig im internationalen Image des
Schweizer Finanzplatzes niederschlagen.

Das schwierigste Thema: Der Marktzugang in Europa

Die seit der grossen Finanzkrise in allen Ländern zu beobachtende Regulierungswelle im Finanzbereich hat eine für den Schweizer Finanzplatz besonders relevante Konsequenz: Sie erschwert dessen Marktzutritt für Finanzdienstleistungsexporte, und das vor allem im besonders
wichtigen EU-Markt. Dies ist einerseits eine Folge der Tatsache, dass die
Regulierungsunterschiede zwischen den Ländern anwachsen. Zwar bemüht sich die Schweiz meist darum, ihre Regulierungen so anzupassen,

dass die Differenz zur EU nicht zu gross wird. Die national unterschiedlich umgesetzten Anpassungen an internationale Standards vergrössern
die Unterschiede dennoch spürbar. Dazu kommt andererseits, dass
innerhalb der EU seit der grossen Finanzkrise eine deutliche Tendenz
festzustellen ist, die Weiterentwicklung der Finanzmarktregulierung
von der nationalstaatlichen auf die gemeinschaftliche Ebene zu verlagern. Und einige der neuen Regeln, etwa die Notwendigkeit, für den
Vertrieb von Dienstleistungen eine Tochtergesellschaft in einem EU-
Land zu haben, können eine abschottende Wirkung gegenüber dem
Export von Schweizer Finanzdienstleistungen entfalten. Seit Jahren ist
deshalb die Befürchtung eines zunehmend erschwerteren Zugangs zum
EU-Markt, insbesondere für die Dienstleistungen der Schweizer Vermögensverwalter, eine zentrale Motivation für die Entwicklung strate-
gischer Ansätze in der Finanzmarktpolitik (siehe etwa Beirat Zukunft
Finanzplatz, 2019).

Das grundsätzliche Problem von Reformen in diesem Bereich ist,
dass Anpassungen der Regulierungen in der Schweiz allein nicht ausreichen. Um den Marktzugang zu erhalten, ist zwingend ein Einverständnis
der EU-Länder nötig. Somit sind Reformschritte von Erfolgen an der
internationalen Verhandlungsfront abhängig. Jede Strategie gegenüber
der EU bewegt sich dabei im schwierigen und politisch aufgeladenen
Umfeld der bilateralen Beziehungen der Schweiz mit der EU. Mit dem
einseitigen Abbruch der Verhandlungen über das Rahmenabkommen
wurde eine wichtige Chance verpasst, die Grundlagen für den künftigen
Marktzugang zu sichern.

In dieser Ausgangslage – und wenn man von der politisch unrealis-
tischen Option eines Beitritts zum EWR oder gar zur EU absieht – gibt es
gegenüber der EU im Wesentlichen zwei Ansatzpunkte: die Aushandlung
eines Finanzdienstleistungsabkommens oder den Versuch, Äquivalenz-
anerkennungen zu erreichen.[7] Die letzten Jahre haben aber gezeigt, dass
beide Wege nur sehr schwer zu beschreiten sind.

Lange Zeit stand der Weg über ein Finanzdienstleistungsabkom-
men im Vordergrund. Die EU signalisierte nach 2012 eine gewisse
Bereitschaft, über ein Abkommen zu sprechen, das sich auf Finanzdienstleistungen beschränkt. Relativ rasch aber wurde klar, dass die
innenpolitischen Widerstände gegen ein solches Vorhaben bedeutend
sein würden. Es zeigte sich, dass die Finanzbranche in dieser Frage sehr
gespalten ist. Inlandorientierte Banken sehen vor allem die Kosten einer

Anpassung an EU-Regulierungen, ohne dass sie einen direkten Nutzen daraus erkennen, und Kantonalbanken wehren sich gegen die absehbare Forderung der EU, auf die Staatsgarantie (der Kanton haftet im Insolvenzfall für die Verbindlichkeiten) zu verzichten. Je detaillierter die Abklärungen, desto grösser wurden diese Widerstände, bis der Bundesrat das Projekt schliesslich auf absehbare Zeit auf Eis legte. Realistisch betrachtet, ist diese Option heute vom Tisch.

Bleibt als zweite Möglichkeit der Äquivalenzansatz. Die Idee ist dabei, die Schweizer Regulierungen so auszugestalten, dass sie möglichst ähnlich wie in der EU sind, um dann von der EU eine Äquivalenzanerkennung zu erhalten, was den Marktzutritt weitgehend absichert. Auch bei dieser Strategie zeichnet sich aber immer deutlicher ab, dass sie sehr begrenzt ist. Erstens sind für die Schweizer Finanzdienstleistungen sehr wichtige Bereiche, wie etwa die Geschäfte mit privaten Kunden, vom Äquivalenzansatz der EU ausgenommen; ein weitgehender Marktzutritt bleibt deshalb so nicht erreichbar. Und zweitens garantieren ähnliche Regulierungen noch lange keine Äquivalenzanerkennung durch die EU. Die Analyse von Emmenegger und Bigler (2019) kommt insgesamt zum Schluss, dass mit dem Äquivalenzansatz der EU-Marktzugang nur sehr lückenhaft erreicht werden kann. Diese Entwicklungen dämpfen das Potenzial für einen zusätzlichen Marktzugang zur EU. Hier gilt es wohl für die Finanzinstitute vermehrt auf alternative Strategien wie das Ausweichen auf Direktinvestitionen im EU-Raum zu setzen. Auch wird es für die zukünftige Finanzaussenpolitik wichtig sein, Marktzutrittsregelungen mit stark wachsenden, vor allem asiatischen Handelspartnern voranzutreiben.

Geldpolitik

Seit der Finanzkrise von 2007 und 2008 reagieren die Zentralbanken energischer. In der Schweiz wurde die Bilanzsumme der Nationalbank durch Aufstockung der Fremdwährungen stark erhöht. Die Covid-19-Pandemie führte zu einer neuen Welle geldpolitischer Expansion, die zu heiklen Interaktionen zwischen den Zentralbanken führen könnte. Diese stehen in regelmässigem Kontakt und tauschen sich durch die Bank für Internationalen Zahlungsausgleich (BIZ) über ihre Erfahrungen aus. Darüber hinaus sehen sie sich mit neuen Themen wie dem Aufkommen digitaler Währungen und dem Klimawandel konfrontiert.

Neue Instrumente

Neben der Senkung der Zinssätze auf null haben die Zentralbanken eine Reihe von Instrumenten entwickelt, so beispielsweise die markante Erhöhung der Geldmenge (quantitative Lockerung). In der Schweiz veranlasste der Rückzug der in- und ausländischen Investoren in den Schweizer Franken die SNB zu massiven Devisenkäufen zur Stabilisierung des Wechselkurses, der Einführung eines Negativzinses auf die Einlagen der Banken bei der SNB und zur Diversifizierung ihres Portfolios durch Aktienkäufe.

Der Grund für Interventionen auf dem Devisenmarkt ist die wichtige Rolle des Wechselkurses in einer kleinen, offenen Volkswirtschaft wie der Schweiz. Eine starke und plötzliche Aufwertung des Schweizer Frankens hat einen schnellen Rückgang der Preise für Importwaren zur Folge und kann eine Deflation verursachen. Zudem verringert sie die Wettbewerbsfähigkeit der Exportunternehmen, was sich auf Wachstum und Beschäftigung auswirkt. Dieser Einfluss hat sich verändert: Die Aufwertung des Schweizer Frankens 2015 hat sich aufgrund des zunehmenden Einflusses des Transithandels (Rohstoffhandel) und des stärkeren Gewichts der Chemie- und Pharmabranche, die mittlerweile die Hälfte der Exporte ausmacht, kaum auf den Aussenhandel ausgewirkt. Da diese Branche weniger empfindlich auf Wechselkursschwankungen reagiert, wirkt sie sich weniger stark auf die Entwicklung der Aktivität aus (Jordan, 2017).

Die Zentralbanken haben ihr Standardinstrument – die Zinssenkung – so häufig eingesetzt, dass schliesslich Negativzinsen erreicht wurden. Ob weitere Senkungen möglich sind, ist ungewiss, da diese die Haushalte dazu bewegen könnten, ihre Einlagen in Bargeld umzuwandeln. Die Zentralbanken setzen daher eine Vielzahl zusätzlicher Instrumente ein, wie beispielsweise die quantitative Lockerung oder die Neuausrichtung ihrer Portfolios. Ein Beispiel dafür ist der Kauf von hypothekenbesicherten Wertpapieren (MBS) durch die Federal Reserve. In der Schweiz ist dieses Phänomen besonders ausgeprägt. Hier zielt die Geldpolitik darauf ab, die inländischen Zinsen unter den ausländischen Zinsen zu halten, um so eine übermässige Aufwertung des Frankens zu vermeiden (Grisse, 2020). Die expansive Strategie anderer Zentralbanken stellt für die SNB eine Herausforderung dar: Sie ist gezwungen, entweder eine markante Aufwertung des Schweizer Frankens hinzunehmen oder noch stärker zu intervenieren.[8]

Auch die Zentralbanken haben deutlich auf die durch die Covid-19-Pandemie verursachte Rezession reagiert. Ihre Massnahmen haben zu einem starken Anstieg der Geldmenge geführt, einschliesslich des Anteils, den sie nicht direkt kontrollieren. Vom dritten Quartal 2019 bis zum dritten Quartal 2020 hat die Geldmenge M2 in den USA um ein Viertel – dem Äquivalent von 16 Prozent des BIP 2019 – zugenommen, ein deutlich höherer Zuwachs als in den Jahren 2008 bis 2009. Hätte die Federal Reserve also auch die von ihr kontrollierte Geldmenge deutlich erhöht, hätte sich diese Zunahme nicht weiter ausgewirkt. Auch in der Eurozone ist die Geldmenge stark angestiegen (10 Prozent des BIP). Ganz anders ist die Situation in der Schweiz, wo der Anstieg nur 4 Prozent des BIP ausmacht. Diese heterogenen Bewegungen wirken sich auch auf die Wechselkurse aus und führten beispielsweise zu einem starken Rückgang des Dollars. Nach dem Ende der Pandemie werden die Zentralbanken diese Massnahmen rückgängig machen müssen, was zu asymmetrischen Anpassungen zwischen den Ländern führen wird.

Kann die SNB von anderen Zentralbanken erwarten, dass sie die Auswirkungen ihrer Interventionen auf die Schweiz berücksichtigen? Das ist unwahrscheinlich, da ihre Aufgabe in erster Linie darin besteht, die Wirtschaft und die Inflation im eigenen Land zu stabilisieren. Obwohl sich die Zentralbanken im Rahmen der BIZ regelmässig austauschen, findet keine enge Abstimmung ihrer Strategien statt. Krisensituationen bilden bis zu einem gewissen Grad eine Ausnahme, aber nur, weil die Zentralbanken mehrheitlich davon profitieren. Ein Beispiel ist die Liquiditätsversorgung in verschiedenen Währungen durch Swap-Vereinbarungen. Dieses Instrument, das während der Finanzkrise von 2007 und 2008 sowie während der Pandemie 2020 genutzt wurde, ermöglicht es einer Zentralbank, die eine globale Währung (den Dollar) ausgibt, andere Zentralbanken zu versorgen. Dieses Instrument wurde in Krisenzeiten rasch und koordiniert eingesetzt, da alle Zentralbanken ein Interesse daran haben, Probleme in der Funktionsweise der Finanzmärkte zu begrenzen. Dies ist somit keine reine Gefälligkeit, die manche Zentralbanken ihren ausländischen Pendants erweisen.

Ausgeprägter ist die Zusammenarbeit im Rahmen der Finanzstabilitätspolitik, beispielsweise beim Einsatz sogenannter makroprudenzieller Instrumente, die eine Schwächung des Systems verhindern sollen und zu denen die Begrenzung der Hypothekarkredite gehört. Angesichts der Globalität der Märkte haben die Regulierungsbehörden ein Interesse daran, ihre Massnahmen mit dem Ziel einer verstärkten Wirksamkeit zu koordinieren.

Die Strategie der SNB, im grossen Stil Fremdwährungen zu kaufen, um die Stärke des Frankens zu begrenzen, könnte als Versuch wahrgenommen werden, den Wechselkurs zum Nachteil anderer Länder zu «manipulieren».[9]

Kritik kommt vor allem aus den USA, deren Finanzministerium ein Land formell als währungsmanipulierend bezeichnen kann. In solchen Fällen muss die Schweiz darlegen, dass die Interventionen der SNB lediglich Teil ihrer Preisstabilitätsstrategie sind, die auch von anderen Zentralbanken in ähnlicher Weise verfolgt wird. Das geringe Volumen des Bundesanleihenmarkts in der Schweiz bedeutet, dass die SNB ihre Politik im Gegensatz zur Federal Reserve oder der Europäischen Zentralbank nicht über diesen Markt steuern kann. Die Schweiz muss daher regelmässige Kontakte mit den Behörden ausländischer Staaten pflegen, um sicherzustellen, dass ihre Geldpolitik gut verstanden wird.

Neue Einflüsse: Digitale Währungen und Klimawandel

Das Aufkommen digitaler Währungen und der Klimawandel werden die Tätigkeit der Zentralbanken in den kommenden Jahren stark beeinflussen.

Digitale Währungen wie Bitcoin und Libra/Diem stellen die Hauptfunktion einer Zentralbank, nämlich die Bereitstellung eines Zahlungsmittels, direkt infrage. Wird die Fähigkeit der Zentralbanken, Geldpolitik zu betreiben, durch die neuen Währungen untergraben? Für die Industrieländer mag dies kein grosses Risiko darstellen, doch in den Schwellenländern sieht die Situation anders aus: Dort könnten sie die offizielle Währung in Kürze ersetzen. Sollten Zentralbanken proaktiv reagieren und eine offizielle digitale Währung – eine Central Bank Digital Currency – einführen? Elektronisches Geld kann verschiedene Formen mit unterschiedlichen Vor- und Nachteilen annehmen (Auer und Böhme, 2020). Für Konsumenten könnte es eine zusätzliche Option darstellen, aber ob sie in Ländern mit gut funktionierendem Zahlungssystem einen erheblichen Vorteil bieten würde, ist zu bezweifeln. Darüber hinaus befürchten die Zentralbanken, eine übermässige Erleichterung des Geldverkehrs könne zu einem erhöhten Risiko einer Finanzpanik führen. Zudem gilt es, Sektoren zu identifizieren, in denen eine digitale Währung sinnvoller sein könnte. Im Bereich von Zahlungen zwischen Privatpersonen mag diese zwar wenig Nutzen bringen, für Grosszahlungen zwischen Finanzsystemakteuren könnte sie sich jedoch als durchaus attraktiv erweisen.

Das Aufkommen digitaler Währungen wirft für die Banken eine Reihe neuer Fragen auf (Jordan, 2019). Ihre Schaffung, auch durch Zentralbanken, hat nämlich eine ausgeprägte internationale Dimension. Zum einen wäre es beispielsweise wahrscheinlich, dass die Einführung einer digitalen Form der Währung durch eine Zentralbank zu deren Nutzung durch Unternehmen und Haushalte in anderen Ländern führen könnte. Dies würde die Geldpolitik der Zentralbanken dieser Länder erschweren. Zweitens können digitale Währungen diverse technische Formate annehmen und bei einer ungeordneten Entwicklung das Risiko einer Koexistenz inkompatibler Formate bergen.

Die Zentralbanken haben diese Probleme erkannt und beschlossen, ihre Überlegungen im Rahmen der BIZ zu koordinieren. Die BIZ hat mehrere Forschungszentren – eines davon in der Schweiz – eingerichtet. Die Koordination führt dazu, dass sich die Zentralbanken auf bestimmte Themen konzentrieren und so Doppelspurigkeiten vermeiden. So konnten bereits Kernpunkte für die mögliche Schaffung digitaler Währungen durch Zentralbanken festgelegt werden (BIZ, 2020). Die SNB beteiligt sich aktiv an diesen Bemühungen, insbesondere im Bereich der Grosszahlungen.

Der Klimawandel ist eine grosse Herausforderung für die öffentliche Politik – einschliesslich der Wirtschaftspolitik – und bringt potenziell unumkehrbare Veränderungen mit sich. Der Finanzsektor und das nachhaltige Finanzwesen spielen eine zentrale Rolle, aber welcher Art? Niemand bestreitet, dass die globale Erwärmung zu einer Realität geworden ist, aber die einen plädieren dafür, dass das Problem mit Instrumenten angegangen werden muss, die nicht der Zuständigkeit der Zentralbanken unterliegen, beispielsweise mit einer CO_2-Steuer. Andere wiederum (Bolton et al., 2020) argumentieren, dass Zentralbanken bei den erforderlichen Veränderungen eine führende Rolle spielen könnten. Auch wenn das Thema insgesamt umstritten bleibt, zeichnet sich in einigen Punkten bereits ein Konsens ab. Einerseits müssen Wirtschaftsmodelle Klimaereignisse als Ursache wirtschaftlicher Schwankungen einbeziehen. Andererseits kann sich das Klima auf die finanzielle Stabilität auswirken, zum Beispiel durch Bankinvestitionen in besonders betroffenen Branchen.

Wie steht es um die Auswirkungen auf die Beziehungen zwischen den verschiedenen Zentralbanken? Sie sind nicht selbstverständlich, weil eine Zentralbank ihre ökonomischen Modelle anpassen kann, ohne mit ihren ausländischen Pendants kommunizieren zu müssen. Allerdings sind die notwendigen Anpassungen in den wirtschaftlichen und finanziellen Analysemodellen komplex und unsicher, und der Austausch von Erfahrungen und Fachwissen ermöglicht eine bessere Definition der am besten geeigneten Standards und Strategien. Diese Zusammenarbeit wird gerade über das Netzwerk für die Ökologisierung des Finanzsystems (NGFS) umgesetzt (Network for the Greening of the Finanicial System, Maechler und Moser, 2019).

Im Fall der Schweiz führt das Thema Klimawandel zu Diskussionen über die Anlagepolitik der SNB. Diese werden primär auf nationaler Ebene geführt, beruhen jedoch auch auf Erkenntnissen und Leitlinien des internationalen Network for the Greening of the Financial System.

Herausforderungen für die Aussenpolitik

Grosse Teile des Schweizer Finanzsektors sind sehr stark international ausgerichtet; der Finanzplatz hätte ohne diese ausgeprägte Exportorientierung niemals die für ein so kleines Land herausragende internationale Bedeutung. Entsprechend zentral sind die internationalen regulatorischen Entwicklungen einerseits und die Finanzaussenpolitik anderseits.

Die Entwicklung der *regulatorischen Rahmenbedingungen* in der Schweiz war in jüngerer Vergangenheit sehr stark durch internationale Entwicklungen getrieben worden; die Aufgabe des steuerlichen Bankgeheimnisses für Ausländer ist nur eines, aber ein herausragendes Beispiel dafür. In Zukunft dürfte diese Anpassung an internationale regulatorische Entwicklungen allerdings einen deutlich weniger einschneidenden Einfluss haben als im letzten Jahrzehnt. Erstens gehört die Schweiz, wie wir gezeigt haben, inzwischen in den zentralen Bereichen zu den Ländern, die internationale Vorgaben bereits besonders weitgehend erfüllen. Und zweitens war die jüngste Regulierungswelle durch die grosse Finanzkrise ausgelöst worden und hat hier inzwischen die offensichtlichsten Versäumnisse bereinigt. Gerade in der Bewältigung der Covid-19-Krise erweist es sich als segensreich, dass der Finanzsektor heute wesentlich stabiler aufgestellt ist als vor der Finanzkrise. Das ist einer der Gründe, warum diese Krise zumindest bis Ende 2020 die Finanzstabilität nicht grundsätzlich erschüttern konnte.

Was die *Finanzaussenpolitik* betrifft, so gab es in den vergangenen Jahren wesentlich weniger Durchbrüche zu verzeichnen. Beim dominierenden Thema des Marktzutritts in Europa ist eine besonders ernüchternde Entwicklung zu verzeichnen. Es wird in Zukunft eine grosse Herausforderung sein, nur schon den heute gültigen Marktzutritt zu wahren. Mit dem Abschluss eines Rahmenabkommens hätte das Problem entschärft werden können. Aber auch was den aussereuropäischen Marktzutritt betrifft, steht die Finanzaussenpolitik vor einigen Herausforderungen. Abzuwarten bleibt insbesondere, ob die aktuelle Krise zu einer gewissen Deglobalisierung und einer stärkeren Abschottung nationaler Märkte führen wird. Für den ohnehin fragilen internationalen Marktzutritt für Schweizer Finanzdienstleistungen wäre dies gar keine gute Nachricht.

Die externe Dimension der Geldpolitik sollte entlang zweier Achsen verlaufen. Zum einen durch einen regelmässigen Austausch über die Strategien der verschiedenen Zentralbanken, um ein profundes Verständnis für deren Konsequenzen auf andere Länder zu gewinnen. Dabei geht es um die Fortführung der bisherigen Praxis, die im Wesentlichen aus einem Meinungsaustausch ohne Koordination der eigentlichen politischen Massnahmen besteht. Eine Ausnahme bilden akute Krisensituationen. Zum anderen durch ein verstärktes Engagement bei der gemeinsamen Definition von Standards und der Schaffung von Instrumenten zur Bewältigung der neuen Herausforderungen – der digitalen Währungen und des Klimawandels. Auch hier sind von den Zentralbanken gemeinsam ergriffene geldpolitische Massnahmen unwahrscheinlich, aber zumindest sollte die Zusammenarbeit einen gewissen Zusammenhalt gewährleisten.

Anmerkungen zu Kapitel 6

1   Gemeint sind hier die wirtschaftspolitischen Rahmenbedingungen, die im weitesten Sinn die finanzielle und monetäre Entwicklung der Schweiz beeinflussen.

2   Die Summe der Schweizer Exporte und Importe stieg von 68 % des BIP im Jahr 1990 auf 101 % im Jahr 2019.

3   Dies ist die Summe der von Schweizern im Ausland gehaltenen Aktiva und der Passiva der Schweiz gegenüber ausländischen Investoren.

4   Der Wert der Aktiva im Verhältnis zum BIP lag 1990 bei 302 %, bevor er 2007 auf 600 % (+ 298 Punkte) zulegte und 2019 für sämtliche Banken auf 460 % (- 140 Punkte) zurückging.

5   Genauer der Bruttowertschöpfung, die bei Branchenanalysen auf Basis des Produktionskontos der volkswirtschaftlichen Gesamtrechnung verwendet wird. Die Differenz zum BIP ist derart gering (es kommen noch Gütersteuern abzüglich Gütersubventionen dazu), dass wir hier vereinfacht von «BIP-Anteilen» sprechen.

6   Für mehr Details dieser Entwicklungen siehe Brunetti (2019).

7   Es gäbe noch die Möglichkeit, mit einzelnen EU-Mitgliedstaaten, dort, wo das noch möglich ist, bilaterale Marktzugangsvereinbarungen auszuhandeln. Die letzten Jahre haben aber gezeigt, dass sich erstens die relevante Regulierung immer stärker nach Brüssel verlagert und dass zweitens ausser bis zu einem gewissen Grad mit Deutschland bisher mit keinem der anderen wichtigen Mitgliedländer erfolgreich verhandelt werden konnte.

8   Siehe beispielsweise die Beiträge von Danthine, Schiltknecht, Sturm, Swoboda und Wyplosz in Schweizerische Nationalbank (2017).

9   Schwächt die SNB den Schweizer Franken, bzw. begrenzt sie seine Aufwertung, führt der Gewinn an Wettbewerbsfähigkeit der Schweizer Exporteure automatisch zu einem Verlust an Wettbewerbsfähigkeit für ausländische Exporteure.

Literatur

Auer, Raphael & Böhme, Rainer (2020): «The technology of retail central bank digital currencies», BIS Quarterly Review 1/2020, March, pp. 85–100. https://www.bis.org/publ/qtrpdf/r_qt2003.htm (abgerufen am 11.6.2021).

Banque des Règlements Internationaux (2020): «Central bank digital currencies: foundational principles and core features», 9 octobre. https://www.bis.org/publ/othp33.pdf (abgerufen am 11.6.2021).

Banque Nationale Suisse (2017): *Essays in Monetary Economic Issues Today – Festschrift in Honour of Ernst Baltensperger*, Orell Füssli, Zürich, pp. 205–215.

Bean, Charles; Broda, Christian; Ito, Takatoshi & Kroszner, Randall (2015): «Low for Long? Causes and Consequences of Persistently Low Interest Rates», Geneva report of the world economy 17. https://voxeu.org/content/low-long-causes-and-consequences-persistently-low-interest-rates (abgerufen am 11.6.2021).

Beirat Zukunft Finanzplatz (2019): *Roadmap Finanzplatz Schweiz 2020+*, Schlussbericht des Beirates Zukunft Finanzplatz zuhanden des Bundesrates: https://www.newsd.admin.ch/newsd/message/attachments/59938.pdf (abgerufen am 11.6.2021).

Bolton, Patrick,; Despres, Morgan; Awazu Pereira da Silva, Luiz; Sanama, Frédéric & Svartzman, Romain (2020): «The green swan», Banque des Règlements Internationaux, Banque de France. https://www.bis.org/publ/othp31.pdf (abgerufen am 11.6.2021).

Brunetti, Aymo (2019): «Finanzplatz Schweiz, wohin?», Wirtschaftspolitisches Zentrum der Universität St. Gallen, Analyse Nr. 22. www.wpz-fgn.com/wp-content/uploads/PA22FinanzplatzSchweiz20190430.pdf (abgerufen am 11.6.2021).

Census and Statistics Department Hong Kong Special Administrative Region (2020): National Income. Gross Domestic Product (Yearly). https://www.censtatd.gov.hk/hkstat/sub/sp250.jsp?productCode=B1030002 (abgerufen am 11.6.2021).

Emmenegger, Susan & Bigler, Andrea (2019): Fortress Europe: Die Äquivalenzverfahren der EU im Bereich der Finanzdienstleistungen, *Schweizerische Zeitschrift für Wirtschafts- und Finanzrecht*, 02/19.

Grisse, Christian (2020): «The effect of monetary policy on the Swiss franc: an SVAR approach», SNB working paper 2/2020. https://www.snb.ch/n/mmr/reference/working_paper_2020_02/source/working_paper_2020_02.n.pdf (abgerufen am 11.6.2021).

Jordan, Thomas (2019): «Monnaie et jetons numériques», Université de Bâle, 5 septembre. https://www.snb.ch/fr/mmr/speeches/id/ref_20190905_tjn/source/ref_20190905_tjn.fr. pdf (abgerufen am 11.6.2021).

Jordan, Thomas (2017): «Excédent élevé de la balance des transactions courantes: quelles conséquences pour la politique monétaire de la BNS?», Université de Bâle, 23 novembre. https://www.snb.ch/fr/mmr/speeches/id/ref_20171123_tjn/source/ref_20171123_tjn.fr. pdf (abgerufen am 11.6.2021).

Maechler, Andréa & Moser, Thomas (2019): «Risques climatiques et banques centrales: une perspective de la BNS», Genève, 14 novembre. https://www.snb.ch/fr/mmr/speeches/id/ ref_20191114_amrtmo/source/ref_20191114_amrtmo.fr.pdf (abgerufen am 11.6.2021).

OECD (2020a): National Accounts at a Glance. https://stats.oecd.org/viewhtml.aspx?datasetcode =NAAG&lang=en (abgerufen am 11.6.2021).

OECD (2020b): Value added by activity. https://data.oecd.org/natincome/value-added-by-activity.htm (abgerufen am 11.6.2021).

Rey, Hélène (2016): «International Channels of Transmission of Monetary Policy and the Mundellian Trilemma », *IMF Economic Review* 64, pp. 6–35. https://www.imf.org/external/ np/res/seminars/2014/arc/pdf/Rey.pdf (abgerufen am 11.6.2021).

SIF (2017): Bericht über internationale Finanz- und Steuerfragen 2017. https://www.sif.admin.ch/ sif/de/home/dokumentation/publikationen/bericht-ueber-internationale-finanz--und-steuerfragen.html (abgerufen am 11.6.2021).

Singapore Department of Statistics (2020): National Accounts. https://www.singstat.gov.sg/find-data/search-by-theme/economy/national-accounts/latest-data (abgerufen am 11.6.2021).

SFI (2020): «Global Financial Regulation, Transparency and Compliance Index (GFRTCI)», SFI Public Discussion Note.

Tille, Cédric (2017): «Les liens économiques entre la Suisse et le monde: une situation en pleine évolution», *Essays in Monetary Economic Issues Today – Festschrift in Honour of Ernst Baltensperger*, Banque Nationale Suisse ed., Orell Füssli, Zürich, pp. 75–92.

Sustainable Finance: Die Ambitionen der Schweiz

Jean Laville im Gespräch mit Joëlle Kuntz

Jean Laville ist Partner von ConserInvest, einem Beratungsunternehmen für nachhaltiges Investieren mit Geschäftsstellen in Genf und Zürich. Ausserdem ist er stellvertretender Direktor von Swiss Sustainable Finance und eine wichtige Verbindungsperson zwischen der Finanzwelt und den UNO-Organisationen, die Konzepte für die nachhaltige Entwicklung ausarbeiten.

Wir sind dabei, das Modell der Anlageportfolios der 1950er-Jahre zu verlassen – das Modell, das allein die zwei Dimensionen Risiko und Rendite kennt. Das war vor dem Anthropozän. Man hatte noch nicht wahrgenommen, welch mächtige Auswirkungen die menschliche Aktivität auf die Ressourcen, das Klima und die Umwelt hat. Jenes alte Modell erfasste keine Externalitäten, die der Markt nicht abbildet, wie zum Beispiel die Emission von CO_2. Jetzt geht es darum, einen neuen Begriff einzuführen: den der Auswirkungen der Investitionen auf die Gesellschaft und auf die gesamten Bedingungen der Reproduktion und der Umwelterhaltung.

Die Europäische Union ist vorangegangen, indem sie dem Risiko für Umwelt und Klima den gleichen Stellenwert wie den materiellen und finanziellen Risiken gegeben hat. Die Vermögensverwalter sind demnach verpflichtet, ihre Anlagen auf zusätzliche Risiken hin zu überprüfen und alle Informationen über ihre Nachhaltigkeit zu veröffentlichen. Es ist eine Taxonomie (ein Klassifizierungssystem) in Arbeit, um eine gemeinsame Sprache unter den Akteuren zu schaffen und ihnen systematische Entscheide zu erleichtern.

Es besteht eine gewisse Dringlichkeit, den Begriff der «Rendite» zu überdenken: Wie hoch werden die finanziellen Renditen sein, wenn sich der Planet immer schneller erwärmt? Fährt man fort, wie bisher, in die Maschine «Erde» zu investieren, um aus ihr Gewinn zu ziehen, steckt man sie in Brand und zerstört man ihr produktives Kapital. Und was dann?

In der Finanzwelt ist das Bewusstsein für die Zerbrechlichkeit der Erde eine Frage der Generation. Vielen, die lange in der Branche tätig sind, behagen die neuen Dimensionen nicht so sehr. Absorbiert von ihrer intensiven Arbeit haben sie keine Zeit, sich weiter umzusehen. Die Jüngeren indessen, von der Universität für diese Problematik sensibilisiert, bringen einen Rucksack mit, der den Herausforderungen der Gegenwart besser entspricht. Der Begriff der Nachhaltigkeit ist für sie evident.

Bleibt die Frage der Verantwortung. Gewiss, man stellt Instrumente zur Verfügung, um die Auswirkungen von Investitionen zu messen. Aber in jedem Stadium der Evaluation von Risiko und Rendite gibt es eine Menge möglicher Auswirkungen, die mehr oder weniger erwünscht oder unerwünscht sind. Eine bestimmte Handlung hat x positive und x negative Punkte. Man versuche, ein Verhalten zu finden, das alle 17 Ziele für nachhaltige Entwicklung (SDGs) der UNO erfüllt! Dies ist schwierig. Es drängt sich also eine Güterabwägung auf. Die einzige Art zu entscheiden, ist, auf das Fundamentale zurückzugreifen, das heisst auf die Werte, die in der Bundesverfassung festgehalten sind. Am Schluss kann man über die Auswirkungen der Investitionen nur anhand der vorrangigen Werte urteilen. Es ist wichtig, dass jeder Investor eine Investitionscharta erstellt, in der er die Werte angibt, die ihm bei seinen Entscheiden als Kompass dienen.

Denn allein die Verantwortlichkeit erlaubt es, kohärente Beurteilungen vorzunehmen. Dies ist viel komplexer, als eine Auswirkung zu beziffern. Wirkungsorientierung ist eine geistige Haltung und keine Berechnung durch Algorithmen.

Die SDGs werden bei der Verteidigung des Schweizer Finanzplatzes zum strategischen Ziel. Das bedeutet einen grundlegenden Wandel. Der Finanzplatz muss sich mit Blick auf die europäischen Regulierungen und den sich daraus ergebenden Druck positionieren. Wie wird er dies tun? Auch der Nationalbank kommt eine Rolle zu. Es stellt sich die Frage, ob sie, mit Aktiven von Hunderten von Milliarden Franken, nicht der Sache der nachhaltigen Entwicklung dienen sollte, wie es beispielsweise Norwegen mit seinem Staatsfonds tut. Aus dem Geschäft mit Streumunition und dann aus der Kohle auszusteigen, wie es die Nationalbank kürzlich beschlossen hat, ist eine gute Sache, aber sie könnte noch mehr mit der offiziellen Politik der Schweiz gleichziehen, die mit der Zeit die fossilen Energien aufgeben will.

Eines ist sicher: Die Kundschaft von Finanzdienstleistern verlangt immer mehr nach verantwortlichen und nachhaltigen Anlagen. Man sieht es an der Neuorientierung des amerikanischen Mammuts Blackrock: Die Investmentgesellschaft hört die Erwartungen des Publikums und bemüht sich, ihnen zu entsprechen, indem sie Rentabilitätskriterien sucht, zu denen die Anleger ein gewisses Vertrauen haben können. In der Finanzwelt ist etwas gekippt.

7. Umwelt und Klima: Von der nationalen zur globalen Perspektive

Thomas Bernauer

Die wohl wichtigste Kehrseite des enormen globalen Wirtschaftswachstums der letzten Jahrzehnte ist die weltweite Übernutzung natürlicher Ressourcen und Ökosysteme, die mittlerweile kritische Grenzen erreicht hat. Rund eine von acht Millionen Tier- und Pflanzenarten sind heute vom Aussterben bedroht. Die Belastung von Land, Luft und Wasser durch Schadstoffe liegt in weiten Teilen der Welt auf einem Niveau, das für Mensch und Natur eine akute Bedrohung darstellt. Und der Klimawandel, der nicht nur Entwicklungsländer, sondern auch reiche Industriestaaten wie die Schweiz stark betrifft, schreitet nahezu ungebremst voran (UNEP, 2021). Wie trägt die Schweiz zur Lösung globaler Umweltprobleme bei? Wie sieht die Erfolgsbilanz der Schweizer Aussenpolitik in diesem Bereich aus? Wo liegen die grössten Herausforderungen und Handlungsmöglichkeiten?

Im 1992 erschienenen *Handbuch der schweizerischen Aussenpolitik* wurde die internationale Umweltpolitik oder Umweltaussenpolitik der Schweiz nur am Rand behandelt. Dies obschon sich die Schweiz spätestens seit der ersten Umweltkonferenz der Vereinten Nationen im Jahr 1972 nicht nur im Staatsinnern, sondern auch auf aussenpolitischer Ebene für den Umweltschutz engagiert. Inzwischen ist die Umweltpolitik zu einem wichtigen und auch innenpolitisch gut sichtbaren Betätigungsfeld der Schweizer Aussenpolitik geworden. Die innenpolitische Sichtbarkeit der Umweltaussenpolitik ist in jüngerer Zeit vor allem deshalb stärker geworden, weil die internationale Umweltpolitik insgesamt einen höheren Stellenwert auf der weltpolitischen Agenda eingenommen hat und weil Schnittstellen zur Wirtschaftspolitik stark an Bedeutung gewonnen haben. Beispiele sind der Klimaschutz und die Energiewende mit all ihren wirtschaftspolitischen Implikationen oder das Spannungsfeld zwischen Aussenhandelspolitik und Umweltschäden im Ausland, die z. B. durch Importe von Palmöl aus Indonesien oder Agrarprodukte aus Lateinamerika verursacht werden.

Ganz gemäss dem altbekannten Diktum, dass Aussenpolitik auch Innenpolitik ist, lässt sich die Umweltaussenpolitik der Schweiz besser verstehen, wenn wir zuerst die Umweltinnenpolitik und aus dieser Perspektive heraus dann die Umweltaussenpolitik betrachten. Diese Herangehensweise hilft auch, die aus meiner Sicht grösste Herausforderung für die Umweltaussenpolitik der Schweiz darzulegen. Diese besteht darin, dass die Schweiz zwar sehr aktiv und kompetent an globalen Umweltschutzbemühungen partizipiert und international eingegangene Verpflichtungen im Inland meist auch gut umsetzt, aber letztlich dennoch rund drei Viertel der gesamten Umweltbelastung durch den Schweizer Konsum im Ausland anfallen. Damit trägt die Schweiz in der Summe mehr zu globalen Umweltproblemen statt zu deren Lösung bei. Der letzte Teil dieses Kapitels befasst sich deshalb mit Handlungsmöglichkeiten, die dazu beitragen könnten, das Missverhältnis zwischen einer guten Erfolgsbilanz in der konventionellen Umweltaussenpolitik und einer sehr problematischen Bilanz in Bezug auf die seitens der Schweizer Bevölkerung verursachten globalen Umweltschäden zu reduzieren.

Umweltinnenpolitik als Ausgangspunkt
Die Bevölkerung und die Wirtschaft der Schweiz sind seit dem Ende des Zweiten Weltkriegs sehr stark gewachsen. Die Bevölkerung hat sich verdoppelt, und die Wirtschaftsleistung (BIP) ist von rund 22 auf über 700 Milliarden Franken gestiegen. Dies innerhalb eines Staatsgebiets, das rohstoffarm ist, begrenzte Land- und Waldressourcen, jedoch grosse Wasserressourcen aufweist. Dieses Wachstum hält, abgesehen von kürzeren Stagnationsphasen, bis in die jüngste Zeit an. So wuchsen die Bevölkerung zwischen 2000 und 2016 um 17 Prozent, die Wirtschaft real um 32 Prozent und die Konsumausgaben der Haushalte um 31 Prozent. Mit dem stark gestiegenen Einkommen pro Person bei gleichzeitigem Bevölkerungswachstum ist auch die Wirtschaftsleistung der Schweiz insgesamt sehr viel stärker als die Bevölkerung gewachsen (BfS, 2020).

Dieses Bevölkerungs- und Wirtschaftswachstum ging, und geht immer noch, über weite Strecken einher mit einer gleichermassen steigenden Nutzung natürlicher Ressourcen (Walter, 1996). Dies vor allem für Ernährung, Wohnen und Mobilität, die heute für rund zwei Drittel der Gesamtumweltbelastung durch den Konsum in der Schweiz verantwortlich sind. Durch die Produktion von Gütern wiederum, die im Inland und Ausland (Export) konsumiert werden, werden natürliche Ressourcen und die Natur vor allem durch die Nahrungsmittelproduktion, die Industrie, den Energiesektor und das Bauwesen genutzt beziehungsweise belastet (BAFU, 2018).

Die Schweizer Umweltpolitik in Form von staatlich verordneten, aber auch in Form freiwilliger Massnahmen der Privatwirtschaft und Verhaltensänderungen aufseiten der Konsumentinnen und Konsumenten hat in den letzten 50 Jahren zu einer Verbesserung der Umweltqualität in einigen Bereichen geführt, beispielsweise bei der Luft- und Wasserqualität. Beginnend mit der globalen Umweltkonferenz im Jahr 1972, aber insbesondere seit Anfang der 1990er-Jahre (Umweltkonferenz der Vereinten Nationen in Rio, 1992) weisen diese Bemühungen auch eine deutlich stärkere internationale Dimension auf (Ingold et al., 2016; Mieg und Häfeli, 2019).

Eine umfassende Messgrösse für die Bilanz der bisherigen Schweizer Umweltpolitik ist, dass die Umweltbelastung durch den Schweizer Konsum *pro Kopf* in den letzten 30 Jahren insgesamt abgenommen hat, seit Mitte der 1990er-Jahre um rund 20 Prozent, wobei die Bevölkerungszunahme im gleichen Zeitraum diese Erfolgsbilanz absolut gesehen auf rund 5 Prozent reduziert. Eine Entkoppelung von Wirtschaftswachstum und Umweltbelastung im Sinn der Ressourceneffizienz und nachhaltigen Entwicklung zeichnet sich somit nur sehr langsam ab. Es gibt dafür u. a. zwei Gründe. Erstens ist die durch den Schweizer Konsum verursachte Umweltbelastung im Ausland stark gestiegen. Immer mehr Konsumgüter und Rohstoffe wurden und werden importiert, wodurch die Umweltauswirkungen der Produktion oder Gewinnung im Ausland anfallen. Der Anteil dieser Umweltbelastung im Ausland beträgt mittlerweile rund drei Viertel der gesamten Umweltbelastung durch den Schweizer Konsum. Diese Verlagerung von Umweltbelastungen ins Ausland hat den innenpolitischen Anreiz, die Ressourceneffizienz der konsumierten Güter zu erhöhen, stark begrenzt. Zweitens besteht auch bei der inländischen Belastung der Umwelt weiterhin grosser Handlungsbedarf. Dies v. a. in Bereichen wie Bodennutzung durch Siedlungs- und Verkehrsflächen, Überdüngung von Ökosystemen, Biodiversitätsverlusten, Belastung von

Böden und Gewässern durch Pflanzenschutz- und Düngemittel, wachsende Abfallmengen sowie Emissionen (Luftschadstoffe, Lärm) des Verkehrs (BAFU, 2018a, b, c; Ingold et al., 2016).

Diese Ambivalenz in der Umweltbilanz der Schweiz spiegelt sich auch in internationalen Umweltrankings, die einen Vergleich mit anderen Ländern erlauben. In Rankings mit einer territorialen Perspektive (Umweltbelastung innerhalb des betreffenden Landes) taucht die Schweiz regelmässig in den Spitzenrängen auf. In Rankings, die eine globale Konsumperspektive (weltweite Umweltbelastung durch den Konsum innerhalb eines bestimmten Landes) einnehmen, kommt die Schweiz hingegen schlecht weg. So rangiert die Schweiz im Environmental Performance Index 2020 auf Platz 3 von 180 Ländern, also sozusagen auf dem Siegerpodest (EPI, 2020). Zum Vergleich: Frankreich rangiert auf Platz 5, Österreich auf Platz 6, Deutschland auf Platz 10 und Italien auf Platz 20. Im Ranking des Global Footprint Network hingegen rangiert sie auf Platz 143 von 188 Ländern bei der pro Kopf verursachten globalen Umweltbelastung, also auf einem der schlechtesten Ränge (GFN, 2020). Zum Vergleich: Italien rangiert auf Platz 140, Frankreich auf Platz 144, Deutschland auf Platz 148 und Österreich auf Platz 167. Die Diskrepanz zwischen umweltpolitischer Bilanz im Inland und globalen Umweltbelastungen durch Bevölkerung und Wirtschaft der Schweiz, die in ähnlicher Grössenordnung wie in den Nachbarländern liegt, ist ein Kernthema, mit dem wir uns in der Folge befassen (O'Neill et al. 2018).

Die Erfolgsbilanz beim Umweltschutz im Inland, wie sie in internationalen Vergleichen wie dem EPI erscheint, spiegelt sich auch in der öffentlichen Meinung (SUP, 2020), den Positionen wichtiger politischer Akteure, z. B. den Parteien, sowie umweltpolitisch relevanten Abstimmungen. Abbildung 1 illustriert dies, mit dem Vorbehalt, dass sich die öffentliche Unterstützung für kostspielige Umweltschutzmassnahmen im Zeitverlauf auf hohem Niveau etwas abgeschwächt hat und solche Masse nicht unbedingt die «wahre» Zahlungsbereitschaft für Umweltschutz erfassen. Der aus der Abbildung ersichtliche Meinungtrend ist teilweise dadurch erklärbar, dass die für die Bevölkerung gut sicht- und erfahrbare Umweltqualität im Inland recht gut und deutlich besser ist als noch in den 1970er-Jahren (z. B. die Luftqualität) und die konsumbedingte Umweltbelastung durch die Schweiz im Ausland meist stark unterschätzt wird (SUP, 2020). Der untere Teil der Abbildung zeigt, dass diese Unterstützung in der breiten Bevölkerung auch im internationalen Vergleich sehr hoch ist.

Auch in den direktdemokratischen Abstimmungen lässt sich eine breite Unterstützung für den Umweltschutz erkennen. So wurden die meisten umweltpolitisch relevanten Bundesbeschlüsse seit 1945, bei denen ein Referendum zustande kam, in der betreffenden Volksabstimmung gutgeheissen. Eine wichtige Ausnahme ist das 2021 abgelehnte

Abbildung 1: Öffentliche Unterstützung für kostspielige Umweltschutzmassnahmen (Datenquellen: gfs Zürich, 2018; ESS, 2016)

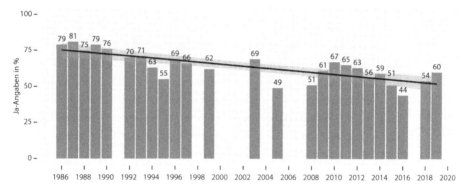

Es gibt Leute, die die Meinung vertreten, dass zugunsten des Umweltschutzes bei anderen Staatsausgaben gespart werden sollte. Stimmen Sie dem zu?

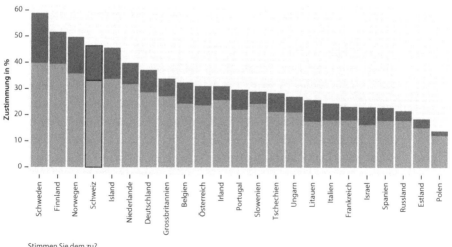

Stimmen Sie dem zu?
■ Volle Zustimmung
▧ Teilweise Zustimmung

Es gibt Leute, die die Meinung vertreten, dass zugunsten des Umweltschutzes bei anderen Staatsausgaben gespart werden sollte.

CO_2-Gesetz. Bei eidgenössischen Volksinitiativen mit einer umweltpolitischen Ausrichtung ist die Erfolgsbilanz deutlich bescheidener (6 von insgesamt 43 umweltpolitisch relevanten Volksinitiativen wurden von Volk und Ständen angenommen, Stand Juli 2021). Hier ist jedoch anzumerken, dass Volksinitiativen meist deutlich ambitioniertere Umweltziele verfolgen als Bundesbeschlüsse, gegen die das Referendum ergriffen wird, was die höhere Ablehnungsquote erklärt. Zudem fällt auf, dass umweltpolitische Initiativen etwas häufiger angenommen werden als Volksinitiativen zu anderen Politikbereichen und dass im umweltpolitischen Bereich überdurchschnittlich viele Volksinitiativen zustande gekommen sind.

Die Diskrepanz zwischen der einerseits recht guten Umweltschutzbilanz im Inland, die aus genuin innenpolitischen Bemühungen sowie der innerstaatlichen Umsetzung international eingegangener Umweltschutzverpflichtungen (siehe weiter unten) resultiert, und der andererseits starken globalen Umweltbelastung durch den Schweizer Konsum andererseits deutet darauf hin, dass den Schweizer Bürgerinnen und Konsumenten letztlich das Hemd näher liegt als der Rock. Bevor wir uns damit befassen, welche Herausforderungen und Lösungsansätze sich für die Schweizer Umweltaussenpolitik daraus ergeben, befassen wir uns im nächsten Abschnitt mit der Partizipation der Schweiz an internationalen Umweltschutzbemühungen. Dies unter der Annahme, dass diese Partizipation eine notwendige, aber keine hinreichende Bedingung für einen erfolgreichen Beitrag zur Lösung globaler Umweltprobleme ist.

Entwicklung der Schweizer Umweltaussenpolitik

Bei Formen der Umweltbelastung, die Staatsgrenzen überschreiten oder in ähnlicher Weise in vielen Ländern auftreten, kommt es typischerweise zu internationalen Verhandlungsprozessen, die in internationalen Umweltabkommen münden. Wie Abbildung 2 zeigt, ist die Schweiz in diesem Bereich sehr aktiv. So beteiligt sie sich an sehr vielen multilateralen (drei oder mehr Vertragsparteien) Umweltverträgen und hat auch mit allen Nachbarstaaten bilaterale Umweltabkommen geschlossen.

Ein Wermutstropfen in dieser Schweizer Erfolgsbilanz in partizipativer Hinsicht ist, dass sich im Gegensatz zu anderen Politikbereichen und den in ihrem Zentrum stehenden internationalen Organisationen – z.B. Welthandel (WTO), Arbeitsrecht (ILO), Flüchtlinge (UNHCR) oder Gesundheit (WHO) – der UNO-Standort Genf nicht zum Knotenpunkt

Abbildung 2: Schweizer Beteiligung an multilateralen und bilateralen Umweltabkommen (IEA, 2020)

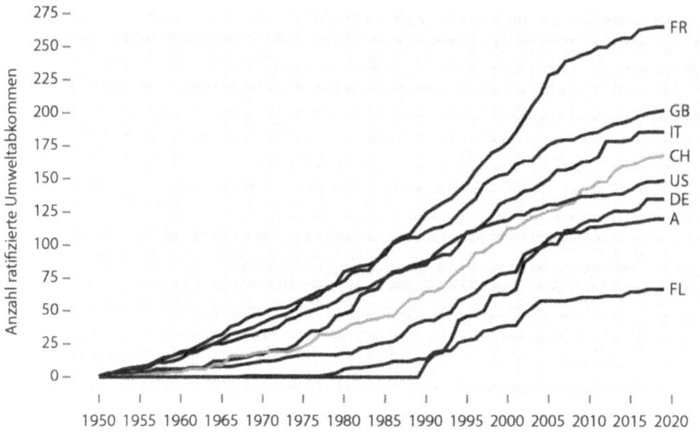

Land	Anz. Abkommen
Frankreich (FR)	25
Italien (IT)	8
Deutschland (DE)	12
Österreich (A)	6
Fürstentum Liechtenstein (FL)	3
Total	54

Multilaterale Umweltabkommen pro Land

Bilaterale Umweltabkommen der Schweiz

der globalen Umweltpolitik entwickeln konnte. Dies hängt jedoch nicht mit Defiziten in der Schweizer Aussenpolitik zusammen, sondern ist auf die Gesamtstrukturen der internationalen Umweltpolitik zurückzuführen. Diese ist stark nach thematischen Bereichen fragmentiert, die wiederum von sehr unterschiedlichen institutionellen Strukturen und internationalen Organisationen begleitet sind. So spielt zum Beispiel das UNO-Umweltprogramm (UNEP), mit Hauptsitz in Nairobi und Ableger in Genf, im globalen institutionellen Gefüge eine weit schwächere Rolle als beispielsweise die WHO im Gesundheits- oder die WTO im Handelsbereich.

Obschon die Schweiz den grossen Korpus von EU-Umweltrecht nicht direkt übernehmen muss, hat die Entwicklung der EU-Umweltpolitik einen sehr starken Einfluss auf die Schweizer Umweltpolitik. Die Schweiz kann zwar bei der Ausgestaltung des EU-Umweltrechts nicht mitentscheiden, ist jedoch bereits seit 2006 Vollmitglied der Europäischen Umweltagentur (EUA) und des Europäischen Umweltinformations- und Umweltbeobachtungsnetzes (Eionet). Dies ermöglicht u. a. einen systematischen Vergleich der Umweltqualität in der Schweiz mit derjenigen der EU-Staaten, wobei die Schweiz in den meisten Bereichen gut abschneidet (EEA, 2020). Zudem nimmt die Schweiz an den informellen Treffen der EU-Umweltminister teil, und sie ist Teil des Netzwerks der Leiter der nationalen Umwelt- und Naturschutzagenturen

(ENCA). In vielen Bereichen wurden und werden die Schweizer Umweltgesetze den entsprechenden Gesetzen in der EU angepasst. Zum Teil tut
dies die Schweiz autonom und unilateral im Sinn des «autonomen Nachvollzugs». Ein Beispiel sind Abgasnormen für Autos, die sich sehr eng an
die Vorschriften der EU anlehnen. Zum Teil tut die Schweiz dies aber
auch in Form von bilateralen Vereinbarungen mit der EU. Beispiele für
Letztere sind das Luftverkehrsabkommen von 1999, das auch Lärm-
emissionen von Flugzeugen regelt, oder ein Abkommen, das seit 2020 in
Kraft ist und den Handel von Treibhausgas-Emissionen in der Schweiz
und im Rahmen des EU-Emissionshandelssystems verknüpft.

Neben der internationalen Umweltzusammenarbeit zwischen der
Schweiz und anderen Staaten hat die lokale grenzüberschreitende Umweltpolitik eine gewisse Bedeutung erlangt (Fassbender und Gübeli,
2018), steht jedoch weiterhin stark im Schatten der zwischenstaatlichen
Umweltpolitik. In den interkantonalen Konferenzen sind Umwelt-
schutzthemen denn auch sehr wenig sichtbar, und es ist zu vermuten,
dass Handlungsmöglichkeiten und -spielräume in diesem Bereich bei
Weitem noch nicht ausgeschöpft sind.

Insgesamt ist die Bilanz der Schweizer Umweltaussenpolitik bezüglich Partizipation sicher positiv. Die Schweiz beteiligt sich an allen wichtigen Verhandlungs- und Vertragsprozessen auf globaler und europäischer Ebene (mit Ausnahme des EU-Umweltrechts). Gleichermassen ist
sie praktisch allen globalen und europäischen Umweltverträgen beigetreten und setzt deren Verpflichtungen weitestgehend um. Es ist allerdings
auch zu bemerken, dass diese Verpflichtungen mehrheitlich eher geringe
Kosten verursachen und eher geringfügige Verhaltensänderungen über
bereits existierende Umweltschutzstandards innerhalb der Schweiz hinaus erfordern. Dementsprechend sind kaum innenpolitische Kontroversen um neue internationale Umweltschutzverpflichtungen im Parlament,
den Medien oder im Kontext von Referenden oder Initiativen zu beobachten. Die wichtigsten Ausnahmen, und dementsprechend auch aussenpolitische Herausforderungen, sind die Klimapolitik und die Frage, ob
und wie mit im Ausland anfallenden Umweltbelastungen, die von der
Schweiz ausgehen, umgegangen werden sollte. Der nächste Abschnitt
befasst sich mit diesen Fragen.

Klimapolitik und Umweltbelastung durch die Schweiz im Ausland

Die grössten Herausforderungen für die Schweizer Umwelt*aussenpolitik* in den kommenden Jahren liegen beim Klimaschutz und der Umweltbelastung durch die Schweiz im Ausland. Die Komplexität dieser Herausforderungen liegt darin begründet, dass kostspielige (für Individuen und Wirtschaftsakteure) Massnahmen zur Diskussion stehen, grosse Schnittstellen zur Wirtschaftspolitik bestehen und somit erhebliche innenpolitische Interessenkonflikte zu bewältigen sind.

Hinzu kommt, dass im Vergleich zu vielen anderen Bereichen der Schweizer Aussenpolitik (z. B. Migration, Aussenhandel, Finanzmärkte, Sicherheitspolitik, Europapolitik) der Beitrag der Schweiz zur Lösung globaler Umweltprobleme relativ klar quantifizierbar und mit Blick auf globale Zielsetzungen wie die Nachhaltigkeitsziele der Vereinten Nationen (SDGs) bewertbar ist. In dieser Perspektive, die im Zentrum dieses Kapitels steht, geht es somit nicht darum, wie gut und kompetent die Schweiz ihre Interessen gegenüber dem Ausland wahrnehmen und verteidigen kann. Vielmehr geht es darum, ob und wie die Schweiz zur Lösung globaler Umweltprobleme beiträgt, wo die wichtigsten Herausforderungen liegen und welche Handlungsoptionen sich anbieten.

International vergleichende Bewertungen der Klimapolitik von Staaten im Kontext der Umsetzung des Pariser Klimaabkommens von 2015 ergeben für die Schweiz sowie die meisten Länder Europas und darüber hinaus das Prädikat «ungenügend» (CAT, 2020). Im Fall der Schweiz liegt dies v. a. daran, dass sie ihren Treibhausgas-Ausstoss zwischen 1990 und 2018 zwar um 14 Prozent senken konnte, ihr Zwischenziel von 20 Prozent im Jahr 2020 aber voraussichtlich nicht erreichen wird (trotz der Covid-19-Pandemie-bedingten Verlangsamung der Wirtschaft im Zeitraum 2020–2021). Obschon die Schweiz stärker als viele andere Länder vom Klimawandel betroffen ist, sowohl direkt als auch indirekt (z. B. über risikobehaftete internationale Lieferketten und Investitionen im Ausland), wird sie somit ihre internationalen Klimaverpflichtungen in den kommenden Jahren vermutlich nicht vollständig erfüllen können. Dies vor allem, weil die Emissionen lediglich im Industriebereich auf Zielkurs sind, nicht jedoch im Gebäude- und Verkehrsbereich. Zudem ist noch weitgehend offen, ob und wie die Schweiz das vom Bundesrat und auch von der Gletscher-Initiative anvisierte Ziel von Netto-Null-Emissionen bis 2050 erreichen kann.

Hinzu kommt eine erst in jüngerer Zeit ins Blickfeld gerückte Problematik, die die Leistungsbilanz der Schweizer Umweltaussenpolitik im Klimabereich, aber auch allgemein noch stärker infrage stellt: die durch den Import von Gütern im Ausland verursachten Umweltbelastungen, inklusive Treibhausgas-Emissionen.

Vergleichbar mit anderen reichen Industrieländern haben der wachsende Wohlstand und Konsum, Veränderungen in den Schweizer Wirtschaftsstrukturen sowie strengere innerstaatliche Umweltstandards in den letzten Jahrzehnten dazu geführt, dass sich ein grosser Teil der gesamten Umweltbelastung des Schweizer Konsums ins Ausland verlagert hat. Diese Verlagerung war deshalb möglich, weil die Schweiz ein international sehr offenes Wirtschafts- und Aussenhandelssystem aufweist. Die Berechnung dieser Umweltbelastung beruht auf der Erfassung aller Umweltauswirkungen von Produkten über ihren gesamten Lebenszyklus, von der Gewinnung und Herstellung aller Komponenten eines (konsumfertigen) Produkts (z. B. Computer, Autos, Baumaterialien oder Lebensmittel) sowie dessen Nutzung oder Konsum bis hin zur Entsorgung. Auch wenn es bei der Berechnung bestimmter Formen der Umweltbelastung (z. B. Biodiversität, Landnutzung, Wasserverbrauch) noch erhebliche Unsicherheiten gibt, sind sich Umweltwissenschaftler doch weitgehend einig: Rund drei Viertel der gesamten Umweltbelastung aller in der Schweiz konsumierten Güter fallen mittlerweile ausserhalb der Schweiz an und damit nur ein Viertel innerhalb der Schweiz (Abbildung 3).

Abbildung 3: Umweltbelastung durch Schweizer Konsum im In- und Ausland (BAFU, 2019a, b)

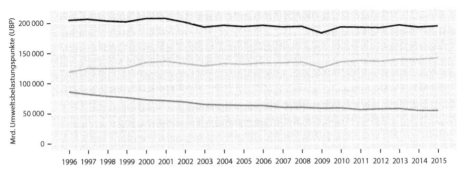

— Gesamtumweltbelastung durch inländischen Konsum
— Umweltbelastung im Ausland durch inländischen Konsum
— Umweltbelastung im Inland durch inländischen Konsum

Treibhausgase, die wichtigsten Verursacher des Klimawandels, sind ein sehr wichtiger Teil dieser ins Ausland verlagerten Umweltbelastungen des Schweizer Konsums. Dies bedeutet: Selbst wenn die Schweiz die Emissionen, die auf ihrem Territorium direkt entstehen, bis 2050 auf netto null reduzieren kann, bleibt ihr globaler Klimafussabdruck sehr hoch. Dies solange die Schweiz Güter importiert und konsumiert, deren Herstellung und Transport Treibhausgas-Emissionen im Ausland verursachen.

Abbildung 4 zeigt, dass die Emissionen innerhalb der Schweiz etwas gesunken sind, die im Ausland verursachten Emissionen jedoch gestiegen sind und damit auch die Schweizer Emissionen insgesamt. Weil die globale Klimaveränderung letztlich von den weltweiten Emissionen bewirkt wird, egal welches Land sie verursacht, kann dieses Problem nur dann gelöst werden, wenn die Emissionen weltweit sinken. Wenn Länder wie die Schweiz hingegen Reduktionen im Inland durch konsumbedingte Emissionen im Ausland quasi überkompensieren, leisten sie einen negativen Beitrag zur globalen Problemlösung. Abbildung 4 zeigt denn auch, dass die Schweiz das globale Klima heute stärker schädigt als noch vor 20 Jahren, und dies, obschon die Emissionen im Inland (leicht) gesunken sind. Umgekehrt formuliert liesse sich der Schweizer Beitrag an den globalen Klimaschutz nur dann in eine positive Richtung lenken, wenn die Schweiz auch treibhausgasintensive Importe reduziert oder ihre Handelspartner dazu bewegen kann, in die Schweiz exportierte Güter kli-

Abbildung 4: Konsumbedingte Treibhausgas-Emissionen im In- und Ausland (BAFU, 2019a, b)

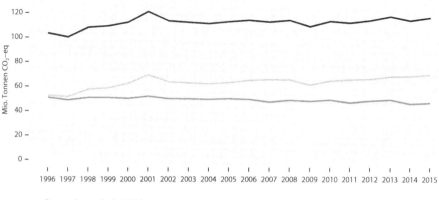

mafreundlicher zu produzieren. Beides ist, wie weiter unten diskutiert, sehr schwierig zu bewerkstelligen. Jüngst abgeschlossene Verträge der Schweiz mit Peru und Ghana zur Kompensation von Schweizer Emissionen in diesen Ländern können es der Schweiz zwar erleichtern, ihre Reduktionsziele aus formaler Sicht zu erreichen, indem sie die Reduktionskosten senken (es ist billiger, eine Tonne CO_2 in Peru als in der Schweiz zu reduzieren). Sie tragen jedoch letztlich nur marginal zur Senkung des globalen Klimafussabdrucks der Schweiz bei.

Zu den Umweltbelastungen durch den Schweizer Konsum, die im Ausland anfallen, kommen Umweltbelastungen hinzu, die durch Schweizer Firmen verursacht werden, die im Ausland Güter produzieren, die weder in die Schweiz exportiert noch hier konsumiert werden (ein Beispiel ist der Rohstoffsektor) (Bundesrat, 2018). Hinzu kommen auch Umweltbelastungen, die Schweizer Finanzinstitutionen indirekt verursachen, indem sie in Wirtschaftsaktivitäten investieren (Direktinvestitionen und Portfolioinvestitionen), die im Ausland die Umwelt belasten. So hat eine Analyse zu Schweizer Pensionskassen und Versicherungen ergeben, dass ihre Anlagen momentan noch auf einem Kurs sind, der zu einer globalen Klimaerwärmung von 4 bis 6 Grad statt 1,5 bis 2 Grad beiträgt (BAFU, 2020). Während im Schweizer Inland pro Jahr rund 45 Millionen Tonnen an Treibhausgasen emittiert werden, verursachen die in die Schweiz importierten Güter im Ausland rund 70 Millionen Tonnen an Emissionen, und der Schweizer Finanzsektor insgesamt ist global für Emissionen von rund 1100 Millionen Tonnen mitverantwortlich. Da diese Umwelteffekte nicht an den Schweizer Landesgrenzen enden, stellt sich die Frage, ob und wie der Schweizer Finanzsektor mit seinen Anlagen von rund 7000 Milliarden Franken zum globalen Klimaschutz beitragen könnte. Bisweilen bewegt sich die Politik in diesem Bereich noch auf dem Feld (bisher sehr schwacher) freiwilliger Massnahmen.

Handlungsoptionen

Bisher war und ist die Umweltaussenpolitik der Schweiz vor allem darauf ausgerichtet, an der Aushandlung und Umsetzung von internationalen Umweltabkommen zu partizipieren. Zudem ist sie darauf ausgerichtet, nationale Umweltschutzmassnahmen so zu gestalten, dass diese internationale Umweltstandards (z. B. diejenigen der EU) erfüllen und nicht mit internationalem Wirtschaftsrecht (z. B. WTO oder EU-Regeln für den europäischen Binnenmarkt) in Konflikt geraten. Dies ist bisher auch weitgehend gelungen. Diese Aktivitäten erfordern viel technisches Sachwissen und Verhandlungsgeschick und stellen die Bundesverwaltung vor erhebliche Herausforderungen, mit denen sie jedoch gut umzugehen vermag.

Eine wirksame Weiterführung dieser Anstrengungen ist sehr wichtig, zumal auch die institutionellen Strukturen und Entscheidungsprozesse in der internationalen Umweltpolitik weiterhin nach dem genannten Muster verlaufen. So z.B. beim Klimaschutz und dem Ziel der Netto-null-Emissionen bis ins Jahr 2050, der Wasserqualität und dem Hochwasserschutz (alle Gewässer der Schweiz fliessen letztlich ins Ausland), der Luftverschmutzung, der Biodiversität und dem Artenschutz sowie Haushalts- und Industrieabfällen. In all diesen Bereichen existieren grenzüberschreitende Umweltbelastungen, die nur reduziert werden können, wenn die Schweiz mit anderen Staaten zusammen ökologisch wirksame und politisch machbare Lösungen entwickelt und umsetzt. Mit Ausnahme der Klimapolitik und der Umweltbelastungen durch die Schweiz im Ausland verursachen diese aussenpolitischen Aktivitäten der Schweiz jedoch keine grösseren innenpolitischen Herausforderungen oder gar Turbulenzen. Sogar beim «autonomen Nachvollzug» von EU-Umweltrecht kam es bisher in der Schweiz nicht zu innenpolitischen Kontroversen, ganz im Gegensatz z.B. zur Migrations- und Steuerpolitik. Dies vor allem deshalb, weil sich die Umweltpolitik weitgehend synchron mit der EU-Umweltpolitik entwickelt und es deshalb praktisch nicht zu umweltpolitischen Interessenkonflikten zwischen der Schweiz und der EU kommt.

Eine Betrachtung der Schweizer Umweltaussenpolitik aus der Perspektive der globalen Umweltbelastung wirft hingegen fundamentale Fragen zur Weiterentwicklung der Schweizer Umwelt- und Wirtschaftspolitik – sowohl nach innen wie nach aussen – auf, mit denen sich die Schweiz und ihre politischen Handlungsträger erst in jüngster Zeit zu beschäftigen begonnen haben. Unter anderem stellen sich folgende Fragen:

Wer soll für die Umweltbelastung im Ausland, die der Konsum von Gütern in der Schweiz verursacht, verantwortlich sein?

Wer soll für die Umweltbelastung, die Schweizer Firmen durch Investitionen und Produktionsaktivitäten im Ausland dort direkt oder indirekt verursachen, verantwortlich sein?

Welche Massnahmen könnten oder sollten ergriffen werden, um das Ausmass an von der Schweiz direkt oder indirekt verursachten Umweltbelastungen im Ausland zu reduzieren?

Und schliesslich, um die eigene Wettbewerbsfähigkeit nicht unnötig zu schwächen: Wo und wie muss sich die Schweiz dafür einsetzen, damit solche Regelungen für sämtliche Industrie- und Schwellenländer gelten und nicht nur für die Schweiz?

Eine erste, fundamentale Herausforderung besteht darin, eine politische Mehrheit für die Grundidee zu finden, dass die Schweiz nicht nur für Umweltschäden im Inland, sondern auch im Ausland verantwortlich ist. Zwar hält die Bundesverfassung fest: Die Schweiz «setzt sich ein für die dauerhafte Erhaltung der natürlichen Lebensgrundlagen und für eine friedliche und gerechte internationale Ordnung». Dass sich daraus eine Verpflichtung ableitet, den ökologischen Fussabdruck auch im Ausland zu reduzieren, erscheint offensichtlich. Ob und wie eine solche Verpflichtung umgesetzt werden soll und kann, bleibt jedoch umstritten. Eine zweite Herausforderung ist somit, wie genau dieses Ziel erreicht werden könnte. Die Debatte um solche Ziele und Wege dorthin hat sich vor allem im Rahmen der Diskussion um die sogenannte Grüne Wirtschaft in den letzten zehn Jahren stark weiterentwickelt, beginnend mit dem Aktionsplan Grüne Wirtschaft 2013 des Bundes und seiner Weiterentwicklung 2016–2019.

Während der genannte Aktionsplan auf freiwillige Massnahmen der Wirtschaft setzt, versuchte die Volksinitiative «Für eine nachhaltige und ressourceneffiziente Wirtschaft» (Grüne Wirtschaft) rechtliche Grundlagen mit konkreten Zielen zu etablieren. Das Hauptanliegen der Initiative war, den bevölkerungsgewichteten globalen Ressourcenverbrauch der Schweiz bis 2050 so weit zu reduzieren, dass die natürliche Kapazität der Erde nicht mehr überschritten wird. Die Initiative wurde 2016 mit 64 Prozent Nein-Stimmen abgelehnt. Die sehr viel enger fokussierte Konzernverantwortungsinitiative, die 2020 ein Stimmenmehr erreichte, jedoch am Ständemehr scheiterte, zielte neben dem Schutz von Menschen- und Arbeitsrechten ebenfalls darauf ab, Umweltbelastungen der Schweiz im Ausland zu reduzieren. Sie erfasste allerdings nur Umweltschäden, die von Firmen mit Hauptsitz in der Schweiz im Ausland verursacht werden, und hätte deshalb nur marginal zur Reduktion der gesamten Schweizer Umweltbelastungen im Ausland beigetragen.

Die traditionelle Umweltinnen- und -aussenpolitik, die auch die Umsetzung von Verpflichtungen aus internationalen Umweltabkommen auf Schweizer Territorium umfasst, beeinflusst das Verhalten von Firmen, Einzelpersonen und anderen Akteuren innerhalb der Landesgrenzen der

Schweiz durch gesetzliche Vorschriften, Subventionen sowie in geringerem Mass auch Marktinstrumente (z. B. Lenkungsabgaben). Eine Reduktion der globalen Umweltbelastung durch die Schweiz erfordert hingegen
ein komplexeres Gefüge an Massnahmen, die sich auf Konsum, Kreis-
laufwirtschaft sowie Ressourceneffizienz/Ressourcenschonung richten
(BAFU, 2020). Das Spektrum an Möglichkeiten umfasst beispielsweise:

1)   Neue gesetzliche Massnahmen, die den Import von Gütern, deren
     Produktion die Umwelt im Ausland stark belastet, einschränken
     oder verbieten.
2)   Neue gesetzliche Massnahmen, die das umweltrelevante Verhalten
     von Schweizer Firmen an deren Produktionsstandorten im Ausland
     regulieren.
3)   Vereinbarungen zwischen Bund und Wirtschaftsbranchen im Be-
     reich der Nachhaltigkeit von Lieferketten, die auf dem Prinzip der
     Freiwilligkeit beruhen, jedoch staatliche Begleitmassnahmen unter-
     schiedlicher Art umfassen können – z. B. beim Import von Torf,
     Soja, Palmöl, Lebensmitteln, Textilien, Baumaterialien sowie im
     Finanzsektor.
4)   Umweltklauseln in Freihandelsverträgen.
5)   Technische und finanzielle Unterstützung für Umweltschutzmass-
     nahmen in Entwicklungs- und Schwellenländern.

(1) Importbeschränkungen aus umweltpolitischen Gründen kommen
bisher nur punktuell zur Anwendung, z. B. beim Artenschutz oder gen-
technisch veränderten landwirtschaftlichen Erzeugnissen. Die Schweiz
geht bisher bei solchen Beschränkungen äusserst vorsichtig vor, um
Konflikte mit ausländischen Handelspartnern zu vermeiden. So sind
solche Beschränkungen meist mit internationalen Umweltverträgen
begründet (z. B. im Artenschutz) und sind auch nicht diskriminierend,
indem sie Produzenten im In- und Ausland sowie Drittstaaten gleich
behandeln. Um den ökologischen Fussabdruck im Ausland zu reduzieren, müsste die Schweiz solche Massnahmen deutlich ausbauen. Beispiele sind Einschränkungen oder gar Verbote der Einfuhr von besonders umweltbelastenden Gütern, z. B. nicht nachhaltig produziertes
Palmöl, Holz, Baumaterialien und Lebensmittel, oder Umweltabgaben
bei der Einfuhr solcher Produkte (z. B. CO_2-Steuern auf importierte
Güter). Sinnvollerweise müsste eine solche Strategie auf einer klaren
Priorisierung beruhen, die wissenschaftlich begründet ist. Die globale

Umweltbelastung importierter Waren im Vergleich mit einer Produktion derselben Güter im Inland kann dafür die Ausgangsbasis liefern. Da letztlich das sehr hohe Konsumniveau in der Schweiz die Hauptursache der Umweltbelastung ist, stellt sich jedoch die Frage, ob Massnahmen zur Beschränkung des Konsums umweltbelastender Güter innerhalb der Schweiz in vielen Bereichen nicht wirksamer und auch mit dem internationalen Handelsrecht verträglicher wären als Massnahmen, die eine umweltfreundlichere Produktion importierter Güter zu erwirken versuchen. Eines von vielen Beispielen ist Soja, das in grossen Mengen als Futtermittel für die Fleischproduktion importiert wird und dessen Anbau im Ausland die Umwelt stark belastet. Hier könnte es z. B. sinnvoller sein, die Fleischproduktion und den Konsum in der Schweiz zu beschränken, statt durch neue Vorschriften nachhaltiger produziertes Soja zu importieren.

(2) Neue gesetzliche Massnahmen, die das umweltrelevante Verhalten von Schweizer Firmen an deren Produktionsstandorten im Ausland regulieren, bleiben umstritten, vor allem in Bezug auf Haftungsregeln – letzterer Punkt ist vermutlich hauptverantwortlich für das Scheitern der Konzernverantwortungsinitiative. Allerdings könnten verschärfte Berichterstattungspflichten durchaus sinnvoll sein, weil sie der Zivilgesellschaft, den Aktionären und öffentlichen Behörden erlauben, besonders risikobehaftete Aktivitäten von Schweizer Firmen im Ausland zu identifizieren und in geeigneter Form dagegen vorzugehen. Ob die Schweizer Umweltaussenpolitik in diesem Bereich Fortschritte machen kann, hängt auch davon ab, was wichtige Wirtschaftsmächte ausserhalb der Schweiz tun. Internationale Regeln in diesem Bereich existieren zwar, u. a. solche der OECD und der UNO. Diese haben jedoch bisher nur Empfehlungscharakter. Die Schweiz könnte internationale Bemühungen unterstützen, diese Regeln verbindlicher zu machen. Insbesondere Deutschland und die Europäische Union sind im Begriff, die Verbindlichkeit solcher Regeln zu stärken, und wären somit naheliegende Kooperationspartner in diesem Bereich. Bemühungen, den Finanzsektor zu mehr Transparenz bezüglich den mit Vermögenswerten und Anlagen verbundenen Klimarisiken zu bewegen, zielen in die gleiche Richtung.

(3) Vereinbarungen zwischen Bund und Wirtschaftsbranchen, die auf dem Prinzip der Freiwilligkeit beruhen, jedoch staatliche Begleitmassnahmen unterschiedlicher Art umfassen, können nicht nur die Umwelt im Inland, sondern auch diejenige im Ausland schützen. Bisherige

Vereinbarungen mit hoher Relevanz für den Umweltfussabdruck im Ausland betreffen zum Beispiel den Import von Torf für den Gartenbau, die vom Finanzsektor mitverursachten Klimaschäden, Textilien, Kakao, Palmöl und den Import von Soja für Futtermittel. Die Grundidee ist, das Problembewusstsein in besonders problematischen Wirtschaftssektoren zu erhöhen, Ziele zu setzen und dem Privatsektor genug Zeit und Flexibilität zu geben, um diese Ziele zu erreichen. Gleichzeitig sollte jedoch auch ein stärkeres Mass an Verbindlichkeit angestrebt werden, bei dem mit der Zeit die staatlichen Vorschriften dem angepasst werden, was ökologisch ambitionierte Firmen in einem bestimmten Sektor freiwillig umsetzen. Dies vor allem deshalb, um diejenigen Firmen zu Verhaltensänderungen zu bewegen, die als Trittbrettfahrer agieren und Wettbewerbsvorteile zu erzielen versuchen, indem sie die freiwilligen Umweltschutzbemühungen von Konkurrenten unterlaufen.

(4) Immer mehr Freihandelsverträge werden mit Umweltklauseln ausgestattet. Freihandelsverträge dienen dazu, den Handel zwischen zwei oder mehr Ländern zu fördern. Wenn ein reiches Land wie die Schweiz solche Abkommen mit Schwellen- und Entwicklungsländern abschliesst, kann dies eine zusätzliche Verlagerung von Umweltlasten in ärmere Länder bewirken. Dies vor allem, wenn die Umweltvorschriften in solchen Ländern (z. B. Brasilien, Indonesien) schwächer sind als in der Schweiz und ein Freihandelsabkommen zum Import von mehr Produkten aus diesen Ländern führt, die umweltschädigend produziert wurden (Kolcava et al., 2019; Oberle, 2019; Brandi et al., 2020). Das heisst, reiche, demokratische Industriestaaten verschärfen nicht zuletzt auf Druck ihrer Bürgerinnen und Bürger und der Zivilgesellschaft die Umweltvorschriften auf ihrem Territorium. Gleichzeitig ermöglichen sie der Bevölkerung weiterhin, ihre Konsumbedürfnisse fast unbegrenzt zu befriedigen, indem immer mehr Güter aus dem Ausland importiert werden. Und importierte Güter ermöglichen mehr Konsum, ohne dass die inländische Umwelt stärker belastet wird. Die Regierungen vieler Industrieländer sind deshalb dazu übergegangen, Umweltklauseln in Freihandelsverträge zu integrieren. Dies einerseits, um eine allzu starke Verlagerung von Umweltbelastungen vom In- ins Ausland zu verhindern. Anderseits aber auch, um inländische Produzenten vor Importprodukten zu schützen, die wegen schwacher Umweltvorschriften im Ausland dort billiger produziert werden können. Bisherige Studien zeigen jedoch, dass diese Umweltklauseln nur geringfügig dazu beigetragen haben, die internationale Verlagerung

von Umweltlasten von reicheren in ärmere Länder zu reduzieren. Zudem bleibt umstritten, wie stark einzelne bilaterale Freihandelsabkommen, zusätzlich zur allgemeinen globalen Handelsliberalisierung, eine Verlagerung von Umweltbelastungen ins Ausland begünstigen. Starke Kritik aus Umwelt- und Entwicklungskreisen an Freihandelsabkommen der jüngeren Zeit hat allerdings dazu geführt, dass auch in der Schweiz solche Abkommen vor ihrem Abschluss und danach zumindest punktuell auf ihre Umwelteffekte hin bewertet werden. Ein Beispiel ist das Freihandelsabkommen zwischen der EFTA (zu der die Schweiz gehört) und den Mercosur-Staaten (SECO, 2020a, b). Keine solche Studie wurde hingegen zum Freihandelsabkommen zwischen der EFTA und Indonesien durchgeführt, gegen das aus Umweltüberlegungen das Referendum ergriffen wurde («Stop Palmöl»). Allerdings ist zu bemerken, dass das letztere Abkommen, das in der Abstimmung 2021 knapp angenommen wurde, den Marktzugang von Palmöl von einer nachhaltigen Produktion abhängig macht – eine weltweite Premiere in diesem Bereich.

(5) Technische und finanzielle Unterstützung für Umweltschutzmassnahmen in Entwicklungs- und Schwellenländern kann dazu beitragen, den Umweltfussabdruck der Schweiz im Ausland zu reduzieren oder zumindest zu kompensieren. Hier könnte die Schweiz noch mehr als bisher ihre bilaterale und multilaterale Entwicklungszusammenarbeit auch auf Umweltfragen ausrichten. Auf multilateraler Ebene ist die Schweiz im Exekutivrat des Globalen Umweltfonds (Global Environment Facility, GEF) und des Grünen Klimafonds (Green Climate Fund, GCF) vertreten. Zusätzlich unterstützt die Schweiz drei weitere Klimafonds, die mit der UNO-Klimakonvention verbunden sind (BAFU, 2019a, b). 2015 hat die Schweiz eingewilligt, den GCF über drei Jahre mit insgesamt 95 Millionen Franken zu unterstützen. Verglichen mit ihren Nachbarländern, ist die Schweiz damit nach Liechtenstein das am wenigsten grosszügige Land. Der Bundesrat geht beispielsweise immerhin davon aus, dass ein fairer Beitrag der Schweiz angesichts ihrer wirtschaftlichen Leistungsfähigkeit und des Verursacherprinzips eher bei 450 bis 600 Millionen US-Dollar pro Jahr liegen sollte, wobei auch der private Sektor eine wichtige Rolle spielt (BAFU, 2019a, b). Auch im Vergleich mit dem Jahresbudget der Schweiz von rund 3 Milliarden Franken für die gesamte öffentliche Entwicklungszusammenarbeit nehmen sich die Investitionen in die globale Umweltpolitik bisher eher bescheiden aus. Zudem befürchten Kritiker, dass ein substanzieller Teil der leicht angestiegenen Finanz-

hilfe im internationalen Umweltschutz zulasten der Armutsbekämpfung
und damit traditioneller internationaler Entwicklungszusammenarbeit
erfolgt. Um den Privatsektor stärker in solche Bemühungen einzubinden,
könnte diesem im Rahmen der Klimakompensation zudem ermöglicht
werden, im Ausland gezielt Unternehmen zu unterstützen, die zu mehr
Nachhaltigkeit in Schweizer Lieferketten beitragen.

Ausblick

Die Schweiz hat auf ihrem Territorium insbesondere seit den 1970er-
Jahren in vielen Bereichen Massnahmen ergriffen, die zu einer recht
hohen Umweltqualität geführt haben. Sie erscheint somit auch auf den
Spitzenplätzen internationaler Umweltrankings, die eine territoriale Perspektive einnehmen. In Bezug auf ihre Partizipation in internationalen
Umweltschutzabkommen und deren Umsetzung im Inland schneidet
die Schweiz ebenfalls gut ab. Und auch die Zusammenarbeit zwischen
der Schweiz und der EU im Umweltbereich verläuft weitgehend rei-
bungslos, zumal die Schweiz neue Umweltgesetze der EU meist post-
wendend übernimmt.

Die wohl wichtigste Schattenseite dieser insgesamt recht positiven
nationalen Erfolgsbilanz im Umweltschutz ist die Tatsache, dass rund
drei Viertel der gesamten Umweltbelastung, die der Schweizer Konsum
verursacht, im Ausland anfallen. Konkret bedeutet dies, dass die Bevölkerung und Wirtschaft der Schweiz in hohem Ausmass die Umwelt im Ausland belasten und damit die ansonsten positive Bilanz der Schweizer
Umweltaussenpolitik hinsichtlich Partizipation wenig vorteilhaft erscheinen lassen. Zugespitzt formuliert: Die Schweiz trägt bisher mehr zu globalen Umweltproblemen als zu deren Lösung bei.

Die skizzierten Handlungsoptionen können dazu beitragen, das
starke Missverhältnis zwischen innerstaatlicher Umweltqualität und den
von der Schweiz verursachten Umweltbelastungen im Ausland zu reduzieren. Es braucht jedoch eine intensivere politische Debatte darüber, wie
Verantwortlichkeiten und wirtschaftliche Lasten einer solchen Anpassung in der Gesellschaft verteilt werden sollen und welche der skizzierten
Handlungsoptionen in welcher Intensität und in welchen Zeiträumen zu
priorisieren sind. Dies bedeutet auch, dass die Umwelt(aussen)politik viel
systematischer als bisher Teil der aussenpolitischen Gesamtstrategie der
Schweiz werden sollte und dass sich die Umweltaussenpolitik der Schweiz
daran messen lassen sollte, wie viel sie zur Lösung globaler Umweltprob-

leme und damit auch zu den Nachhaltigkeitszielen der Vereinten Nationen beiträgt. In der Bundesverwaltung sind Bemühungen in diese Richtung erkennbar, im Parlament und den Parteien noch wenig und in der breiten Bevölkerung erst in Ansätzen.[1]

Anmerkung zu Kapitel 7

1   Ich bedanke mich bei David Bresch, Sara Gomm, Andreas Hauser, Oskar Jönsson, Dennis Kolcava, Stephan Pfister, David Presberger und Christian Robin für sehr hilfreiche Kommentare.

Literatur

BAFU (2018a): https://www.bafu.admin.ch/bafu/de/home/dokumentation/umweltbericht/umweltbericht-2018.html (abgerufen am 11.6.2021).

BAFU (2018b): https://www.bafu.admin.ch/bafu/de/home/themen/wirtschaft-konsum/inkuerze.html#-2001233795. (abgerufen am 11.6.2021).

BAFU (2018c): https://www.bafu.admin.ch/bafu/de/home/zustand/daten/umweltdaten.html (abgerufen am 11.6.2021).

BAFU (2019a): https://www.bafu.admin.ch/bafu/de/home/themen/internationales/themen-und-konventionen/internationale-umweltfinanzierung.html#1281029998 (abgerufen am 11.6.2021).

BAFU (2019b): https://www.bafu.admin.ch/bafu/de/home/themen/thema-wirtschaft-und-konsum/wirtschaft-und-konsum--daten--indikatoren-und-karten/wirtschaft-und-konsum--indikatoren/indikator-wirtschaft-und-konsum.pt.html/aHR0cHM6Ly93d3cuaW5kaWthdG hdG9yZW4uYWRtaW4uY2gvUHVibGic/ljL0FlbURldGGpbD9pbmQ9R1cwMTgmbG5n PWRlJlN1Ymo9Tg%3d%3d.html (abgerufen am 11.6.2021).

BAFU (2020): https://www.bafu.admin.ch/bafu/de/home/themen/klima/fachinformationen/klima-und-finanzmarkt.html (abgerufen am 11.6.2021).

BfS (2020): https://www.bfs.admin.ch/bfs/de/home/statistiken/volkswirtschaft/volkswirtschaftliche-gesamtrechnung/bruttoinlandprodukt.html (abgerufen am 11.6.2021).

Brandi, Clara; Schwab, Jakob; Berger, Axel & Morin, Jean Frédéric (2020): Do environmental provisions in trade agreements make exports fromdeveloping countries greener? In: *World Development* 129: 104899.

Bundesrat (2018): Rohstoffsektor Schweiz: Standortbestimmung und Perspektiven. https://www.seco.admin.ch/seco/de/home/Aussenwirtschaftspolitik_Wirtschaftliche_Zusammenarbeit/Wirtschaftsbeziehungen/Rohstoffe.html (abgerufen am 11.6.2021).

CAT (Climate Action Tracker) (2020): https://climateactiontracker.org/countries/switzerland/ (abgerufen am 11.6.2021).

EPI (2020): https://epi.envirocenter.yale.edu/epi-country-report/CHE (abgerufen am 11.6.2021).

EEA (2020): https://www.eea.europa.eu/soer/2020 (abgerufen am 11.6.2021).

ESS (2016): https://www.europeansocialsurvey.org/download.html?file=ESS8e02_1&y=2016 (abgerufen am 11.6.2021).

Fassbender, Bardo & Gübeli, Raffael (2018): Die gegenwärtig gültigen völkerrechtlichen Verträge der Kantone. Versuch einer systematischen Bestandesaufnahme. ZBl 3, 107–123.

GFN (2020): https://data.footprintnetwork.org/#/ (abgerufen am 11.6.2021).

GfS (2018): https://gfs-zh.ch/wp-content/uploads/2018/11/gfszh_Ux-Umwelt-2018_def.pdf (abgerufen am 11.6.2021).

IEA (2020): https://iea.uoregon.edu/country-members (abgerufen am 11.6.2021).

Ingold, Karin; Lieberherr, Eva; Schläpfer, Isabelle; Steinmann, Kathrin & Zimmermann, Willi (2016): Kommentierte Übersicht über die Literatur zur Entwicklung der Schweizer Umweltpolitik: Webanhang zu Umweltpolitik der Schweiz – ein Lehrbuch. Dike Verlag: Zürich, S. 17–35.

Kolcava Dennis; Nguyen, Quynh & Bernauer, Thomas (2019): Does trade liberalization lead to environmental burden shifting in the global economy? *Ecological Economics* 163:98–112.

Massnahmen des Bundes für eine ressourcenschonende, zukunftsfähige Schweiz (Grüne Wirtschaft. https://www.bafu.admin.ch/bafu/de/home/themen/wirtschaft-konsum/fachin formation/massnahmen-des-bundes-fuer-ressourcenschonung.html (abgerufen am 11.6.2021).

Mieg, Harald A. & Häfeli, Ueli (2019): Umweltpolitik in der Schweiz: Von der Forstpolizei zur Ökobilanzierung. NZZ Libro: Zürich.

O'Neill, D. W.; Fanning, A. L.; Lamb, W. F. & Steinberger, J. K. (2018): A good life for all within planetary boundaries. *Nature Sustainability*. Doi: 10.1038/s41893-018-0021-4.

Oberle, Bruno, Transnationale Umweltpolitik. In: Mieg, Harald A. & Häfeli, Ueli (2019): Umweltpolitik in der Schweiz: Von der Forstpolizei zur Ökobilanzierung. NZZ Libro: Zürich.

SECO (2020a): https://www.seco.admin.ch/seco/de/home/Aussenwirtschaftspolitik_Wirtschaft liche_Zusammenarbeit/Wirtschaftsbeziehungen/Freihandelsabkommen/Liste_der_ Freihandelsabkommen_der_Schweiz.html (abgerufen am 11.6.2021).

SECO (2020b): https://www.newsd.admin.ch/newsd/message/attachments/61956.pdf (abgeru-fen am 11.6.2021).

SUP (2020): https://istp.ethz.ch/umweltpanel.html (abgerufen am 11.6.2021).

UNEP (2021): https://www.unep.org/news-and-stories/press-release/new-unep-synthesis-provi des-blueprint-urgently-solve-planetary (abgerufen am 11.6.2021).

Walter, François (1996): Bedrohliche und bedrohte Natur. Umweltgeschichte der Schweiz seit 1800. Chronos: Zürich.

8. Entwicklung und Zusammenarbeit: Gemeinsam oder allein?

Isabel Günther, Fritz Brugger

Die Schweizer Entwicklungszusammenarbeit ist ein relativ neues Politikfeld, das erst seit 1976 Teil der Schweizer Aussenpolitik ist. Die sogenannte offizielle Schweizer Entwicklungszusammenarbeit (oder ODA für Official Development Assistance) wird aus Steuergeldern im Umfang von 3,1 Milliarden Franken pro Jahr (Stand 2018) finanziert. Sie wird von der Direktion für Entwicklung und Zusammenarbeit (DEZA) im Aussendepartement und dem Staatssekretariat für Wirtschaft (SECO) im Wirtschaftsdepartement eingesetzt, um die internationale Zusammenarbeit der Schweiz mit Ländern des Globalen Südens zu stärken und weltweit humanitäre Hilfe zu leisten. Im internationalen Vergleich steht die Schweiz mit diesem Finanzvolumen, das nur 0,44 Prozent des Bruttoinlandprodukts (BIP) ausmacht, im Mittelfeld; europäische Länder wie zum Beispiel Schweden (1,04 Prozent), Norwegen (0,94 Prozent) oder Deutschland (0,61 Prozent) weisen einen höheren Anteil am BIP auf. Die Schweizer Politik tut sich also schwer damit, die im Rahmen der UNO international vereinbarten 0,7 Prozent des BIP zu investieren. Selbst die vom Parlament im Jahr 2011 beschlossenen 0,5 Prozent werden meist nicht erreicht. Dabei ist zu beachten, dass in dieser Berechnung der ODA auch Ausgaben für Asylsuchende in der Schweiz und Kompensationszahlungen an ärmere Länder für den von den Industrienationen verursachten Klimawandel verbucht werden.

Die Ausrichtung der Schweizer Entwicklungszusammenarbeit stützt sich auf das Bundesgesetz über die internationale Entwicklungszusammenarbeit und humanitäre Hilfe von 1976: «Die internationale Entwicklungszusammenarbeit und humanitäre Hilfe sind Ausdruck der

Solidarität, die eines der Prinzipien darstellt, nach denen die Schweiz ihr Verhältnis zur internationalen Gemeinschaft gestaltet, und entsprechen der weltweiten Verflechtung. Sie beruhen auf der gegenseitigen Achtung der Rechte und Interessen der Partner. Die Massnahmen nach diesem Gesetz berücksichtigen die Bedürfnisse der Bevölkerung, für die sie bestimmt sind.» Im Fokus der Entwicklungspolitik der Schweiz stehen demnach Solidarität, Partnerschaft und die Bedürfnisse der Bevölkerung. Die Entwicklungszusammenarbeit ist aber nicht nur Ausdruck der globalen Verantwortung, die durch den Wohlstand der Schweiz geboten ist; sie ist auch ein aussenpolitisches Instrument, das zur globalen Stabilität und somit Schweizer Sicherheit beiträgt. Der Entwicklungsausschuss der OECD sagt dazu (OECD-DAC): «Beyond our shared moral concerns for those less fortunate, we consider that reducing global inequalities is essential to our common interest, given the potential impact on regional and global security, international co-operation and sustainable development» (OECD-DAC, 2001). Die Reduktion globaler Ungleichheiten ist somit sowohl ein Akt der Solidarität als auch im langfristigen Interesse aller Länder. Zusätzlich können Entwicklungsgelder der Industriestaaten auch als Reparationszahlungen für die Ausbeutung vieler Länder während der Kolonialzeit angesehen werden. Auch die Schweiz hat (indirekt) von dem System der Kolonialzeit stark profitiert, beispielsweise vom Transithandel (Purtschert et al., 2013).

Globale Trends seit 1990 und Auswirkungen
Über die letzten 30 Jahre hat sich die Entwicklungszusammenarbeit der Schweiz aufgrund geopolitischer und wirtschaftlicher Umwälzungen stark verändert. Stellvertretend soll hier auf die Folgen des Endes des Kalten Kriegs 1991, der Terroranschläge von 2001, der Finanzkrise von 2008, der grossen Migrationsströme von 2015 und auf die zunehmende wirtschaftliche Globalisierung und das wirtschaftliche Wachstum vieler Länder über die letzten 30 Jahre eingegangen werden.

Das Ende des Kalten Kriegs: Demokratieförderung und Good Governance
Nach dem Fall der Mauer und dem Ende des Kalten Kriegs traten geopolitische Motivationen für die Verteilung von Entwicklungsgeldern vermehrt in den Hintergrund, auch wenn sie immer noch eine nicht zu vernachlässigende Rolle spielen (Fuchs et al., 2014). Eine Reihe neuer Staaten erschien auf der Weltkarte, von denen die meisten zu Ländern wurden,

in denen Entwicklungsprogramme durchgeführt wurden, und alle ursprünglich mit dem Ostblock assoziierten Länder rückten in den Fokus der Schweizer EZ. Die Idee, dass sich die liberale Weltordnung mit demokratischem Staatsaufbau und freier Marktwirtschaft endgültig durchgesetzt habe, begann die Entwicklungspolitik zu dominieren. Zum einen zeigte sich das in der Förderung von Demokratie mit Entwicklungsgeldern. Demokratie und wirtschaftliche Entwicklung wurden teilweise als untrennbare Phänomene betrachtet. Während das für einige Geberländer vor allem Verfassungsreformen und die Durchführung von freien und fairen Wahlen beinhaltete, hat die Schweiz einen Fokus auf die Förderung von Verwaltungskompetenz, Rechtsstaatlichkeit, Dezentralisierung und Beteiligung der Zivilgesellschaft gelegt. Der Zugang zu Entwicklungsgeldern wurde global zunehmend an die Reformbereitschaft der Empfängerländer gebunden.

Diese «Blueprint»-Reformen entlang der Paradigmen der «Gewinner» des Kalten Kriegs müssen heute auch kritisch beurteilt werden: Dazu gehören einerseits die Etablierung «formaler» Demokratien, deren Regierungen nicht wirklich die Bevölkerung repräsentieren und die notwendigen Checks and Balances nicht aufweisen. Andererseits haben wirtschaftliche Reformprogramme wie der Washington Consensus zur Liberalisierung und Stabilisierung der Märkte zwar oft zu Wirtschaftswachstum, aber nicht zur Armutsreduktion geführt. Hinzu kommt, dass das ursprünglich als liberaldemokratisch gehandelte «Erfolgsmodell» angesichts der deutlichen Verbesserungen des Lebensstandards für die Bevölkerung in autoritären Staaten wie China, Oman oder Singapur heute von vielen Regierungen in ärmeren Ländern infrage gestellt wird. Auch in Europa bleibt das Entwicklungsmodell des letzten Jahrhunderts nicht ohne Kritik: Trotz des hohen Lebensstandards beobachten wir in vielen Ländern eine Zunahme von ökonomischer Ungleichheit bei gleichzeitiger ökologischer Gefährdung unseres Planeten.

Terrorismus: Entwicklungszusammenarbeit im Dienst der Sicherheit
In der Folge des aufkommenden Terrorismus zu Beginn des neuen Jahrtausends (z. B. die Anschläge in New York am 11. September 2001) wurden fragile Staaten zunehmend als Sicherheitsrisiko definiert, von den USA, der EU, aber auch von der UNO: «These countries had thus ‹become a menace not only to their own people, but also to their own neighbors, and indeed the world›» (Kofi Annan, 2001). Die Preventing-Violent-

Extremism-Agenda der westlichen Staaten entspringt dieser Wahrnehmung. Nachdem die Aufmerksamkeit in den 1990er-Jahren den Staaten mit Good Governance galt, die wirtschaftliche und politische Reformen durchführten, und viele fragile Staaten deshalb kaum Entwicklungsgelder erhielten (die sogenannten Aid Orphans), führte der Security-Development-Nexus zu einer Neupriorisierung der Geldflüsse in fragile Staaten. Fragilität wird definiert als eine Kombination aus schwachen Institutionen, Konflikten, fehlender Einhaltung von Menschenrechten und ungenügender Grundversorgung der Bevölkerung, die zusammen die Notwendigkeit externer Intervention begründeten. Nicht zuletzt aus der Wahrnehmung heraus, dass vor allem *über* sie und nicht *mit* ihnen geredet wird, haben 2010 sieben Regierungen von Staaten, die von aussen als fragil etikettiert wurden, eine Koalition gegründet – mit dem Ziel, ihre Prioritäten im internationalen Dialog über Fragilität einzubringen. Zehn Jahre nachdem reichere Länder fragile Staaten als Sicherheitsrisiko deklarierten, wurden 2011 in Busan die Peacebuilding and Statebuilding Goals zwischen Geberländern und den fragilen Staaten als Richtlinien für das Engagement in fragilen Staaten vereinbart. Die Schweiz hat in den letzten Rahmenkrediten ihr Engagement in diesen Ländern kontinuierlich ausgebaut.

Internationale Migration: Entwicklungszusammenarbeit im Schweizer Interesse?

In jüngerer Zeit hat der innenpolitische Diskurs den Anstieg der Migration als zusätzliche Sicherheitsbedrohung für Europa identifiziert, ganz besonders als 2015 die Zahl der Asylsuchenden in Folge des Syrienkriegs stark anstieg. Entsprechend erhöhte sich der innenpolitische Druck auf die Schweizer EZ, sich in den Dienst der Migrationspolitik zu stellen und Ursprungsländer der Migration zu priorisieren und Konditionalitäten für die migrationspolitische Kooperation einzuführen. Dieser Diskurs ist von der innenpolitischen Skepsis gegenüber Zuwanderung geprägt. Er ist weitgehend losgelöst von wissenschaftlicher Erkenntnis über Migrationsursachen und -folgen. Die Beweggründe für Migrationsentscheidungen sind komplex, und es ist wissenschaftlich stark umstritten, ob Entwicklungszusammenarbeit mittelfristig zu weniger Migration führt (Clemens und Mendola, 2020). Erst in Ländern mit mittlerem Einkommen sind höhere Einkommen ein Anreiz, im Herkunftsland zu bleiben, da der mögliche Einkommensgewinn im Ausland geringer wird.

Zudem ist hervorzuheben, dass Migration schon immer eine essenzielle Rolle für die Entwicklung aller Menschen und Länder gespielt hat (zum Beispiel auch für die Schweiz im 19. Jahrhundert). Seit einigen Jahren sind die Rücküberweisungen von Migranten in ihre Herkunftsländer dreimal so hoch wie Gelder der internationalen EZ. Die Migration ist zudem eines der effektivsten Mittel der globalen Armutsbekämpfung (Adams und Page, 2005). Mobilität (wenn auch nicht die Niederlassungsfreiheit) ist als Menschenrecht anerkannt (Allgemeine Erklärung der Menschenrechte, Art 13). Die Aufgabe der Schweizer Entwicklungszusammenarbeit sollte deshalb sein, die Migrationsbewegungen als Teil der Globalisierung mit effektiven Massnahmen zu flankieren, sodass die positiven Folgen der Migration für Menschen die negativen Folgen dominieren. Bemühungen, um Kohärenz zwischen der Schweizer Migrationspolitik und der Entwicklungspolitik herzustellen, sind bisher durch innenpolitische Mehrheiten blockiert, wie sich exemplarisch am parlamentarischen Ringen um die Unterzeichnung des UN-Migrationspakts zeigt.

Globale Gouvernanz: Arbeiten in Netzwerken und mit Zielkonflikten

In den vergangenen 20 Jahren hat die Anzahl der Institutionen, die grenzüberschreitende Probleme angehen, stark zugenommen. Neben staatlichen und internationalen Organisationen sind private und zivilgesellschaftliche Akteure getreten. Die globale Gouvernanzstruktur in der Entwicklungszusammenarbeit wird deshalb heute typischerweise als Patchwork beschrieben, wegen der unterschiedlichen Zusammensetzung solcher Initiativen sowie der überlappenden Regime für gewisse Themenfelder. Das Arbeiten in verschiedenen Netzwerken prägt die Entwicklungszusammenarbeit im 21. Jahrhundert.

Der Übergang von den Millenniumszielen MDGs (2000–2015) zur Agenda 2030 und den nachhaltigen Entwicklungszielen SDGs (2015–2030) stellt den zweiten, für die Entwicklungszusammenarbeit besonders relevanten Paradigmenwechsel auf der Ebene der globalen Gouvernanz dar. Die MDGs waren als klare «Armutsagenda» ausgestaltet und zielten ausschliesslich auf Länder mit niedrigem und mittlerem Einkommen ab. Sie waren im Wesentlichen nur den Akteuren der Entwicklungszusammenarbeit bekannt. Im Gegensatz dazu geht die Agenda 2030 davon aus, dass Entwicklung nur global (reiche und arme Länder) und umfassend (ökonomisch, sozial, ökologisch und politisch) gedacht und angestrebt werden kann. Alle Länder der Welt haben sich verpflichtet, die Ziele der Agenda 2030 national umzusetzen. Die Agenda 2030 setzt einen gemeinsamen Bezugsrahmen für die Zusammenarbeit zwischen den Sektoren der öffentlichen Hand, der Zivilgesellschaft und der Privatwirtschaft: Viele Firmen haben die SDGs in ihre Unternehmensstrategie aufgenommen. Kritiker stellen die 17 Oberziele der SDGs mit ihren 169 Unterzielen als zu breit, inkohärent und oft nicht messbar infrage. Befürworter sehen in der Agenda 2030 transformatives Potenzial. Auf jeden Fall führt sie zu Zielkonflikten – zum Beispiel, wenn Umweltschutz zusammen mit hohen Wachstumsraten gedacht werden muss – und zu höherer Komplexität durch die Notwendigkeit, Entwicklungszusammenarbeit zusammen mit anderen Akteuren (wie zum Beispiel der Handels- oder Umweltpolitik) zu koordinieren. Verschiedene Beobachter fordern, dass die Schweiz ihre Entwicklungszusammenarbeit systematischer und umfassender an der Agenda 2030 ausrichtet sowie explizit mit innenpolitischen Themen verknüpft, zum Beispiel im Bereich der Klima- und Biodiversitätspolitik.

Globalisierung: Der Privatsektor als neuer Partner?

In den letzten 30 Jahren hat sich die wirtschaftliche Globalisierung noch mal stark beschleunigt; sowohl durch Innovationen in der Kommunikationstechnologie und im Personen- und Güterverkehr als auch durch die weltweite Handelsliberalisierung. Im Zuge der internationalen Aufgliederung der Wertschöpfungsketten und Auslagerung von Tätigkeiten in Länder mit niedrigeren Löhnen hat die Bedeutung ausländischer Direktinvestitionen (FDI) in ärmere Länder weiter an Gewicht gewonnen; sowohl was den Kapitalfluss als auch die Schaffung von Arbeitsplätzen betrifft. Diese Entwicklung wird unterschiedlich beurteilt.

Einige fordern eine stärkere Rolle von Unternehmen in der Schweizer EZ, um Problemlösungskapazitäten zu erhöhen. So wurde in der «Botschaft zur Internationalen Zusammenarbeit 2021–2024» der Zusammenarbeit mit dem Privatsektor eine sehr viel grössere Rolle beigemessen als in vorherigen Botschaften. Diese Forderung baut auf einen Paradigmenwechsel im Jahr 2002 auf globaler Ebene auf: Der World Summit on Sustainable Development (WSSD) erwähnte den Privatsektor zum ersten Mal in einem internationalen Dokument als aktiven Teilnehmer der globalen Gouvernanz. Auch für die Finanzierung von internationalen Organisationen spielen private Akteure (vor allem Stiftungen) eine immer zentralere Rolle; so ist die Bill and Melinda Gates Foundation mittlerweile eine der grössten Geldgeberinnen der Weltgesundheitsorganisation (WHO).

Kritische Stimmen fragen hingegen nach dem Einhalten von Sozial- und Umweltstandards und der Verantwortung von multinationalen Unternehmen in Ländern mit schwachen Institutionen. Sie werfen die Frage auf, ob freiwillige Verpflichtungen, wie die UN Guiding Principles on Business and Human Rights (UN-BHR), die die offizielle Schweiz aktiv unterstützt, ausreichen, um sicherzustellen, dass ausländische Direktinvestitionen Menschenrechte und Umweltstandards nicht unterminieren. Viele Akteure in der Schweiz fordern deshalb eine rechtlich verbindliche Ordnung für internationale Unternehmen und haben 2015 die Konzernverantwortungsinitiative eingereicht, die zwar im November 2020 von einer knappen Mehrheit der Schweizer Bevölkerung befürwortet wurde, aber das Ständemehr nicht erreichte.

Finanzkrise 2008 und Wirtschaftswachstum: Die Relevanz der Steuerbehörden
Für die meisten Länder in Asien und Lateinamerika, aber auch für einige Länder in Afrika hat in den letzten 30 Jahren die Bedeutung der ODA dank starken Wirtschaftswachstums deutlich abgenommen. Gelder der Entwicklungszusammenarbeit betragen heute in fast allen Ländern weniger als 5 Prozent des Bruttoinlandsprodukts (BIP). Mit höherem Pro-Kopf-Einkommen steigt die Möglichkeit für Staaten, eigene Steuereinnahmen zu generieren. Hinzu kommt, dass Direktinvestitionen und Rücküberweisungen von Migranten stark an Bedeutung gewonnen haben und viele Länder einen besseren Zugang zu internationalen Kapitalmärkten haben. Während die ODA im Jahr 1990 mit etwa 60 Milliarden US-Dollar noch 25 Prozent der gesamten internationalen Finanzflüsse in ärmere Länder ausmachte, waren dies im Jahr 2015 – trotz eines Anstiegs der ODA auf 150 Milliarden US-Dollar – nur noch weniger als 10 Prozent. Allerdings darf diese Entwicklung nicht darüber hinwegtäuschen, dass Direktinvestitionen oder Rücküberweisungen – im Gegensatz zu Entwicklungs- oder Steuergeldern – sehr beschränkt für öffentliche Ausgaben zur Verfügung stehen.

Steuern sind somit weiterhin die wichtigste Einnahmequelle für Staaten, um ihre Kernaufgaben wahrzunehmen. Während die Steuereinnahmen in OECD-Ländern im Durchschnitt über 34 Prozent des BIP erreichen, sind es in vielen Ländern mit niedrigem und mittlerem Einkommen lediglich 5–25 Prozent. Deshalb sind die Gelder der internationalen Entwicklungszusammenarbeit für die ärmsten Staaten nach wie vor wichtig. Die Finanzkrise 2008 und die darauffolgende globale Rezession haben in europäischen Ländern, wie auch der Schweiz, jedoch diejenigen politischen Akteure gestärkt, die die Entwicklungszusammenarbeit reduzieren wollen. In Folge dieser Konstellation hat die Unterstützung von Steuerbehörden in Ländern mit mittlerem Einkommen in den letzten zehn Jahren stark an Bedeutung gewonnen. Der «bisher vernachlässigte Entwicklungsfaktor» lokale Steuereinnahmen wurde ins Zentrum der Diskussion um die Entwicklungsfinanzierung gerückt, und die SDGs weisen ein eigenes Ziel dafür auf (SDG, 17.1). Die Schweiz gehört heute, mit dem SECO, zu den führenden Unterstützern von nationalen Steuerbehörden.

Bei der internationalen Unternehmensbesteuerung stehen allerdings weiterhin die Interessen der Schweiz denjenigen der wirtschaftlich und institutionell schwächeren Länder gegenüber. Die geltenden, von der OECD vermittelten Regeln der Besteuerung multinationaler Unternehmen sind für viele fachlich minimal ausgerüstete Steuerbehörden kaum umsetzbar, was zu einer Steuervermeidung und -optimierung zuungunsten dieser Länder führt. Diese unlauteren Geldabflüsse aus Afrika betragen 30 bis 60 Milliarden US-Dollar pro Jahr; EZ-Gelder nach Afrika betragen 50 Milliarden US-Dollar (Cobham und Janský, 2018). Wie viel die nach der Finanzkrise initiierten Reformen des noch laufenden Base-Erosion-and-Profit-Shifting-Projekts (BEPS) der OECD daran ändern, kann zurzeit noch nicht beurteilt werden. Entwicklungspolitisch von Bedeutung ist in diesem Zusammenhang auch die Frage, ob die OECD als Klub von gegenwärtig 37 reichen Ländern die legitime Organisation ist, innerhalb deren die globale Steuerarchitektur reformiert werden kann (Brugger, 2021).

Der Beitrag der Schweizer Entwicklungszusammenarbeit
zur globalen Armutsreduktion

In den vergangenen 30 Jahren ist die globale extreme Armut (weniger als 1,90 internationale Dollar Konsum pro Tag) stark zurückgegangen, von 36 Prozent im Jahr 1990 auf weniger als 10 Prozent der Weltbevölkerung im Jahr 2018. Auch wenn ein menschenwürdiges Dasein mit knapp über 1,90 internationale Dollar pro Tag noch nicht gegeben ist und immer noch 65 Prozent der Weltbevölkerung von weniger als 10 internationalen Dollar pro Tag leben, ist dieser Fortschritt historisch gesehen ein einmaliger und enormer Erfolg in der Armutsbekämpfung. Er hat in allen Regionen der Welt – ausser in Afrika – auch zu einer Nettoabnahme der Zahl der Armen geführt. Fast alle anderen wichtigen Entwicklungsindikatoren wie die Kindersterblichkeit, Ernährungssicherheit, Trinkwasserversorgung oder Schulbildung haben sich in diesem Zeitraum global gesehen ebenfalls positiv entwickelt.

Was war der Beitrag der (Schweizer) Entwicklungszusammenarbeit zu diesem enormen Fortschritt – vor dem Hintergrund, dass in den ersten zwei Dekaden des 21. Jahrhunderts nicht nur weltweit das Budget der offiziellen Entwicklungszusammenarbeit zugenommen hat, sondern auch die mediale Kritik der EZ? Verschiedene einflussreiche populärwissenschaftliche Publikationen (z. B. Easterly, 2007) haben die Wirksamkeit von Entwicklungsprogrammen immer wieder grundsätzlich infrage gestellt; diese Kritik ist von verschiedenen Schweizer Medien und Mitgliedern der Bundesversammlung aufgenommen worden. Kritiker weisen darauf hin, dass den Regierungen von Staaten, die Entwicklungsgelder erhalten, der Anreiz fehlt, funktionierende institutionelle Rahmenbedingungen zu schaffen, um wirtschaftliches Wachstum zu fördern und Steuereinnahmen zu erhöhen.

Solche Bedenken haben sich insofern positiv ausgewirkt, als dass der Druck gestiegen ist, gegenüber den Steuerzahlenden Rechenschaft über die Ergebnisse der durch öffentliche Gelder finanzierten Entwicklungszusammenarbeit abzulegen und deren Wirksamkeit zu erhöhen. Dies zeigt sich zum Beispiel in der Aid-Effectiveness- und der Results-Based-Management-Agenda der OECD-DAC. Gleichzeitig hat auch die Wissenschaft dazu beigetragen, die Wirkungsmessung der Entwicklungszusammenarbeit zu verbessern, unter anderem durch die Verwendung von Experimenten, die kausale Aussagen über die Wirkung verschiedener Entwicklungsstrategien erlauben. Für diese Bemühungen wurde Esther Duflo, Abhijit Banerjee und Michael Kremer 2019 der Nobelpreis für Ökonomie verliehen. Im öffentlichen medialen Diskurs sowie in der EZ-Praxis werden jedoch bestehende wissenschaftliche Erkenntnisse noch nicht systematisch berücksichtigt – auch wenn die Schweizer Entwicklungshilfe Forschungsarbeiten zu Entwicklungsfragen finanziell stark unterstützt (Roquet et al., 2018). Dies soll sich mit der «Botschaft der Schweiz zur Internationalen Zusammenarbeit 2021–2024» verbessern, die der Zusammenarbeit mit den Universitäten und der Nutzung von Forschungsergebnissen für die Ausrichtung der Entwicklungszusammenarbeit ein stärkeres Gewicht gibt.

Aus bisherigen wissenschaftlichen Studien lassen sich in Bezug auf die Wirksamkeit der Entwicklungszusammenarbeit zum Wirtschaftswachstum und zur Armutsreduktion folgende Schlussfolgerungen ableiten: Der Einfluss von Geldern der Entwicklungszusammenarbeit auf das Wirtschaftswachstum ist gering. Das liegt erstens an den begrenzten finanziellen Mitteln der EZ. Während globale Finanzflüsse und Steuereinnahmen in Entwicklungsländern stark zunehmen, sind Entwicklungsgelder über die letzten Jahre kaum gestiegen: Ihr relativer Einfluss nimmt also kontinuierlich ab. Zweitens haben viele von der Entwicklungszusammenarbeit finanzierte Programme nicht das Ziel, die wirtschaftliche Situation der Bevölkerung direkt zu verbessern, sondern fliessen in soziale Infrastruktur, wie Gesundheit oder Bildung, und werden erst langfristig ökonomische Auswirkungen haben. Drittens ist das politische und wirtschaftliche Eigeninteresse der Länder, die Entwicklungsgelder vergeben, zu betrachten. Mehrere wissenschaftliche Studien zeigen, dass die Allokation der Entwicklungszusammenarbeit auch nach dem Kalten Krieg geopolitischen und/oder wirtschaftlichen Interessen der Industrieländer folgt (Fuchs et al., 2014). Da diese Gelder ein anderes Ziel haben, tragen sie weniger zur Armutsreduktion bei. Vor diesem Hintergrund ist die schrittweise Integration der DEZA ins Aussendepartement interessant. Es ist zu hoffen, dass die Entwicklungszusammenarbeit dadurch nicht den wirtschaftlichen und politischen Interessen der Schweiz untergeordnet wird.

Da Wirtschaftswachstum und auch Armutsreduktion oft nicht das Ziel von Entwicklungsgeldern sind, beschäftigt sich die Wissenschaft heute vor allem mit der Frage, inwiefern verschiedene Entwicklungsprogramme direkt die Lebensbedingungen von Menschen verbessern. Einen guten Überblick über diese Studien geben die Evidence Gap Maps der Organisation 3ie.[1]

Die Schweiz ist finanziell gesehen ein Nischenplayer. Ihre Wirkung erzielt die Schweiz durch eine grosse thematische Konstanz. Über die letzten Jahre gehören zu den Schwerpunkten der Aufbau der sozialen Infrastruktur (Wasserversorgung, Bildung, Gesundheit), die Förderung der Landwirtschaft und der Themenbereich Gouvernanz (Partizipation, Behördenkompetenz, Rechenschaftsmechanismen, Dezentralisierung). Weiter unterstützt die Entwicklungszusammenarbeit der Schweiz die Förderung von Kleinunternehmen. Verschiedene wissenschaftliche Studien haben gezeigt, dass bisher vor allem Projekte im Bereich Grundbildung und Gesundheit effektiv waren, während Entwicklungsprojekte zur Förderung der Landwirtschaft, Gouvernanz und des Privatsektors weniger oft ihre Ziele erreicht haben (Thiele, 2021).

Die Erkenntnisse aus der wissenschaftlichen Literatur bieten Entscheidungsträgern der Entwicklungszusammenarbeit eine gute Grundlage, wenn es darum geht, welche Entwicklungsstrategien Erfolg versprechend sind und welche nicht. Allerdings sollte man sehr vorsichtig mit der Forderung sein, Entwicklungsgelder nur noch dort einzusetzen, wo deren Wirkung bereits wissenschaftlich untersucht wurde. Nicht jeder Nutzen der Entwicklungszusammenarbeit ist durch wissenschaftliche Studien überprüfbar. Die Auswirkungen eines Projekts zur Demokratieförderung sind beispielsweise entweder schwer in Zahlen zu fassen oder mit wissenschaftlichen Methoden kaum zu untersuchen – im Gegensatz zu einem Projekt, das Moskitonetze zur Reduktion von Malaria in Dörfern verteilt. Zudem kann die Entwicklungszusammenarbeit, wie jedes andere Feld der Aussenpolitik, sich nur dann weiterentwickeln, wenn Raum für innovative Ansätze besteht, deren Wirkung noch ungewiss ist. Um globale Armutsreduktion weiter voranzutreiben, sind daher sowohl etablierte grosse Programme notwendig, deren Nutzen auf wissenschaftliche Evidenz gestützt sind, wie auch kleine Programme, geprägt von Innovation und Flexibilität, um neue Ideen für bisher ungelöste Fragen zu generieren.

Unabhängig von den kritischen Diskussionen zur Wirksamkeit der Entwicklungszusammenarbeit befürwortet die Schweizer Bevölkerung weiterhin die Schweizer Entwicklungszusammenarbeit. Gemäss einer jährlich von der ETH durchgeführten Umfrage zur Sicherheit der Schweiz befürworten 60 Prozent der Bevölkerung eine Erhöhung der Gelder für die Entwicklungszusammenarbeit und über 75 Prozent eine aktivere Rolle der Schweiz in der internationalen Gemeinschaft (Tresch et al., 2019). Im Jahr 2019 haben 70 Prozent der Stadtzürcher Bevölkerung gar einer Vorlage zugestimmt, nach der 0,3–1 Prozent der Steuereinnahmen der Stadt Zürich in Projekte zur Bekämpfung der weltweiten Armut investiert werden sollen.

Die Zukunft der Schweizer Entwicklungszusammenarbeit
Die Zahl der Menschen, die in extremer Armut leben, sowie die Zahl der Länder mit niedrigem Einkommen haben über die letzten 30 Jahre stark abgenommen. Unabhängig von der bereits dargestellten Diskussion, welchen Beitrag die Entwicklungszusammenarbeit zu diesen Fortschritten

geleistet hat, steht angesichts dieser Entwicklung die Frage im Raum, ob die Entwicklungszusammenarbeit überhaupt noch nötig ist. Und wenn ja, braucht es neue Formen im Hinblick auf die globalen Umwälzungen der letzten drei Jahrzehnte wie auch auf die neuen Herausforderungen des 21. Jahrhunderts?

Die Agenda 2030 strebt an, die extreme Armut innerhalb der nächsten zehn Jahre weltweit zu eliminieren. Selbst wenn man wie die Weltbank bis Anfang des Jahres 2020 davon ausgehen würde, dass dies möglich ist, wird Armut, bei Lebensbedingungen von weniger als 10 internationalen Dollar pro Kopf und Tag, noch lange weiterexistieren. Selbst das Ziel, extreme Armut bis 2030 zu eliminieren, ist mittlerweile unwahrscheinlich und erfordert grössere Investitionen als bisher. Wegen der wirtschaftlichen Folgen der Covid-19-Pandemie wird zum ersten Mal seit 30 Jahren die globale extreme Armut wieder steigen (Sumner et al., 2020). Es ist folglich nicht absehbar, dass das zentrale Thema der EZ, die Reduktion globaler Ungleichheiten, schnell an Bedeutung verlieren wird. Auf der anderen Seite haben das Wirtschaftswachstum vieler Länder sowie die starke Zunahme von internationalen Kapitalflüssen zu einem Bedeutungsverlust der (finanziellen) Entwicklungszusammenarbeit beigetragen. Andere Akteure und Formen der internationalen Zusammenarbeit werden zudem an Bedeutung gewinnen. Die Entwicklungszusammenarbeit ist herausgefordert, ihre künftige Beziehung zu diesen Akteuren zu definieren.

In diesem Spannungsfeld gibt es zwei Szenarien für die Schweizer Entwicklungszusammenarbeit. Zum einen kann sich die Schweiz auf eine immer kleinere Anzahl an Ländern mit hoher Armut fokussieren und hier quasi als Spezialistin im Bereich der Armutsbekämpfung agieren, wobei das Instrumentarium verstärkt auf die verschiedensten Bedürfnisse der Länder angepasst werden muss. Eine zweite Option ist, dass die Schweizer Entwicklungszusammenarbeit ihr Wissen überall dort einbringt, wo es um globale Entwicklungsherausforderungen geht, die internationale Kooperation verlangen und bei denen die Bedürfnisse der Schwächsten der Gesellschaft mitgedacht werden müssen – wie zum Beispiel bezüglich der Covid-19-Pandemie oder der Klimakrise.

Szenario 1: Partnerschaft mit afrikanischen Staaten zur Armutsreduktion
Trotz des globalen Erfolgs der Armutsreduktion leben auf dem afrikanischen Kontinent immer noch 40 Prozent der Bevölkerung in extremer Armut. Die afrikanischen Staaten werden über die nächsten Jahre weiter-

hin auf internationale finanzielle Unterstützung angewiesen sein, um den meisten Menschen in absehbarer Zukunft ein Leben ohne wirtschaftliche und soziale Not zu ermöglichen. Die Herausforderungen der Armutsbekämpfung im Vergleich zu den letzten 30 Jahren haben sich aber geändert:

Klimakrise: Die Klimakrise wirkt sich besonders stark auf die ärmsten Länder aus, auch wenn diese Länder historisch kaum etwas zur Klimaerwärmung beigetragen haben. Einerseits müssen Überlegungen zum Klima noch sehr viel systematischer in Entwicklungsstrategien einfliessen und priorisiert werden. Andererseits verlangen die immensen Anpassungs- und Folgekosten nach zusätzlichen Finanzmitteln, um die Erfolge der Armutsreduktion der letzten 30 Jahre nicht zu gefährden. Im Pariser Klimaabkommen von 2015 haben sich die Industriestaaten dazu verpflichtet, den ärmeren Ländern jährlich 100 Milliarden US-Dollar zur Verfügung zu stellen, damit sich diese an die fortschreitende Klimaveränderung anpassen können. Gemäss dem Verursacherprinzip rechnet der Bundesrat für die Schweiz mit einem Beitrag von 400 Millionen Franken pro Jahr. Allerdings wurden bei dieser Berechnung nur die Inlandemissionen berücksichtigt, wobei die durch den Schweizer Konsum im Ausland generierten Emissionen fast zwei Drittel des Treibhausgas-Fussabdrucks der Schweiz ausmachen. Hinzu kommt, dass diese 400 Millionen Franken aus den derzeitigen 3 Milliarden Franken der Entwicklungszusammenarbeit finanziert werden sollen. Auch wenn umfangreiche inhaltliche Schnittstellen zwischen der Armutsreduktion und der Klimakrise bestehen, darf die Klimafinanzierung nicht auf Kosten bestehender Programme zur Armutsreduktion gehen.

Digitalisierung und Automatisierung: Die rasch voranschreitende Digitalisierung und Automatisierung erschweren zunehmend den Weg der wirtschaftlichen Entwicklung über die Produktion und den Export arbeitsintensiver Güter, den die asiatischen Länder in den 1990er-Jahren verfolgten (Baldwin, 2016). Hinzu kommt, dass die Wachstumsraten der meisten afrikanischen Staaten in den letzten Jahren vor allem von einem Ressourcenboom ausgelöst wurden und nur langsam ein Strukturwandel stattfindet. Nachhaltige Industrialisierung wird zunehmend zu einem Wettlauf zwischen Bildung und Technologie. Dies bedingt eine konsequente Abkehr von einem vorwiegenden Fokus auf den Zugang zu Grundschulbildung hin zur Qualität der Bildung und dem Ausbau der tertiären Bildungsangebote und Forschung. Die Wirtschaft muss digitalisiert werden. Um alle Menschen am technologischen – aber nicht arbeitsintensiven – Fortschritt durch Digitalisierung teilhaben zu lassen, muss zusätzlich vermehrt in den Ausbau von Sozialversicherungen, wie zum Beispiel nationalem oder internationalem Grundeinkommen, investiert werden. In Zukunft wird man sich wahrscheinlich noch weniger als in der Vergangenheit darauf verlassen können, dass ein positives Wirtschaftswachstum «automatisch» die Armut in einem Land reduziert.

Fragilität und Urbanisierung: Die Tatsache, dass immer mehr von extremer Armut betroffene Menschen in fragilen und konfliktbeladenen Ländern leben, wird die Zusammenarbeit zwischen humanitärer Hilfe, Friedensförderung und Entwicklungszusammenarbeit zur neuen Normalität werden lassen. Was bisher als lineare Interventionsabfolge von humanitärer Hilfe zur Friedensförderung und zur Entwicklungszusammenarbeit verstanden wurde, wird künftig parallel mit wechselnden Schwerpunkten zusammenspielen müssen. Auch in diesem Buch sind humanitäre Hilfe und Entwicklungszusammenarbeit (noch) getrennt behandelt. Dies widerspiegelt das gewachsene Denken, widerspiegelt aber immer weniger die Realität und noch weniger die Zukunft von flexiblen Finanzierungskrediten. Die rasante Zunahme der Bevölkerung im Allgemeinen und in den Städten Afrikas im Speziellen führt zusätzlich dazu, dass die Schweizer Entwicklungszusammenarbeit in naher Zukunft *urbaner* werden muss. Mehr als 50 Prozent aller Menschen leben mittlerweile in Städten, und bis 2050 wird die Anzahl der Menschen, die in Städten leben, auf 68 Prozent anwachsen. Dieser Trend wird zu einer schnell steigenden Nachfrage nach öffentlicher Infrastruktur und effektiver Verwaltungskapazität führen.

Es gibt aber nicht nur die neuen Herausforderungen Klimakrise, Digitalisierung, Fragilität und Urbanisierung. Die Entwicklungszusammenarbeit sollte in den nächsten Jahren unbedingt auch eine lange ignorierte *alte* Herausforderung annehmen. Die EZ, auch in der Schweiz, muss sich ihrer kolonialen Vergangenheit bewusster werden und bestehende Machtstrukturen und Stereotypen anerkennen und aktiver angehen (Purtschert et al., 2013).

Szenario 2: Globale Kooperationen für globale Herausforderungen
Die Eindämmung von Covid-19 und zukünftiger Pandemien, die Förderung des internationalen Wissenszugangs, der Schutz der Biodiversität, die Vermeidung von Finanzkrisen, Vermögenssteuer, geregelte internationale Migration, der Klimaschutz – all dies sind Themen, die

der Kontrolle einzelner Staaten entzogen sind und somit eine effektive internationale Kooperation erfordern. Die Globalisierung ist Ausgangspunkt dafür, dass die Konsequenzen einer Vielzahl an Ereignissen im 21. Jahrhundert immer weniger auf einen Staat oder eine Region begrenzt bleiben. Unabhängig davon, welche Staaten die Lösungen auf diese Herausforderungen finanzieren, nützen sie Bürgerinnen und Bürgern in allen Ländern – und machen sie somit zu sogenannten globalen öffentlichen Gütern. Die Entwicklungszusammenarbeit würde in der internationalen Zusammenarbeit aufgehen und könnte ihre Expertise in globaler Kooperation und Zusammenarbeit mit ärmeren Bevölkerungsgruppen mit einbringen. Die Schweiz würde als kleiner Player die internen politischen und finanziellen Ressourcen stärker bündeln und strategischer entscheiden müssen, in welchen Sektoren sie Schwerpunkte setzen will und wie sie einen sinnvollen Beitrag zu globalen Lösungen leisten kann.

Hier ist es wichtig zu betonen, dass die (bisher) stark begrenzten finanziellen Mittel der Schweizer Entwicklungszusammenarbeit es nicht erlauben, die globale Ungleichheit zu bekämpfen und gleichzeitig die Folgen des Klimawandels, von Pandemien und globalen Finanzkrisen für die Schwächsten der globalen Gesellschaft abzufedern. Hinzu kommt, dass diese globalen Herausforderungen immer stark mit anderen nationalen Politikbereichen der Schweiz gedacht und angegangen werden müssen. Hier wird die Herausforderung der Politikkoordination liegen: mehrheitsfähige Positionen zu finden, die die generellen Interessen der Schweiz und diejenigen der ärmeren Länder ausgleichen. Während es im langfristigen Interesse der Schweiz liegt, dass keine Bevölkerungsgruppen von globalen Dienstleistungen ausgeschlossen werden, machen kurzfristige politische und wirtschaftliche Gewinnerwartungen solche Prozesse oft schwierig. In der derzeitigen Covid-19-Situation ringt die Politik zum Beispiel mit der Frage, ob der Patentschutz für Impfstoffe zugunsten einkommensschwacher Länder gelockert werden sollte.

Nationalismus und Populismus oder Kooperation und Fakten: Schliesslich wird die Entwicklung der internationalen politischen Dynamik einen wesentlichen Einfluss darauf haben, welchen Spielraum internationale Entwicklungszusammenarbeit künftig überhaupt haben wird – sowohl für Szenario 1 also auch für Szenario 2. Auf der einen Seite kann ein erstarkender Populismus zu einer Deglobalisierung und einer Zunahme von Nationalismus führen. In der Zuspitzung könnte dies zu einem Wettbewerb zwischen zwei Systemalternativen führen, mit dem «Peking-Konsensus» als Gegenprojekt zur Agenda 2030. In einem kooperativen Szenario könnte die Covid-19-Pandemie zu mehr Verständnis für globale Abhängigkeiten führen und aufzeigen, dass die multilaterale Zusammenarbeit notwendig ist und gestärkt werden muss. Während der Ausgang dieser derzeitigen politischen Auseinandersetzung noch ungewiss ist, darf sich die Schweizer Entwicklungszusammenarbeit auf jeden Fall auf die Folgen einer immer schnelleren und einfacheren Gewinnung von Daten zu allen Lebensbereichen einstellen. Durch die Nutzung dieser Daten können Entwicklungsprogramme stärker auf bestehendem Wissen aufgebaut werden. Ausserdem werden Entscheidungsprozesse der Entwicklungszusammenarbeit und deren Folgen transparenter für die Bevölkerung – in der Schweiz wie auch in anderen Ländern. Der Wissensaustausch zur Reduktion globaler Ungleichheiten könnte demnach in Zukunft ins Zentrum treten, zu dem sämtliche Staaten und deren Zivilgesellschaft, Privatwirtschaft und Universitäten einen gewinnbringenden Beitrag leisten. Der Austausch von Wissen würde den Transfer von Geldern ersetzen, und die Entwicklungszusammenarbeit wäre nicht mehr durch die Kategorisierung der Beteiligten in finanzielle Geber und Empfänger dominiert. Im Fokus stünde der Diskurs über erfolgreiche Lösungsansätze für nationale und globale Entwicklungsherausforderungen – relevant für beide oben ausgeführten Szenarien.

Anmerkung zu Kapitel 8

1   https://www.3ieimpact.org/evidence-hub/evidence-gap-maps (abgerufen am 11.6.2021).

Literatur

Adams, Richard H. & Page, John (2005): Do international migration and remittances reduce poverty in developing countries? World Dev. 33, 1645–1669.

Baldwin, Richard (2016): The Great Convergence Information Technology and the New Globalization. The Belknap Press of Harvard University Press, Harvard.

Brugger, Fritz (2021): A safety net for you, a safety net for me? Financing social protection from an international political economy perspective, in: Günther, Isabel & Lahoti, Rahul (Eds.), Transitioning to No Poverty. MDPI, Basel.

Clemens, Michael A. & Mendola, Mariapia (2020): Migration from Developing Countries: Selection, Income Elasticity, and Simpson's Paradox. Center for Global Development Working Paper, 539.

Cobham, Alex & Janský, Petr (2018): Global distribution of revenue loss from corporate tax avoidance: re-estimation and country results. J. Int. Dev. 30, 206–232.

Easterly, William (2007): The White Man's Burden. Why the West's Efforts to Aid the Rest Have Done so Much Ill and so Little Good. Penguin Random House.

Fuchs, Andreas; Dreher, Axel & Nunnenkamp, Peter (2014): Determinants of Donor Generosity: A Survey of the Aid Budget Literature. World Dev. 56, 172–199.

OECD-DAC (2001): Rising to the Global Challenge: Partnership for Reducing World Poverty. Policy Statement by the DAC High Level Meeting upon endorsement of the DAC Guidelines on Poverty Reduction, Paris, 25–26 April 2001.

Purtschert, Patricia; Lüthi, Barbara & Falk, Francesca (Hrsg.) (2013): Postkoloniale Schweiz. Formen und Folgen eines Kolonialismus ohne Kolonien. Transcript Verlag, Berlin.

Roquet, Hervé; Kudrzycki, Bartlomiej; Rom, Adina; Metzger, Laura & Günther, Isabel (2018): Research evidence and impact evaluations at Swiss Development Cooperation (SDC). Zürich.

Sumner, Andy; Hoy, Chris & Ortiz-Juarez, Eduardo (2020): Estimates of the impact of COVID-19 on global poverty (No. 2020/43), WIDER Working Paper. UNU-WIDER, Helsinki.

Thiele, Rainer (2021): Development Cooperation, Growth and Poverty Reduction: A Survey of the Evidence, in: Günther, I., Lahoti, R. (Eds.), Transitioning to No Poverty. MDPI, Basel.

Tresch, T. S., Wenger, A., De Rosa, S., Ferst, T., Giovanoli, M., Moehlecke de Baseggio, E., Reiss, T., Rinaldo, A., Schneider, O., Scurrell, J. V. (2019): Sicherheit 2019. Aussen-, Sicherheits- und Verteidigungspolitische Meinungsbildung im Trend. Center for Security Studies (CSS) ETH Zurich, Zurich.

Datenquellen

http://www.oecd.org/dac/financing-sustainable-development/development-finance-data/statisticsonresourceflowstodevelopingcountries.htm (abgerufen am 11.6.2021).

https://ourworldindata.org/ (abgerufen am 11.6.2021).

Wirtschaft und Entwicklungszusammenarbeit: Das Beispiel Nestlé

Hans Jöhr und Christian Vousvouras im Gespräch mit Katja Gentinetta

Hans Jöhr war über 20 Jahre lang bei Nestlé und als Leiter Landwirtschaft zuständig für die gesamte Beschaffung der landwirtschaftlichen Rohstoffe. Bei Kooperationen mit dem Bund, etwa in Afrika und Südamerika, war er seitens Nestlé verantwortlich.

Christian Vousvouras ist heute im Bereich Public Affairs für das gesellschaftliche Unternehmensengagement zuständig. Die kritische Haltung traditioneller Entwicklungshilfe-Organisationen gegenüber dem Einbezug des privaten Sektors ist bekannt. Hier kommt ein Unternehmen zu Wort, das seit Langem in diesem Kontext tätig ist.

Bereits vor 90 Jahren verschiffte Nestlé Schweizer Kühe nach Brasilien, baute dort Milchdistrikte auf und trug so zur ländlichen Entwicklung bei. Heute arbeitet Nestlé mit über 600 000 Bauern in rund 40 Ländern zusammen, unterstützt sie bei ihrer Produktion und bringt ihre Produkte zu besseren Preisen an den Markt. Darunter sind auch Länder, in denen das Wirtschaften nur unter sehr erschwerten Bedingungen möglich ist. «Wir sind das Unternehmen, das bleibt, wenn andere gehen», sagt Hans Jöhr. «Dafür werden wir zwar immer heftig kritisiert. Aber wir glauben fest daran, dass es richtig ist, auch in schwierigen Zeiten zu Verbesserungen beizutragen. In Nicaragua oder Peru haben wir selbst in Bürgerkriegszeiten und unter Diktaturen oder Militärregimes weitergearbeitet. Unsere Fabriken wurden teilweise konfisziert. Aber ein Unterbruch der Nahrungsmittelversorgung wäre für die Bevölkerung katastrophal gewesen.»

Umgekehrt hat Nestlé in Venezuela und im Iran, als der Import von Rohmaterialien aufgrund der Inflation zunehmend teurer wurde, konsequent in den lokalen Anbau von landwirtschaftlichen Rohstoffen investiert und damit auch zahlreiche Arbeitsplätze geschaffen. In Nigeria wurde die gesamte Lieferkette lokal aufgebaut, und zwar nach europäischen Kindergesundheitsnormen. Bis die ISO-Normen kamen, galten Nestlé-Nahrungsmittelstandards als «Gold-Standard» in der Branche; in vielen afrikanischen Ländern ist das heute noch der Fall. Die Lebensmittel sollten sicher, gesund, verfügbar und erschwinglich sein für die lokale Bevölkerung; diesem Grundsatz ist das Unternehmen stets gefolgt, und es hat letztlich damit seinen Erfolg gesichert.

Nachhaltigkeitsanalysen von Landwirtschaftsbetrieben führt das Unternehmen bereits seit den 1990er-Jahren durch. Nach der gemeinsam mit Forschungsinstitutionen entwickelten Response-Including Sustainability Evaluation RISE, mit denen ökonomische, ökologische und soziale Parameter durchleuchtet werden, wurden Hunderte Landwirtschaftsbetriebe in 35 Ländern untersucht; allein in Chile profitierten 200 Betriebe von Analysen, Beratungen und Unterstützung. Mit Nestlés Sustainable Agriculture Initiatives SAIN werden Landwirtschaftsbetriebe laufend darin unterstützt, ihre Qualität und Effizienz zu steigern und gleichzeitig Risiken zu minimieren. Weltweit bietet Nestlé auch Programme für die Aus- und Weiterbildung lokaler Bäuerinnen und Bauern an. Allein letztes Jahr konnten rund 355 000 Bauern eine fünftägige Weiterbildung absolvieren. Um die Nachfolge von Bauernbetrieben zu sichern, hat der Konzern im Rahmen der Global Youth Initiative jüngst das «Agripreneurship»-Programm lanciert, das die nachkommende Generation nach dem Muster von Start-up-Accelerators auf die Hofübernahme vorbereitet. Nestlé exportiert damit auch das Schweizer Erfolgsmodell der dualen Bildung, nicht nur in der Landwirtschaft, sondern auch über Elektrikerlehren und andere mehr in den eigenen Fabriken. Es schafft damit nachhaltige Strukturen über Generationen.

Nestlé engagiert sich aber auch ausserhalb des eigentlichen Geschäfts. Zu den langjährigen Projektpartnern gehören etwa die Internationale Föderation der Rotkreuz- und Rothalbmond-Gesellschaften, das Netzwerk Ashoka oder auch die DEZA. In Kooperation mit der schweizerischen Entwicklungszusammenarbeit hat das Unternehmen jüngst mehrere Projekte im Bereich Wassermanagement durchgeführt. Zum Beispiel in Vietnam: Das Land ist heute der zweitgrösste Kaffeeproduzent weltweit, hat jedoch mit saisonaler Wasserknappheit zu kämpfen, die sich durch den Klimawandel auch noch zu verstärken droht und Millionen von Menschen treffen könnte. Während sich die DEZA mit den Behörden des Landes um bessere Rahmenbedingungen bemühte, arbeitete Nestlé mit rund 12 000 Kleinbauern zusammen, um deren Wassernutzung zu optimieren. «Das Projekt war ein ökologischer und ökonomischer Gewinn – für die Bauern und das Land», so Christian Vousvouras.

Über die Zeit hat sich die Art und Weise des Engagements gewandelt. Zu Beginn bestanden soziale Aktivitäten primär darin, Projekte Dritter zu finanzieren. Später wurden unter dem Titel der Corporate Social Reponsibility Kooperationen eingegangen und eigene Projekte lanciert, mit dem Ziel des gegenseitigen Nutzens, oft orientiert an den Millenniumszielen der UNO. «Heute stellen die 17 UN-Nachhaltigkeitsziele die Leitlinie für die Aktivitäten dar», sagt Christian Vousvouras. «Aufgrund unserer vielfältigen Tätigkeiten können wir zu allen 17 Zielen beitragen, und wir weisen dies auch in unserem Nachhaltigkeitsbericht aus. Da zahlreiche dieser Ziele ohne die Kooperation zwischen Wirtschaft und Staat nicht zu erreichen sind, brauchen wir den Staat als Projektpartner.» – Im Übrigen hat nicht zuletzt die Corona-Pandemie gezeigt, wie wichtig es ist, dass Wirtschaft und Politik zusammenarbeiten können. Auch hier hat Nestlé beigetragen – mittlerweile im Umfang von rund 90 Millionen Franken in Form von Geldern, Nahrungsmitteln, Wasser und medizinischer Nahrung.

Nestlé selbst folgt ausserdem seit 2006 konsequent der Leitlinie des Creating Shared Value, dem Prinzip der gemeinsamen Wertschöpfung. Verwaltungsratspräsident Paul Bulcke, der selbst seit über 40 Jahren bei Nestlé ist, ist fest davon überzeugt und sagt es bei jeder Gelegenheit, dass sich geschäftlicher Erfolg und gesellschaftlicher Nutzen gegenseitig bedingen: «Unser Unternehmen kann nicht langfristig erfolgreich sein, ohne einen Mehrwert für die Gesellschaft zu schaffen.»

Wenn nun noch stärker auf eine Kooperation mit dem Privatsektor gesetzt wird: Wo sind die grössten Hebel zu orten? Hans Jöhr sagt es so: «Unser Modell hat Verbesserungen für Generationen bewirkt. Aber es kann nicht das einzige sein. Lokale Produzenten müssen über die lokalen Märkte hinauswachsen können. In Zukunft muss es darum gehen, ihnen auch den europäischen und schweizerischen Markt zu öffnen. Dazu braucht es Kooperation mit kleinen, mittleren und grossen Unternehmen; auch Anschubfinanzierungen. Das Geld dazu ist vorhanden. Aber es braucht Organisationen und Köpfe, die mit den Märkten vertraut sind und gezielte Unterstützung leisten können.»

9. Migration: Im Konflikt zwischen Aussen- und Innenpolitik

Sandra Lavenex, Paula Hoffmeyer-Zlotnik, Philipp Lutz

In den letzten drei Jahrzehnten hat sich Migration von einem vornehmlich innenpolitischen Politikfeld zu einem Kernbereich der internationalen Politik entwickelt. Dabei navigiert die Migrationsaussenpolitik der
Schweiz im Fadenkreuz gegensätzlicher Dynamiken. Einer anhaltend
hohen wirtschaftlichen Nachfrage nach internationaler Mobilität stehen
gewachsene humanitäre Herausforderungen aufgrund von zunehmenden Konflikten und dem Zerfall ökonomischer und ökologischer Lebensgrundlagen in verschiedenen Teilen der Welt entgegen. Während diese
externen Faktoren nach verstärkter internationaler Zusammenarbeit
rufen, ist der innenpolitische Widerstand gegen Zuwanderung und gegen
die Einschränkung dieses Kernbereichs nationaler Souveränität gestiegen. Die Konsequenz ist eine ambitionierte, aber von gegensätzlichen
wirtschaftlichen, humanitären und sicherheitspolitischen Zielen geprägte
Migrationsaussenpolitik, deren Handlungsrahmen immer stärker durch
innenpolitische Debatten und Entscheidungen eingeschränkt wird.

Als Gastland der wichtigsten für die Migrationspolitik zuständi-
gen internationalen Organisationen und als Initiatorin wegweisender
Kooperationsprozesse hat die Schweiz eine zentrale Rolle in der Aufglei-
sung einer globalen Migrationsgouvernanz gespielt. Diese Vorreiterrolle
ist jedoch nicht immer innenpolitisch mitgetragen worden, wie jüngst
die Debatten um den Globalen Migrationspakt der Vereinten Nationen
gezeigt haben. Die Europapolitik der Schweiz ist ein zweiter aussenpolitischer Bereich, in dem das Thema Migration oberste Priorität geniesst.
Als assoziiertes Mitglied des Schengenraums und der Dubliner Verordnung ist die Schweiz gestalterisch in der EU-Migrationspolitik aktiv und

profitiert von den gemeinsamen Regelungen zur Aussengrenze oder zur Zuständigkeit für Asylgesuche. Innenpolitisch kontrovers hingegen ist die Personenfreizügigkeit mit der EU/EFTA geblieben, die als Teil des EU-Binnenmarkts Bedingung für die wirtschaftliche Assoziation ist. Migration nimmt auch einen wichtigen Platz in den bilateralen Aussenbeziehungen der Schweiz mit Drittstaaten ein, und dies in wachsendem Ausmass. Diese Priorität lässt sich auch in den jährlich publizierten Botschaften des Bundesrats über die internationale Zusammenarbeit der Schweiz ablesen. Wurde in der Botschaft 2013–2016 das Wort Migration (auch als Teilwort) noch 120-mal genannt, waren es in der Botschaft 2017–2020 schon 221-mal (Bundesrat, 2012, 2016).

Dieses Kapitel[1] bespricht nachfolgend die Entwicklung der Schweizer Migrationsaussenpolitik auf der multilateralen, europäischen, und bilateralen Ebene und setzt diese Entwicklung in Zusammenhang mit den wichtigsten innenpolitischen Herausforderungen seit den 1990er-Jahren. Auf dieser Basis rekapituliert der letzte Abschnitt Erfolge und Herausforderungen und endet mit Überlegungen zur zukünftigen Gestaltung der Migrationsaussenpolitik.

Die Schweiz als Förderin der multilateralen Migrationsgouvernanz

Die Entwicklung der modernen Schweiz ist stark verbunden mit internationaler Migration. Nach erheblichen Auswanderungswellen im 19. Jahrhundert wurde die Schweiz als frühindustrialisiertes Land bereits 1891 zum Netto-Einwanderungsland. Mit Ausnahme der Zwischenkriegszeit verzeichnet die Schweiz als kleine und offene Volkswirtschaft seitdem anhaltend hohe internationale Mobilität, sowohl Ein- als auch Auswanderung. Die Schweizer Gesellschaft ist daher massgeblich durch Migration geprägt: Von der ständigen Wohnbevölkerung besitzt ein Viertel kein Schweizer Bürgerrecht, und rund 40 Prozent haben einen Migrationshintergrund. Rund 70 Prozent der etwas über zwei Millionen Ausländer und Ausländerinnen in der Schweiz stammen aus EU/EFTA-Ländern. Die drei häufigsten Zuwanderungsgründe sind Erwerbstätigkeit im Rahmen der Personenfreizügigkeit, Familiennachzug sowie Aus- und Weiterbildung. Die Zulassung aus humanitären Gründen betrifft hingegen nur rund 5 Prozent der Zuwanderung (SEM, 2020a).

Dieser starken innenpolitischen Prägung durch Migration entspricht ein ausgeprägtes Engagement der Schweiz in der Förderung der internationalen Migrationsgouvernanz. Die wichtigsten internationalen

Institutionen im Migrationsbereich datieren aus der Zwischen- und Nachkriegsära und decken nur einzelne Teilbereiche der Migrationsproblematik ab. So beschäftigt sich die 1919 gegründete Internationale Arbeitsorganisation (ILO) der UNO mit den Rechten von Arbeitsmigranten. Doch beschränkt sich ihr Mandat nur auf Personen, die schon auf dem Territorium eines Mitgliedstaats ansässig sind, und nicht auf den Migrationsprozess an sich. Für Flüchtlinge besteht mit der Genfer Flüchtlingskonvention von 1951 und dem Hochkommissariat der Vereinten Nationen für Flüchtlinge (UNHCR) ein relativ gut entwickeltes internationales Regime. Doch entspricht die darin enthaltene Flüchtlingsdefinition mit ihrem Fokus auf individuell politisch Verfolgte nicht mehr der Komplexität heutiger Formen von Zwangsmigration, und es fehlen Leitlinien zur zwischenstaatlichen Zusammenarbeit. Wie problematisch dieser Mangel an Kooperationsregeln ist, zeigt sich nicht zuletzt in der Unfähigkeit der Staatengemeinschaft, auf die jüngsten Flüchtlingskrisen kooperativ zu reagieren. Mit der Internationalen Organisation für Migration (IOM) besteht eine dritte Instanz. Auch diese hat ihre Wurzeln in den 1950er-Jahren. Ohne eigene Regelungsbefugnisse und mit einer Finanzierungsbasis, die fast ausschliesslich auf projektgebundenen Beiträgen ihrer Mitgliedstaaten basiert, ist auch diese Organisation nicht dafür ausgestattet, eine Führungsrolle in der multilateralen Zusammenarbeit einzunehmen. Dies hat sich auch durch die Eingliederung der IOM in die Vereinten Nationen 2016 nicht grundlegend geändert.

Widerstände gegen eine stärkere internationale Zusammenarbeit zeigten sich schon früh. Zum einen gehört die Kontrolle über Einreise und Aufenthalt von Ausländern zum Kern nationaler Souveränität, zum anderen erschweren die Komplexität menschenrechtlicher, wirtschaftlicher, sicherheitspolitischer oder entwicklungspolitischer Aspekte der Migration sowie Interessensunterschiede zwischen Entwicklungs- und Industriestaaten die Definition gemeinsamer Interessen. Diese Gegensätze zeigten sich in der 1990 verabschiedeten UN-Konvention über die Rechte von Wanderarbeitern und ihren Familienangehörigen, die von keiner Industrienation, auch nicht der Schweiz, ratifiziert worden ist. Als Ausnahme von der generellen Abkehr vom Multilateralismus in Migrationsfragen seit den 1980er-Jahren kann man die Einfügung sehr beschränkter Klauseln zur Erleichterung der grenzüberschreitenden Dienstleistungserbringung im Rahmen des 1995 verabschiedeten Internationalen Übereinkommens über den Handel mit Dienstleistungen

(GATS) der Welthandelsorganisation ansehen. Die Tatsache, dass diese Klauseln aber nur einen sehr kleinen Kreis meist hoch qualifizierter Arbeitnehmender betreffen, schränkt die migrationspolitische Bedeutung dieses Abkommens ein. Dennoch zeigt sich daran die Vielschichtigkeit heutiger Migrationsbeziehungen.

Vor diesem Hintergrund liegt der Schwerpunkt der Schweizer Migrationsaussenpolitik darauf, den zwischenstaatlichen Dialog zu unterstützen. Ein wichtiger Wegbereiter war die 1991 lancierte «Berner Initiative». Vom damaligen Bundesamt für Flüchtlinge initiiert, zielte diese auf einen Prozess fortgesetzter Konsultationen zwischen allen von der Migration betroffenen Staaten – Herkunfts-, Transit- und Zielstaaten –, mit dem Bestreben, auf rechtlich nicht bindender Basis effiziente Kooperationsmechanismen zu erarbeiten. Als Ergebnis wurde die Internationale Agenda für Migrationsmanagement (IAMM) verabschiedet, die gemeinsam getragene Verständnisgrundlagen und als wirksam angesehene Praktiken im Umgang mit Migration beinhaltet. Der Text traf auf Zustimmung von mehr als 120 Staaten und fand Eingang in die Arbeit der Global Commission on International Migration. Mit der aktiven Unterstützung der Schweiz und vom damaligen UNO-Generalsekretär Kofi Annan im Jahr 2003 einberufen, hatte diese Expertenkommission das Ziel, ein gemeinsames Verständnis der Migration und der daraus resultierenden Prioritäten für die Zusammenarbeit zu fördern. Die Kommission schloss ihre Arbeit 2005 mit einem Bericht ab, der das Festhalten der Regierungen am Primat der staatlichen Souveränität feststellte.

So konzentrierten sich die darauffolgenden Aktivitäten weiterhin darauf, durch Konsultationen einen breiteren Konsens zu fördern. Die Schweiz engagierte sich für einen vertieften Dialog auf Ministerebene zu den Wechselwirkungen zwischen Migration und Entwicklung – ein Thema, für das vorangehende Konsultationen eine vergleichsweise grössere Interessenkonvergenz angezeigt hatten. Der erste sogenannte High Level Dialogue on Migration and Development fand im September 2006 statt und mündete in die Gründung einer neuen Plattform: dem Global Forum for Migration and Development (GFMD). Die Schweiz unterstützt das Forum seit seiner Gründung und nimmt aktiv an den thematischen Diskussionen teil. Zudem ist sie als Mitglied des Steuerungsausschusses an der Ausrichtung des GFMD beteiligt. Ziel ist die Förderung des informellen Erfahrungsaustauschs sowie der Zusammenarbeit der Staaten und weiterer Akteure (internationale Organisationen, Zivilgesellschaft) im Bereich Migration und Entwicklung. Das GFMD versteht sich explizit als ein Prozess ausserhalb der UNO, der eine politische Vereinnahmung im Bemühen um einen pragmatischen und praxisorientierten Austausch verhindern möchte.

Fluchtbewegungen aufgrund zunehmender Naturkatastrophen und Klimawandel motivierten die Schweiz und Norwegen 2012 zur sogenannten Nansen-Initiative. Ziel dieser Initiative ist es, Flüchtlingen, die aufgrund von Umweltgefahren ihr Herkunftsland verlassen mussten, besseren Schutz zu gewähren. Unter Leitung des Berner Rechtsprofessors Walter Kälin trug die Nansen-Initiative innovative Lösungsansätze und Beispiele von guten Praktiken aus betroffenen Staaten zusammen und formulierte eine umfassende Schutzagenda betreffend Katastrophenvorsorge, Anpassung an den Klimawandel und humanitäre Hilfe. Insgesamt verabschiedeten 109 Staaten die Schutzagenda im Oktober 2015 in Genf. Zur Umsetzung wurde die Plattform zur Flucht vor Naturkatastrophen eingesetzt, die ihren Sitz ebenfalls in Genf hat.

Der nächste Schritt der Schweiz war die Unterstützung eines zweiten UN High Level Dialogue zu Migration und Entwicklung 2013. Dieser mündete in die erste gemeinsame Erklärung in der Geschichte der UNO zu den künftigen Prioritäten in diesem Bereich. Obwohl rechtlich nicht verbindlich, liegt die Bedeutung dieser Erklärung vor allem in ihrem symbolischen Konsensgehalt. Eine gewisse Dynamik kam indes auch aus einem anderen Bereich: der Agenda 2030 für Nachhaltige Entwicklung. Die Schweiz war Mitglied der Arbeitsgruppe, die die erste Version der 17 Ziele der Nachhaltigen Entwicklung (Sustainable Development Goals SDGs) erarbeitete. Migration fand in verschiedenen SDGs Berücksichtigung, aber insbesondere im Kapitel über die Verringerung von globalen Ungleichheiten mit Ziel 10.7: «Eine geordnete, sichere, reguläre und verantwortungsvolle Migration und Mobilität von Menschen erleichtern, unter anderem durch die Anwendung einer planvollen und gut gesteuerten Migrationspolitik.»

Diese Vorarbeiten sollten sich als nützlich erweisen, als 2016 unter dem Eindruck des Zusammenbruchs des europäischen Asylsystems und anderer Flüchtlingskrisen in Südostasien oder Zentralamerika zum ersten Mal in der Geschichte der UNO ein Gipfel der Staats- und Regierungschefs zum Thema Flüchtlinge und Migration in New York einberufen wurde. Anlässlich dieses UNO-Gipfels setzte sich die internationale Gemeinschaft zum Ziel, zwei globale Pakte («global compacts») zu Migration und Flucht auszuarbeiten. Der Pakt für Flüchtlinge konnte auf bestehenden Institutionen, insbesondere der Genfer Flüchtlingskonvention und dem UNHCR, aufbauen und wurde vom UNHCR vorbereitet und koordiniert. Im Einklang mit den meisten Staaten ist die Schweiz dem Flüchtlingspakt ohne grosse innenpolitische Kontroversen beigetreten. Darin vereinbaren die Staaten, die Entwicklungszusammenarbeit stärker auf die Hauptaufnahmeländer von Flüchtlingen in Afrika, dem Nahen Osten oder Asien auszurichten, die Koordination verschiedener UN-Agenturen im Umgang mit Fluchtsituationen zu verbessern und Initiativen zu entwickeln, die es Flüchtlingen schneller erlauben, ihren Lebensunterhalt selbst zu bestreiten.

Problematischer gestaltete sich die Annahme des Migrationspakts. Dessen Aushandlung steht für den bisherigen Höhepunkt des multilateralen Engagements der Schweiz in Migrationsfragen. Zusammen mit dem mexikanischen Botschafter bei den Vereinten Nationen übernahm der Schweizer UNO-Botschafter Jürg Lauber ad personam als «co-facilitator» die Planung und Koordination des Konsultations- und Verhandlungsprozesses bis hin zur Verabschiedung des Migrationspakts im Dezember 2018. Die starke Unterstützung der Exekutive kommt im Bericht des Bundesrats über die Aktivitäten der schweizerischen Migrationsaussenpolitik von 2017 zum Ausdruck. Demnach strebte die Schweiz «einen ambitionierten, politisch verbindlichen GCM [Global Compact for Migration] an, der auf der Basis internationaler Verpflichtungen global anerkannte Prinzipien, Richtlinien und Zielwerte für den Umgang mit Migrationsbewegungen festlegt, einen Menschenrechtsansatz verfolgt und dazu beiträgt, dass das Potenzial der Migration im Interesse aller Akteure stärker genutzt wird» (Bundesrat, 2018, 2798). Das über zwei Jahre ausgehandelte Abkommen formuliert 23 Ziele, die der Komplexität der Herausforderung gerecht werden möchten. So beziehen sich diese auf die Menschenrechte von Migrantinnen und Migranten während des Migrationsprozesses und im Aufnahmeland; an die Staaten wird appelliert, auch legale Einwanderungswege zu ermöglichen; aber es wird auch zur Kooperation gegen irreguläre Migration und Menschenschmuggel aufgerufen sowie die entwicklungspolitische Komponente von Migration angesprochen. Obwohl der Migrationspakt im Sommer 2018 von allen Verhandlungsdelegationen bis auf jene der USA und Ungarns im Konsens verabschiedet wurde, stiess der Entwurf in verschiedenen Staaten auf starken innenpolitischen Gegenwind. Auch in der Schweiz offenbarte sich eine tiefe Kluft zwischen den aussenpolitischen Ambitionen und dem innenpolitischen Handlungsrahmen. Konservative politische Parteien und zahlreiche Mitglieder des Nationalrats verweigerten dem Pakt ihre Unterstützung. Nach einer hitzigen politischen Debatte wurde der formelle Beitritt der Schweiz zum Migrationspakt bis auf Weiteres sistiert, sodass dieser schliesslich im Dezember 2018 von 152 Staaten – aber ohne einen seiner Hauptsponsoren – verabschiedet wurde.

Die Schweiz in der europäischen Migrationspolitik

Die verstärkte Migrationszusammenarbeit in Europa und die Vertiefung der Integration der Schweiz in die EU haben die europäische Dimension der Schweizer Migrationsaussenpolitik deutlich ausgeweitet. Dabei sind zwei Bereiche besonders hervorzuheben: erstens die Öffnung des Schweizer Arbeitsmarkts im Rahmen der Personenfreizügigkeit im Gegenzug für die stärkere Integration in den europäischen Binnenmarkt; zweitens das Interesse der Schweiz an der Mitwirkung an der europäischen Zusammenarbeit bei der Migrationskontrolle und im Asylbereich, die insbesondere durch das Schengen-Dublin-Regime erfolgt.

Migrationsfragen nahmen bereits früh einen wichtigen Stellenwert im europäischen Integrationsprozess der Schweiz ein. In der wegweisenden Abstimmung von 1992 über den Beitritt der Schweiz zum Europäischen Wirtschaftsraum war die vorgesehene Übernahme der Personenfreizügigkeit ein zentraler innenpolitischer Konfliktpunkt, der zum Scheitern der Vorlage beitrug. Das starke Interesse der Schweiz an einem Binnenmarktzugang und das Prinzip der vier ungeteilten Freiheiten (Güter, Dienstleistungen, Kapital und Personen) haben dann im Rahmen der Bilateralen Verträge I von 1999 zur schrittweisen Einführung der Personenfreizügigkeit geführt. Die politische Unterstützung dafür wurde durch eine breite innenpolitische Koalition inklusive Gewerkschaften und Arbeitgeberverbänden ermöglicht, die die Öffnung des Arbeitsmarkts mit flankierenden Massnahmen auf dem Arbeitsmarkt ergänzte.

Dieser bedeutende migrations- und europapolitische Integrationsschritt der Schweiz war primär ein Anliegen der Europäischen Union und ein Preis, den die Schweiz bereit war, für den Binnenmarktzugang zu bezahlen. Die Schweiz hat dadurch die Möglichkeit einer autonomen Migrationssteuerung für EU/EFTA-Bürger weitgehend verloren, und ihre Migrationspolitik basiert seither auf einem dualen Zulassungsmodell, der Personenfreizügigkeit für EU/EFTA-Länder und einem restriktiven Quotenregime für Drittstaaten (Lavenex & Manatschal, 2014).[2] Auch wenn die Befürchtungen systematischer Verschlechterungen des Lohnniveaus und der Arbeitsbedingungen nicht eingetreten sind (SECO, 2019) und der Bedarf nach ausländischen Arbeitskräften auch angesichts der alternden Bevölkerung hoch bleibt, hat die innenpolitische Kontroverse um die Personenfreizügigkeit angehalten.

Einen vorläufigen Höhepunkt erreichte die Auseinandersetzung in der knappen Annahme der Volksinitiative «Gegen Masseneinwanderung» im Jahr 2014, die die Wiedereinführung von Einwanderungsquoten und eines Inländervorrangs verlangte. Dieser Verfassungsauftrag widerspricht den Verpflichtungen des Freizügigkeitsabkommens mit der EU und hat den Bundesrat und das Parlament in ein Dilemma gestürzt. Da die EU nicht bereit war, über Beschränkungen des freien Personenverkehrs zu verhandeln, musste sich die Schweiz zwischen Einwanderungsbeschränkung und der Aufrechterhaltung des bilateralen Vertragspakets und damit des Marktzugangs entscheiden. Nach einer dreijährigen Umsetzungsfrist wurde schliesslich der Binnenmarktzugang von der parlamentarischen Mehrheit höher gewichtet als der Wunsch nach verstärkter Migrationskontrolle, sodass die Schweiz bis auf Weiteres an der Personenfreizügigkeit festhält. Auch wenn die von der Schweizerischen Volkspartei angestrengte Volksinitiative «Für eine massvolle Zuwanderung» zur Beendigung der Personenfreizügigkeit im September 2020 von einer Mehrheit der Stimmbevölkerung verworfen wurde, dürfte die Weiterentwicklung des Schweizer Binnenmarktzugangs weiterhin von migrationspolitischen Spannungen begleitet werden. So haben etwa die Diskussionen um die flankierenden Massnahmen die Verhandlungen für eine Institutionalisierung der bilateralen Beziehungen durch ein «Rahmenabkommen» (vgl. Kapitel 4) massiv erschwert. Die Personenfreizügigkeit bleibt damit ein anspruchsvoller innenpolitischer Balanceakt.

Ein zweiter wichtiger Bereich der europäischen Migrationsaussenpolitik der Schweiz betrifft die Zusammenarbeit in der Migrationskontrolle. Sie ist in der Schengen-Konvention von 1990 und deren Nachfolgeinstrumenten institutionalisiert, die nebst der Bewegungsfreiheit im Innern eine gemeinsame Visapolitik und Kooperation bei der Kontrolle an den EU-Aussengrenzen sowie im Bereich innere Sicherheit einführt. Die Politik erkannte schon früh den Wert einer Schengen-Assoziierung (Wichmann, 2009), die Schweiz war jedoch lange nicht bereit, ihre systematischen Grenzkontrollen aufzugeben. So dauerte es noch bis 2004, als im Rahmen der Bilateralen II ein Assoziierungsvertrag unterzeichnet wurde, der der Schweiz die Mitgliedschaft im Schengenraum ermöglichte. Dieses Abkommen bindet die Schweiz anders als die meisten anderen bilateralen Abkommen auch an die Weiterentwicklung der EU-Regeln. Im Gegenzug eröffnet es der Schweiz direkte Partizipationsmöglichkeiten im EU-Ministerrat und seinen verschiedenen Gremien. Die Schweiz kann dadurch aktiv an der Weiterentwicklung des Schengenbesitzstands mitwirken. Die Schweiz ist auch assoziiertes Mitglied der Europäischen Grenzschutzagentur FRONTEX und unterstützt diese finanziell und mit der Entsendung von Expertinnen und Grenzwächtern.

Mit dem Beitritt zum Schengenraum im Jahr 2004 hat die Schweiz ebenfalls die Assoziierung zur Dublin-Verordnung vollzogen, die die Koordination nationaler Asylsysteme innerhalb Europas anstrebt. Dank offener Binnengrenzen können sich auch Asylsuchende weitgehend frei innerhalb des Schengenraums bewegen. Mit der Dublin-Konvention von 1990 (später als Verordnung integriert in die EU-Gesetzgebung) wurde erstmals die Verteilung der Zuständigkeiten zur Durchführung von Asylverfahren im Schengenraum festgelegt. Als zentrales Prinzip fällt die Zuständigkeit in den meisten Fällen auf jenes Land, in das eine asylsuchende Person erstmals einreist. Die Befürchtung, zum «Reserveasylland» zu werden, in dem Asylsuchende die Möglichkeit haben, ein abermaliges Asylgesuch zu stellen, nachdem sie in einem europäischen Land abgewiesen wurden, motivierte schon früh die Assoziationsbemühungen der Schweiz. Die Dublin-Assoziierung wurde schliesslich 2004 zusammen mit dem Beitritt zum Schengenraum unterzeichnet. Seither ermöglicht das Abkommen der Schweiz deutlich mehr Rücküberstellungen von Asylsuchenden an andere europäische Staaten (v. a. Italien), als sie von anderen Staaten übernimmt (SEM, 2020b). Die vorteilhafte geografische Lage der Schweiz ermöglicht so, viele Asylsuchende an europäische Ersteintrittsländer zu verweisen.

Ebenso ist die Schweiz in die EU-Migrationsaussenpolitik eingebunden. So nimmt sie am Dialog mit afrikanischen Staaten zur Verstärkung des Migrationsmanagements und der Migrationsabwehr, wie dem Rabat-Prozess (2006) und dem Khartum-Prozess (2014, Schweiz ist Vollmitglied seit 2016), teil. Ebenso beteiligt sich die Schweiz aktiv am EU-Nothilfe-Treuhandfonds zur Bekämpfung der Migrationsursachen in Afrika. Zudem werden seit 2019 die Kohäsionsgelder, mit denen die Schweiz die Kohäsionspolitik der EU mitfinanziert, verstärkt in den südeuropäischen Staaten für Migrationsprojekte eingesetzt. Die gemeinsame Interessenlage und die institutionelle Einbettung haben im Verlauf der Zeit so zu einer aktiveren Teilnahme der Schweiz an der europäischen Migrationskontrollpolitik geführt.

Die bilaterale Migrationsaussenpolitik der Schweiz

Auch in der bilateralen Migrationspolitik der Schweiz zeigt sich das Spannungsfeld zwischen wirtschaftlichen und demografischen Interessen, humanitärem Anspruch und innenpolitischem Druck – vor allem im Bereich der Entwicklungszusammenarbeit.

Die unterschiedlichen Prioritäten finden ihren Ausdruck in den Schwerpunkten der bilateralen Zusammenarbeit. Im Unterschied zur Gastarbeiterära der Nachkriegszeit, als die Schweiz zwischenstaatliche Verträge zur geordneten Zuwanderung von ausländischen Arbeitskräften abschloss, ist die Arbeitsmigration heute nicht mehr Schwerpunkt der bilateralen Zusammenarbeit. Solche Zusammenarbeit findet sich nur in gewissen Nischen wie den Stagiaire-Abkommen, die jungen Menschen einen Praktikumsaufenthalt in der Schweiz ermöglichen, oder in Freihandelsabkommen. In diesen bilateralen Abkommen, wie sie unter anderem mit China und Japan sowie über die European Free Trade Association (EFTA) auch mit anderen Staaten geschlossen wurden, gewähren sich die Staaten gegenseitig Erleichterungen, die zum Teil über die multilateralen Verpflichtungen im Rahmen des GATS (siehe oben) hinausgehen. Insgesamt bleibt aber auch hier der Fokus auf wenige, hoch qualifizierte Führungskräfte bestehen.

Der Schwerpunkt der bilateralen Migrationszusammenarbeit liegt stattdessen auf Migrationskontrolle und der Rückkehr von Migranten in ihre Herkunftsländer. In diesem Bereich kommt der Schweiz im internationalen Vergleich eine gewisse Vorreiterrolle zu, etwa über die interdepartementale Struktur zur Internationalen Migrationszusammenarbeit (IMZ), die der engen Verknüpfung verschiedener Politikfelder in der Migrationsaussenpolitik Rechnung trägt. Seit 2017 wird deren Vorsitz von Staatssekretariaten im Eidgenössischen Department für auswärtige Angelegenheiten (EDA) und jenem für Migration (SEM) wahrgenommen. Des Weiteren sind die Direktion für Entwicklung und Zusammenarbeit (DEZA) des EDA und das Staatssekretariat für Wirtschaft (SECO) auf Direktions- beziehungsweise auf Ebene Staatssekretariat im IMZ-Leitungsgremium vertreten.

Ein Kerninstrument der bilateralen Migrationsaussenpolitik sind die Migrationspartnerschaften. Seit 2009 wurden sechs solche Partnerschaften geschlossen, angefangen mit Staaten des Westbalkans 2009 und 2010, Nigeria 2011 und Tunesien 2012 und zuletzt 2018 mit Sri Lanka. Die Partnerschaften zielen auf eine Kooperation «mittels eines umfassenden Ansatzes», der unter anderem die Bereiche Flüchtlingsschutz, Migration und Entwicklung, reguläre Migration und Rückkehr sowie Reintegration beinhaltet (EDA, 2019). Ein zentrales Anliegen seit Beginn war dabei die Erleichterung der Rückkehr von abgelehnten Asylsuchenden und anderen Migranten ohne Aufenthaltsstatus in der Schweiz (Medici et al., 2013, S. 11). Die Ausgestaltung der Partnerschaften ist flexibel und je nach Partnerstaat unterschiedlich. In den Jahren 2017 und 2018 lag laut einem Bericht des Bundesrats der Schwerpunkt in der Zusammenarbeit mit den Westbalkanstaaten etwa auf der Verbesserung der dortigen Migrations- und Asylverwaltung, während bei Nigeria und Tunesien die Rückübernahme und bei Tunesien auch Grenzkontrollen und die Verhinderung der Weiterwanderung Richtung Europa im Mittelpunkt standen (Bundesrat, 2018, 2019). In der neueren Migrationspartnerschaft mit Sri Lanka steht hingegen auch die Arbeitsmigration von dort in Staaten des Nahen Ostens im Vordergrund (Bundesrat, 2019, 11). Während sich Migrationspartnerschaften also durchaus nicht nur an den Interessen der Schweiz ausrichten, stellt der Fokus auf Rückübernahme und der Verhinderung irregulärer Migration die Menschenrechte von Migranten und die wirtschaftlichen und entwicklungspolitischen Chancen von Migration in den Hintergrund. Menschenrechtlich problematisch kann zum Beispiel die Unterstützung von Grenzkontrollen sein, wenn diese dazu führt, dass Migrantinnen und Migranten ein Land nicht mehr verlassen können oder ihnen Flüchtlingsschutz verwehrt bleibt (Medici et al., 2013, S. 32). Obwohl bei Migrationspartnerschaften ursprünglich die Rückkehr im Vordergrund stand, ist die Zahl der reinen Rückübernahmeabkommen mit 55 deutlich höher als die Zahl der Migrationspartnerschaften (Bundesrat, 2019, 16). Jedoch haben Herkunftsstaaten bereits seit Langem erkannt, dass die Rückübernahme der eigenen Staatsangehörigen trotz Verpflichtung häufig ihren Interessen widerspricht, und setzen Zugeständnisse in diesem Bereich folglich strategisch ein – unabhängig davon, ob eine Migrationspartnerschaft besteht oder nicht. Neben Migrationspartnerschaften und Rückübernahmeabkommen hat die Schweiz mit fünf Staaten darüber hinausgehende Abkommen zur Zusammenarbeit im Migrationsbereich geschlossen (SEM, 2017).[3] Die oben beschriebenen unterschiedlichen Interessenlagen von Zielländern wie der Schweiz und Herkunftsländern werden häufig auch in informelleren Formaten wie den Migrationsdialogen adressiert. Nach Angaben des SEM werden solche Dialoge mit etwa 30 Staaten geführt (SEM, 2016). Aus den Berichten des Bundesrats zur Migrationsaussenpolitik in den letzten Jahren geht hervor, dass bei der Mehrheit der Migrationsdialoge Fragen der Rückübernahme und Ausschaffung im Vordergrund stehen (Bundesrat, 2018, 2019). Die Übernahme einer Rückübernahmevereinbarung zwischen der EU und Äthiopien durch die Schweiz 2018 zeigt darüber hinaus, dass auch die bilaterale Migrationspolitik Bezüge zur EU-Migrationsaussenpolitik aufweist.

Schliesslich spielt auch die Entwicklungspolitik der Schweiz eine wichtige Rolle in ihrer Migrationsaussenpolitik, und umgekehrt. Bereits zu Beginn der 2000er-Jahre wurde die Forderung laut, die Gewährung von Mitteln der Entwicklungszusammenarbeit an die Rückübernahme eigener Staatsangehöriger zu koppeln. Über die Jahre haben die Bedenken gegenüber einer solchen Koppelung und einer Stärkung von konditionellen Zugeständnissen im Gegenzug für ein stärkeres Engagement bei der Migrationskontrolle, der Bekämpfung der irregulären Migration und der Rückübernahme abgenommen. Dem liegt die Annahme zugrunde, dass Entwicklungszusammenarbeit Migration entweder direkt verringert – etwa durch eine Stärkung von Grenzpolizeien – oder aber dass wirtschaftliche Entwicklung den Migrationsdruck in Herkunftsstaaten verringert. Im wissenschaftlichen Diskurs werden hingegen die komplexen Wechselwirkungen von Entwicklung und Migration betont: Wirtschaftliche Entwicklung führt demnach zunächst zu einem Anstieg der Auswanderung, da sich die Menschen dies eher leisten können, und erst langfristig und bei einem relativ hohen Entwicklungsstand zu einem Rückgang. Andererseits sind neben wirtschaftlicher Entwicklung eine Vielzahl weiterer Faktoren wichtig für individuelle Migrationsentscheidungen, darunter politische Instabilität, Menschenrechtsverletzungen oder Konflikte. Dies lässt es fraglich erscheinen, ob eine an Migrationsfragen ausgerichtete Entwicklungspolitik tatsächlich zu einer Reduzierung von Migration beitragen kann. Nichtsdestotrotz wurde die Verknüpfung von Entwicklungs- und Migrationspolitik vor allem im Nachgang der sogenannten Flüchtlingskrise in den Jahren 2015 und 2016 intensiviert: Die Botschaft zur internationalen Zusammenarbeit (IZA)

2017–2020 enthielt das Mandat zur strategischen Verknüpfung der beiden Politikfelder (Bundesrat, 2016). Gleichzeitig wurde 2017 im EDA die Stelle einer Botschafterin oder eines Botschafters für Entwicklung, Flucht und Migration geschaffen. In der IZA-Strategie für die Jahre 2021–2024 ist Migration ein Schwerpunktthema, das sowohl die thematische als auch die geografische Ausrichtung der Schweizer Entwicklungspolitik prägt. Thematisch ist die Bekämpfung der Ursachen von Flucht und irregulärer Migration nunmehr einer der vier Schwerpunkte der Strategie. Geografisch zeigt sich die Verknüpfung in den Schwerpunktländern der internationalen Zusammenarbeit, wie dem Rückzug aus Lateinamerika. Die Auswahl der vier Schwerpunktregionen Nordafrika und Mittlerer Osten, Subsahara-Afrika, Zentral-, Süd- und Südostasien und Osteuropa folgt zu einem nicht unerheblichen Teil aus migrationspolitischen Erwägungen. Bis auf Sri Lanka und Nigeria sind alle Staaten, mit denen die Schweiz eine Migrationspartnerschaft abgeschlossen hat, auch Schwerpunktländer der internationalen Zusammenarbeit (DEZA, 2019).

Auch das SEM ist international aktiv und fördert vor allem Projekte in Herkunfts- und Aufnahmeländern von Geflüchteten, die in der Schweiz zu den häufigsten Herkunftsländern von Asylsuchenden gehören, z. B. in der Türkei und Jordanien als Aufnahmeländer für syrische Geflüchtete, in Libyen als Ziel- und Transitland zwischen verschiedenen Ländern Subsahara-Afrikas und Europa oder in der Region des Horns von Afrika als Aufnahmeregion für eritreische Geflüchtete (SEM, 2020c).

Wie bei den Migrationspartnerschaften muss auch bei der Verknüpfung von Entwicklungs- und Migrationspolitik hinterfragt werden, inwiefern die «Bekämpfung der Ursachen von Flucht und irregulärer Migration» den menschenrechtlichen Verpflichtungen der Schweiz entgegensteht. Der migrationspolitische Dialog mit repressiven politischen Regimes zeigt, dass die Migrationskontrolle gegenüber der Bekämpfung von Menschenrechtsverletzungen und Armut den Vorrang geniesst. Dies kann langfristig sowohl den Zielen der internationalen Zusammenarbeit – der Reduktion von Armut – wie auch den migrationspolitischen Interessen der Schweiz entgegenstehen.

Erfolgsbilanz, Herausforderungen und mögliche Lösungsansätze
Angesichts der gegensätzlichen humanitären, wirtschaftlichen, entwicklungs- und sicherheitspolitischen Interessenlagen sind Erfolge in der Migrationsaussenpolitik schwer zu messen und selten unbestritten. Die

Betrachtung des schweizerischen Engagements auf unterschiedlichen Ebenen fördert interessante Differenzen in der Schwerpunktsetzung zutage. So dominieren im multilateralen Engagement der Schweiz humanitäre Aspekte; in der Europapolitik überwiegen wirtschaftliche Prioritäten und das Interesse an der Kooperation an den Aussengrenzen sowie in der Zuständigkeit für Asylsuchende; und in den bilateralen Aussenbeziehungen stehen die Themen Rückführung von Migranten und Migrantinnen ohne Aufenthaltsstatus sowie die entwicklungspolitischen Massnahmen zur Migrationskontrolle im Vordergrund.

Diese unterschiedliche Schwerpunktsetzung kann als Form der Arbeitsteilung betrachtet werden. Sie ist aber nicht ohne Widersprüche, was sich negativ auf die Zielverwirklichung in den einzelnen Bereichen auswirken kann. Ein auffälliges Beispiel hierfür ist die Entkopplung des schweizerischen Engagements für den stärker humanitär geprägten Migrationspakt der Vereinten Nationen von den innenpolitischen Debatten, die sich näher am sicherheitspolitischen Fokus der bilateralen und europäischen Migrationsaussenpolitik orientieren. Zwar gilt die Schweiz mit ihrer frühen Hinwendung zur interdepartementalen Zusammenarbeit international als vorbildlich. Um solche Entkopplungsprozesse wie beim Migrationspakt zu vermeiden, scheint aber eine stärkere Koordination zwischen den Ebenen der Migrationsaussenpolitik und genereller zwischen aussenpolitischen und innenpolitischen Prioritäten unerlässlich. Denn ohne innenpolitische Absicherung droht das aussenpolitische Engagement ins Leere zu laufen. Andererseits bedingt die grenzüberschreitende Natur von Migration, dass innenpolitische Zielsetzungen ohne internationale Zusammenarbeit zum Scheitern verurteilt sind.

Als erster Schritt hin zu einer solchen Ebenen übergreifenden Koordination erscheint es sinnvoll, in den innenpolitischen Debatten neben der demografischen, wirtschaftlichen und kulturellen Dimension der Migration auch die Bedeutung des menschenrechtlichen und internationalen Engagements zu betonen. In einem oft erhitzten politischen Umfeld ist es in dieser Hinsicht nicht schädlich, den historischen Kontext weltweiter Migration in Erinnerung zu rufen wie auch die Tatsache, dass auch Schweizerinnen und Schweizer bis weit ins 20. Jahrhundert hinein ihr Glück in Übersee gesucht haben. Auch heute zählt die Schweiz eine breite und wachsende Gemeinde von Auslandschweizern und Auslandschweizerinnen. Im aussenpolitischen Engagement hingegen überwiegt oft die menschenrechtliche Perspektive, obwohl Flucht und Migration in direktem Zusammenhang mit Gewalt, Umweltzerstörung und wirtschaftlicher Verflechtung stehen. Diese Perspektive dominiert auch in den 2018 von der Schweiz mitinitiierten globalen Pakten für Flüchtlinge und Migration der Vereinten Nationen. Ein umfassender aussenpolitischer Ansatz könnte jedoch stärker auch die sicherheitspolitischen, ökologischen und ökonomischen Dimensionen von Flucht und Migration adressieren.

Abschliessend lässt sich festhalten, dass die Bewegung von Menschen über Grenzen hinweg aus vielfältigen Gründen erfolgt, die politisch und vor allem auch im staatlichen Alleingang nur begrenzt steuerbar sind. Das internationale Engagement der Schweiz in diesem Bereich ist daher wegweisend, doch sollte diese auf allen Handlungsebenen einen umfassenden Ansatz verfolgen, in ständiger Rückkopplung mit innenpolitischen Massnahmen und Diskursen.

Anmerkungen zu Kapitel 9

1   Die Arbeit an diesem Beitrag hat von der Förderung im Rahmen des National Center of Competence in Research (NCCR), «On the Move», des Schweizerischen Nationalfonds profitiert.

2   Die Mitgliedländer der EU sind ebenfalls weitestgehend souverän in ihrer Migrationspolitik gegenüber Drittstaaten, da die EU keine gemeinsame Zulassungspolitik kennt.

3   Die fünf Staaten sind Angola, Benin, Kamerun, Sri Lanka und Tunesien.

Literatur

Bundesrat (2012): *Botschaft über die internationale Zusammenarbeit 2013–2016 vom 15. Februar 2012*.

Bundesrat (2016): *Botschaft zur internationalen Zusammenarbeit 2017–2020 vom 17. Februar 2016*.

Bundesrat (2018): *Bericht des Bundesrates über die Aktivitäten der schweizerischen Migrationsaussenpolitik 2017*.

Bundesrat (2019): *Bericht des Bundesrates über die Aktivitäten der schweizerischen Migrationsaussenpolitik 2018*.

Bundesrat (2020): *Botschaft zur Strategie der internationalen Zusammenarbeit 2021–2024 vom 19. Februar 2020*.

DEZA (2019): *Schwerpunktländer und Haupteinsatzgebiete der DEZA (Stand April 2019)*. Direktion für Entwicklung und Zusammenarbeit.

EDA (2019): *Migrationspartnerschaften*. Eidgenössisches Departement für auswärtige Angelegenheiten.

Lavenex, Sandra & Manatschal, Anita (2014): Migrationspolitik. In: Emmenegger, Patrick; Fossati, Flavia & Häusermann, Silja (Hrsg.) *Handbuch der Schweizer Politik*. NZZ Libro: Zürich.

Liechti, Therese & Budowski, Monica (2018): Migrationspartnerschaften: Ein neuer Ansatz der Schweiz? In: Efionayi-Mäder, Denise (Hrsg.) *Migrationspartnerschaften: Ein neuer Ansatz der Schweiz?* Inst. de Hautes Études Internat. et du Développement.

Medici, Gabriela; Schlegel, Stefan & Stünzi, Anna (2013): Partnerschaftliche Instrumente in der Migrationsaussenpolitik: Ein Paradigmenwechsel im Umgang mit Zuwanderung? *foraus-Diskussionspapier, 17.*

SECO (2019): *15. Bericht des Observatoriums zum Freizügigkeitsabkommen Schweiz–EU. Auswirkungen der Personenfreizügigkeit auf Arbeitsmarkt und Sozialversicherungen.* Staatssekretariat für Wirtschaft.

SEM (2016): *Bilaterale Migrationsdialoge.* Staatssekretariat für Migration.

SEM (2017): *Abkommen über die Zusammenarbeit im Migrationsbereich.* Staatssekretariat für Wirtschaft.

SEM (2019): *Junge Berufsleute (Stagiaires).* Bern: Staatssekretariat für Migration.

SEM (2020a): *Statistik Zuwanderung, Dezember 2019.*

SEM (2020b): *Asylstatistik 2019, Januar 2020.* Bern: Staatssekretariat für Migration.

SEM (2020c): *Verpflichtungskredit für die internationale Migrationszusammenarbeit (IMZ-Kredit): Aktuell durch das Staatssekretariat für Migration SEM finanzierte Projekte.* Staatssekretariat für Migration.

Wichmann, N. (2009): «More In Than Out»: Switzerland's Association With Schengen/Dublin Cooperation. *Swiss Political Science Review, 15*(4), 653–682.

Der UNO-Migrationspakt:
Gekapert von den sozialen Netzwerken

Damien Cottier im Gespräch mit Joëlle Kuntz

Während seiner früheren Tätigkeit im EDA verfolgte Nationalrat Damien Cottier die UNO-Verhandlungen über den Globalen Pakt für Migration aus der Nähe, ebenso die Protestbewegung, die auch in der Schweiz dazu führte, dass das Parlament den Entscheid zur Unterzeichnung nicht beim Bundesrat beliess. Im Gespräch zieht Damien Cottier die Lehren aus den Missverständnissen, die sich zwischen den Unterhändlern und der Öffentlichkeit ergeben können.

Der Verhandlungsprozess zur Ausarbeitung eines Globalen Pakts für Migration begann 2017, nach der sogenannten Flüchtlingskrise, die eine Folge des Kriegs in Syrien war. Am Anfang der Diskussionen stand eine breite Konsultation aller betroffenen Kreise, die es erlaubte, das komplexe und vielgestaltige Thema besser zu verstehen. Die Verhandlungen fanden zwischen Botschaftern statt, auf zwischenstaatlicher Ebene; aber parallel dazu geführte Konsultationen erlaubten es, die Zivilgesellschaft einzubeziehen: Experten, humanitäre Nichtregierungsorganisationen und solche, die sich um Migranten kümmern, sowie weitere betroffene Kreise.

Unter Donald Trump zogen sich die USA aus dem Prozess zurück. Ungarn war ebenfalls negativ eingestellt, entschied sich aber, an den Verhandlungen weiterhin teilzunehmen. Es war eine ausgesprochen zwischenstaatliche Phase, auch wenn ständig ein Austausch mit der Zivilgesellschaft gepflegt wurde, je nach Zeitpunkt auf formelle oder informelle Art.

Im Juli 2018 erreichten die Unterhändler einen Konsens. Einige Länder lehnten ihn ab, liessen den Dingen aber ihren Lauf. Die Angelegenheit wickelte sich unter Diplomaten ab, wie es bei diesem Typ von Verhandlungen üblich ist. Plötzlich aber brandete über die sozialen Medien die Kritik, in Österreich, Deutschland, Frankreich, Italien, Dänemark, den Niederlanden, Belgien, Australien, der Schweiz und anderswo. Der Pakt wurde als Förderung der Invasion von Migranten angeprangert.

Die Argumente waren überall dieselben, die Aktion war sichtlich koordiniert und breit angelegt. Gewisse Medien verstiegen sich gar zur These, der Pakt sei ein «Opfer von Trollen» gewesen. Bestimmte Teile des Entwurfs wurden aufgespiesst, aus ihrem Zusammenhang gerissen, um Ängste vor einem Text zu wecken, der in Wirklichkeit nur versucht, für die Migration auf internationaler Ebene einen Rahmen zu schaffen, indem er die Souveränität der Staaten bekräftigt, Instrumente einer stärkeren Kooperation vorschlägt und die Menschenrechte der Migranten in Erinnerung ruft.

Kritik dieser Art war schon im Lauf der Verhandlungen aufgetaucht, aber die Diplomaten dachten, sie hätten ihr mit einem kompromissvollen Text den Wind aus den Segeln genommen. Der rechtlich nicht bindende Text wurde von den anwesenden Staatenvertretern breit akzeptiert. Die Resonanz der gegnerischen Bewegung und ihre destabilisierende Kraft wurden jedoch unterschätzt. Die Opposition hat zwar nicht verhindert, dass der Pakt im Dezember 2018 in Marrakesch von 150 Staaten unterzeichnet worden ist, aber sie hat zu Ablehnungen, Enthaltungen und einer Debatte von noch nie da gewesener Heftigkeit geführt. In Belgien verlor der Premierminister seinen Posten, in Österreich, Australien oder Italien verzichtete die Regierung darauf, in der UNO ihre Stimme zum Text abzugeben. In der Schweiz hinderte das Parlament den Bundesrat an der Unterzeichnung, obwohl ihm die Verfassung diese Kompetenz erteilt. Es verlangte, sich mit der Sache befassen zu können, und der Bundesrat hat dies akzeptiert. Im Februar 2021 verabschiedete er eine Botschaft über den Beitritt zum Pakt, sodass das Parlament selbst darüber befinden kann. Die Regierung des Landes, das sich mit am meisten für diesen Pakt eingesetzt und einen seiner Botschafter, Jürg Lauber, als Co-Moderator der Verhandlungen gestellt hatte, sah sich also ausgebremst durch ihr Parlament, das durch die scharfe Kritik der sozialen Netzwerke plötzlich alarmiert worden war.

Eine erste Lehre, die zu ziehen ist, besteht in der Feststellung, dass die Betreiber und Nutzer der digitalen Plattformen immer mehr Einzug in aussenpolitische Angelegenheiten halten, die Debatte intensivieren oder gar, wie es hier der Fall war, verzerren. Es ist unmöglich, dem nicht Rechnung zu tragen.

Zweitens ist es unerlässlich, mehr Transparenz zu schaffen. In der
Schweiz waren diese Verhandlungen wenig bekannt, sie wurden in einer
interdepartementalen Struktur vorbereitet und auf der Stufe der Staatsse-
kretäre überwacht. Den geltenden Regeln entsprechend gab es kein Mandat des Bundesrats, da es sich um «weiches», nicht verbindliches Völkerrecht handelt. Auch wenn der Bundesrat und die Parlamentskommissionen
in mehreren Phasen der Diskussion gebührend informiert worden waren,
blieb diese unterhalb des politischen Radars, bis die Kampagne über die
sozialen Medien hereinbrach. Von da an bekam das Projekt einen sehr
negativen Dreh.

Dieser Vorbereitungsprozess, der übrigens in anderen Ländern ähnlich verläuft, ist gegen den Ansturm organisierter und heftiger Kritik
nicht gewappnet, wenn zwischen der Tätigkeit der Diplomaten im multilateralen Kontext und den politischen Diskussionen innerhalb des Landes keine gesicherte, gut strukturierte Verbindung besteht. Auch aus diesem Grund hat das Parlament gefordert, es sei zu überprüfen, wie es in
die vom Bundesrat geführten Diskussionen im Bereich von Soft Law einbezogen wird.

Das Einzige, was man tun kann, um eine internationale Verhandlung zum Erfolg zu bringen, ist: den Austausch in jeder Etappe vertiefen,
alles unternehmen, um einen guten Informationsstand und Reaktions-
möglichkeiten sicherzustellen, um sich das Vertrauen, zuerst jenes der
Parlamentarier, zu bewahren. Sich ständig austauschen; unermüdlich erklären; sich die Befürchtungen und Kritiken anhören, allenfalls auch zu
Formulierungen, die heikel erscheinen; die Debatte objektivieren, um sie
dem Zugriff der Irrationalität zu entziehen; dafür sorgen, dass die Leute
gut informiert sind und mit ins Boot steigen können. Wie der Chef des
EDA, Ignazio Cassis, treffend sagt: «Aussenpolitik ist Innenpolitik.» Sie
muss in diesem Sinn gut vernetzt bleiben. Es ist dies eine alte Herausforderung für die Aussenpolitik der Schweiz und ihre Verankerung in
der direkten Demokratie, aber die Herausforderung hat sich im Zeitalter
der digitalen Kommunikation verstärkt.

10. Humanitäre Hilfe und Friedensförderung: Innovationen beim Engagement, in der Finanzierung und beim Recht

Gilles Carbonnier, Achim Wennmann

Humanitäre Hilfe und Friedensförderung sind zwei wichtige und in der humanitären Tradition der Schweiz und ihrer Neutralität fest verankerte Domänen der Aussenpolitik (vgl. Kapitel 1). Allerdings nimmt der Begriff der Neutralität in der Anwendung auf eine humanitäre Organisation eine andere Bedeutung ein als in Bezug auf einen Staat. Für sie bedeutet Neutralität, sich jeglicher Parteinahme zu enthalten, um sich das Vertrauen beider Seiten in einem Konflikt zu erhalten und die Politisierung der Hilfe zu verhindern – beides Voraussetzungen für den Zugang von Helfern in stark polarisierten Umfeldern. Auch für die Schweizer Friedensförderung war die Neutralität stets zentral. Sie ermöglichte die Guten Dienste und die Ausrichtung hochsensibler Friedensgespräche in der Schweiz. Durch sie hat sich Genf zu einem Mittelpunkt des Multilateralismus entwickelt, insbesondere nach dem Ersten Weltkrieg, als der Völkerbund seinen Sitz in der Stadt nahm.

Seit der Verfassungsreform von 1999 sind Friedensförderung und humanitäre Hilfe als zentrale Grundsätze der Schweizer Aussenpolitik in der Bundesverfassung verankert. Gemäss Artikel 54 trägt der Bund «namentlich bei zur Linderung von Not und Armut in der Welt, zur Achtung der Menschenrechte und zur Förderung der Demokratie, zu einem friedlichen Zusammenleben der Völker sowie zur Erhaltung der natürlichen Lebensgrundlagen» bei. In der so verstandenen aktiven Neutralität – die den Weg zur vollen UN-Mitgliedschaft im Jahr 2002 und zu einem stärkeren Engagement in der Friedensförderung und multilateralen Diplomatie ebnete – spiegelt sich die Anpassung der Schweizer Aussenpolitik an die Veränderungen nach dem Kalten Krieg.

Heute durchläuft die Welt erneut einen systemischen Wandel. Die vom Bundesrat verabschiedete Strategie für internationale Zusammenarbeit (IZA-Strategie) 2021–2024 skizziert die Umrisse des gegenwärtigen Wandels der Weltordnung wie folgt:

«Die geopolitischen Umwälzungen der letzten Jahre verstärken die Entwicklung hin zu einer multipolaren Welt […]. Der internationale Rechtsrahmen und der multilaterale Weg kommen unter Druck aufgrund von Staaten, die bilateral ausgehandelte Lösungen bevorzugen […]. […] Gleichzeitig ist eine Stärkung der regionalen multilateralen Institutionen, eine steigende Bedeutung von lokalen Körperschaften wie Städten sowie die Entstehung neuer Bürgerbewegungen zu beobachten» (Bundesrat 2020, 8).

Diese Veränderungen erfordern auch eine Überprüfung der strategischen Ausrichtung der Schweizer Friedensförderung und humanitären Hilfe. Im Folgenden werden zunächst die Grundsätze und Instrumente der humanitären Hilfe und Friedensförderung dargestellt. Welche globalen Trends diese beiden Politikfelder besonders herausfordern und wie die Schweiz darauf reagieren kann, bilden den zweiten Teil des Kapitels.

Humanitäre Hilfe

Die Schweizer und Schweizerinnen sind stolz auf ihre humanitäre Tradition. Sie ist Teil der nationalen Identität geworden und gründet darauf, dass das Land politisch oder religiös Verfolgten – so schon im 17. und 18. Jahrhundert den aus Frankreich geflohenen Protestanten – Zuflucht gewährt. Seit die europäischen Mächte auf dem Wiener Kongress 1815 die Neutralität der Schweiz anerkannten, haben politische Flüchtlinge aus ganz Europa hier Schutz gesucht. 1871 öffnete das Land seine Grenzen für französische Soldaten auf dem Rückzug vor den siegreichen deutschen Truppen, während des Kalten Kriegs für Flüchtlinge aus Ungarn und der Tschechoslowakei. Die humanitäre Tradition verbindet sich auch mit der Gründung des Internationalen Komitees vom Roten Kreuz IKRK in Genf 1863 sowie der Unterzeichnung der ersten Genfer Konvention über Kriegsverwundete im darauffolgenden Jahr, wodurch die Schweiz zur Geburtsstätte des modernen humanitären Engagements wurde. Heute ist sie Depositarstaat der vier Genfer Konventionen von 1949 (Brühwiler et al., 2019).

Rechtlich fixiert worden sind die Ziele und Modalitäten der schweizerischen humanitären Politik im Bundesgesetz über die Internationale

Entwicklungszusammenarbeit und humanitäre Hilfe von 1976. In Übereinstimmung mit der vorherrschenden Auffassung erklärt Artikel 7, das Ziel humanitärer Hilfe sei es, Leben zu retten und das Leid der von bewaffneten Konflikten oder Naturkatastrophen Heimgesuchten zu lindern. Institutionell wurde die Umsetzung humanitärer Politik der Direktion für Entwicklung und Zusammenarbeit (DEZA) übertragen. Anders als die Schweizer Entwicklungspolitik (vgl. Kapitel 8), die sich auf bestimmte, für prioritär erklärte Länder konzentriert, ist die humanitäre Politik universell in dem Sinn, als sich ihre Hilfe an die Opfer von Naturkatastrophen oder menschengemachten Krisen ohne jede räumliche Beschränkung richtet. Diese Politik ruht auf drei Säulen: erstens auf der Leistung bilateraler humanitärer Hilfe zur Linderung der Folgen von bewaffneten Auseinandersetzungen und Naturkatastrophen, namentlich durch das Schweizerische Korps für humanitäre Hilfe (SKH), das – gewissermassen das Aushängeschild der Schweizer humanitären Hilfe – über ungefähr 650 einsatzbereite Experten und Expertinnen verfügt; zweitens auf der ebenso verlässlichen wie flexiblen Finanzierung humanitärer Partnerorganisationen wie Ärzte ohne Grenzen (MSF), das IKRK, das UNHCR, Unicef oder das Welternährungsprogramm; und drittens auf der Förderung des humanitären Völkerrechts samt grundlegender humanitärer Prinzipien.

Als Depositarin der vier Genfer Konventionen von 1949 setzt sich die Schweiz für eine aktive Stärkung des humanitären Völkerrechts ein, dies in enger Zusammenarbeit mit dem IKRK, zu dessen Auftrag Schutz und Förderung dieses Rechts ebenfalls gehören. Das Eidgenössische Departement für auswärtige Angelegenheiten (EDA) und insbesondere seine Direktion für Völkerrecht tauschen sich regelmässig mit dem IKRK über kritische und neu aufkommende Probleme des humanitären Völkerrechts aus. Die Schweiz ist auch Gastgeberin der Internationalen Konferenz des Roten Kreuzes und des Roten Halbmonds. Diese Konferenz, die alle vier Jahre sämtliche 196 Signatarstaaten der Genfer Konventionen sowie die 192 nationalen Rotkreuz- und Rothalbmond-Gesellschaften in Genf versammelt, legt ihren Schwerpunkt auf die Stärkung des humanitären Völkerrechts. Im Dezember 2019 fand die 33. Konferenz statt.

Als neutraler Staat ist die Schweiz formell dazu verpflichtet, humanitäre Hilfe auf Grundlage der vier Prinzipien Humanität, Neutralität, Unparteilichkeit und Unabhängigkeit zu leisten. Das Prinzip der *Huma-*

nität oder *Menschlichkeit* besagt, dass humanitäre Hilfe Leben retten, Leid lindern und die menschliche Würde auch in Krisen schützen soll. Das Prinzip der *Unparteilichkeit* schreibt vor, diese Hilfe unterschiedslos, allein nach Intensität und Dringlichkeit der menschlichen Bedürfnisse, zu gewähren. Die Hilfe unterliegt somit keiner anderen Bedingung als der der Bedürftigkeit ihrer Empfänger. «Dunantistische» Organisationen wie das IKRK befolgen des Weiteren die Prinzipien der *Neutralität* und der *Unabhängigkeit*. Letzteres meint keine Splendid Isolation, sondern den klugen Umgang mit einem Geflecht von Interdependenzen in einer Weise, die die Fähigkeit, die anderen drei Prinzipien zu wahren, erhält.

Wie bereits erwähnt, erhält der Begriff der Neutralität in diesem Kontext eine spezifische Bedeutung. Für eine humanitäre Organisation bedeutet Neutralität, auf Parteinahme in bewaffneten Auseinandersetzungen zu verzichten mit dem Ziel, sich das Vertrauen beider Seiten zu bewahren und eine Politisierung der Hilfe so weit als möglich zu verhindern. Für ein Geberland bedeutet Neutralität, Möglichkeiten der neutralen und unparteilichen humanitären Hilfe in bewaffneten Konflikten zu stärken, zu erhalten oder wenigstens zu dulden.

Was die Schweiz als Geberland allerdings auszeichnet, ist die Tatsache, dass sie so gut wie keine Truppen im operativen Einsatz unter dem Befehl der NATO, OSZE oder einer anderen Sicherheitsorganisation führt, wohingegen die meisten anderen westlichen Geberländer seit Beginn des neuen Jahrtausends Soldaten zu militärischen Interventionen nach Afghanistan, in den Irak und anderwärts entsandt haben. In humanitären Krisen ist die Schweiz daher nicht durch militärische Rücksichten oder Sorgen um die Sicherheit ihrer Soldaten gebunden und insofern zweifellos in einer günstigeren Position, für die strikte Beachtung humanitärer Prinzipien einzustehen. Als humanitäre Geberin rangierte sie 2018 mit einem Beitrag von schätzungsweise 404 Millionen US-Dollar in jenem Jahr an weltweit 16. Stelle – weit hinter anderen westlichen Ländern wie den USA, Deutschland und Grossbritannien, aber auch hinter «Schwellenländern» wie der Türkei, den Vereinigten Arabischen Emiraten oder Saudi-Arabien, die alle unter den ersten sieben Geberländern figurierten (Development Initiatives 2020, 36). In Kontexten aber, auf die sich die Schweizer Entwicklungszusammenarbeit traditionell konzentriert, kann das Land zu den Hauptgebern zählen, so etwa in der Sahelzone.

Die humanitäre Hilfe der Schweiz passt sich laufend an die sich verändernden Kriege und Katastrophen an. Da hierzu namentlich lang

andauernde Konflikte gehören, unterstreicht die Strategie 2021–2024
des Bundes für die Internationale Zusammenarbeit (IZA) die Notwendigkeit, Synergien zwischen humanitärer Hilfe, Entwicklungszusammenarbeit und Friedensförderung zu schaffen. Die Einführung einer
gewissen Durchlässigkeit zwischen den Budgets für die humanitäre Hilfe
einerseits und jenem für die Entwicklungszusammenarbeit (bis zu
120 Millionen Franken innerhalb eines Zeitraums von vier Jahren) gewinnt die Schweiz an Flexibilität bei der Auswahl und Handhabung ihrer
verschiedenen Instrumente zur Unterstützung von Menschen in langwierigen Krisen. In diesem Sinn fasst die IZA-Strategie 2021–2024 auch
ein gleichzeitiges Engagement in Nothilfe, Katastrophenvorsorge, Risi-
koreduktion, Wiederaufbau und Rehabilitation ins Auge (ibid., 33, 52).
Allerdings fällt auf, dass die humanitäre, neutrale *Intermediation* –
gemeint sind etwa die Unterstützung beim Gefangenenaustausch oder
bei der Umsetzung von Vereinbarungen zwischen Kriegsparteien, die zu
einem friedensfördernden Klima beitragen können – hier nicht als expli-
zites Ziel der schweizerischen humanitären Hilfe auftaucht, im Gegensatz
zur friedenspolitischen *Mediation*.

Friedensförderung

Die friedensdiplomatische Rolle der Schweiz hat sich in engem Bezug
zu ihrer humanitären Tradition und ebenfalls in engem Bezug zum Neu-
tralitätsgedanken entwickelt (vgl. Kapitel 1). Mit dem Ende des Kalten
Kriegs und der stärkeren Integration der Schweiz in die Weltwirtschaft
und den Multilateralismus hat die isolationistische Interpretation der
Neutralität allmählich an Bedeutung verloren. Der Bericht des Bundesrats von 1993 über die Aussenpolitik der Schweiz erhob die Friedens-
und die Menschenrechtsförderung zu zentralen aussenpolitischen Zielen. Als solche fanden sie auch Eingang in die Bundesverfassung von
1999 und wurden 2003 im Bundesgesetz über Massnahmen zur zivilen
Friedensförderung und Stärkung der Menschenrechte weiterentwickelt.
Artikel 2 des Gesetzes nennt «Vertrauensbildung, Vermittlung und frie-
densbildende Aktivitäten nach Beendigung von gewaltsamen Auseinandersetzungen sowie […] die Förderung des humanitären Völkerrechts»
als infrage kommende Massnahmen zur Vorbeugung, Entschärfung oder
Lösung von Gewaltkonflikten. Institutionalisiert wurde die Friedensförderung im Jahr 2000 mit der Einrichtung der Abteilung Menschliche
Sicherheit (AMS) innerhalb des EDA (heute die Abteilung Frieden und

Menschenrechte). Seit 2004 erhält diese Abteilung Mittel zur Erfüllung ihrer Aufgaben in Gestalt eines Vierjahres-Rahmenkredits.

Die IZA-Strategie 2021–2024 steht auf vier Grundpfeilern: Stärkung der Menschenrechte, friedliche Beilegung von Konflikten, Schutz der Bevölkerung in Konflikten und Verhütung bewaffneter Konflikte. Diese Grundpfeiler stehen für das kontinuierliche Festhalten der Schweiz an Normen, Dialogprozessen und dem Einsatz diplomatischer Mittel zum Schutz von Zivilisten und humanitärem Personal sowie zur Linderung menschlichen Leids in bewaffneten Konflikten. Drei operationale Elemente seien hier besonders hervorgehoben: Gute Dienste, Mediation und Fazilitation von Dialogen sowie Gastgeberlandfunktionen.

Gute Dienste bedeutet, dass die Schweiz konsularische und andere diplomatische Aufgaben eines anderen Staats in einem dritten Staat wahrnimmt, mit dem der andere keine formalen diplomatischen Beziehungen unterhält. Beispiele dafür sind die Vertretung US-amerikanischer Interessen im Iran, in Venezuela oder auch in Kuba, wo dieses Schutzmachtmandat im Jahr 2015 endete. Dank dieser Dienste können konfligierende Staaten eine Mindestbeziehung aufrechterhalten, ihre Bürger und Bürgerinnen konsularischen Schutz geniessen. Den Höchststand an geleisteten Guten Diensten erreichte die Schweiz mit 219 Mandaten im Zweiten Weltkrieg; nach 1945 nahm diese Zahl wegen der Normalisierung diplomatischer Beziehungen innerhalb der UN kontinuierlich ab. Die Kosten für die von der Schweiz erbrachten Guten Dienste trägt der mandatierende Staat (Bundesrat 2018, 3–5).

Nach dem Kalten Krieg nahm die Friedensförderung der Schweiz sich der neuen Herausforderung innerstaatlicher Kriege an, indem sie, an ihre Erfahrung in der Ausübung Guter Dienste anschliessend, eine Expertise in der *Mediation* und *Dialogfazilitation* entwickelte. Diese Verfahren beinhalten ein direktes, gemeinsames Erarbeiten von Konfliktthemen, -optionen und -lösungen, bei denen die Konfliktparteien die Kontrolle über Entscheidungen und Ergebnisse behalten. In dieser Weise unterstützte die Schweiz den Dialog zwischen gegnerischen Parteien (etwa in Tunesien 2014 und in Simbabwe 2018), förderte die Einbeziehung der Zivilgesellschaft in laufende Friedensprozesse (z. B. durch den Civil Society Support Room bei den UN-Verhandlungen über Syrien) oder stand in Friedensverhandlungen den Beteiligten mit Rat, Logistik und anderem zur Seite (so im Fall Kolumbiens, der Ukraine, Myanmars und Syriens). Derartige Engagements ergeben sich häufig aus langjährig gepflegten Beziehungen, aus Anfragen seitens der Konfliktparteien oder aufgrund von technischer Beratung und Unterstützung. Sie vollziehen sich diskret und gelingen am besten, wenn sie erst nach erfolgreichem Abschluss oder überhaupt nicht publik werden. Gerade dieses Erfordernis der Diskretion verlangt in Zeiten von Mittelkürzungen, ergebnisorientiertem Management und dem Wunsch der Politik einigen Scharfsinn, um den Mehrwert und die Dienstbarkeit der Mediation überzeugend darzustellen.

In Anbetracht der Komplexität gewaltsamer Konflikte in der heutigen Zeit betreibt die Schweiz ihre Mediationsaktivität in Zusammenarbeit mit anderen Staaten – namentlich Deutschland, Finnland, Norwegen und Schweden –, UN-Organisationen sowie einer Reihe spezialisierter Nichtregierungsorganisationen. Dieser dezentrale Netzwerkansatz soll ein Maximum an Zugangsmöglichkeiten zu relevanten Akteuren und Akteurinnen überall auf der Welt sicherstellen. Ebenfalls ist zu bedenken, dass sich das Engagement der Schweiz in einer zunehmend diversifizierten Landschaft ganz unterschiedlich spezialisierter Nischenanbieter abspielt, die zu einem Überangebot auch von (insbesondere um Geldmittel konkurrierenden) Mediationskapazitäten beigetragen hat. Die Doppelrolle der Schweiz als «Macherin» (in der sie selbst als Vermittler auftritt) und Geldgeberin (in der sie andere in Vermittlerrollen unterstützt) erfordert in dieser Situation grosse Umsicht. Der Bericht des Bundesrats von 2018 über Gute Dienste, Mediation und Fazilitation schlägt daher vor, dass die Schweiz ihre Ressourcen auf ausgewählte Konflikte konzentriere, zielorientiert und nachhaltig arbeite. Die Professionalisierung des Mediationsgeschäfts soll vorangetrieben werden, vor allem durch den Ausbau von Kompetenzen und den Einsatz technischen Fachwissens, unter anderem mit Instrumenten wie dem Expertenpool für zivile Friedensförderung. Des Weiteren soll die Rolle der Frauen in der Mediation sowie die von Schweizer Bürgern und Bürgerinnen in mediatorischen Leitungspositionen gestärkt werden (Andreas Graf und David Lanz 2013, S. 415–416).

Das dritte operationale Element der Schweizer Friedensförderung ist die Rolle des Landes als *Gastgeber* von unter eigener oder UN-Schirmherrschaft stattfindenden Friedenskonferenzen. Dabei können sich die Funktionen auf diejenige eines «Hoteliers» beschränken, der für Logistik, Sicherheit, Visa und Protokollarisches sorgt; ein Beispiel hierfür ist die logistische Unterstützung der syrischen Friedensgespräche in Genf, wie sie 2013 vom UN-Generalsekretär erbeten wurde. Das «internationale Genf» ist eine einzigartige Schaltstelle der Schweizer humanitären Politik und Friedensförderung (s. unten). Es ist Innovationsquell und Inkubator, nicht zuletzt dank verschiedener Kooperationsplattformen, die den Austausch stärken, Synergien schaffen und institutionen- sowie sektorübergreifende Aktion und Reflexion befördern sollen. Für die Gastgeberrolle der Schweiz steht ein eigener Vierjahres-Rahmenkredit zur Verfügung. Die einschlägige Strategie für 2020–2023 verfolgt das Ziel, die Schweiz als Gaststaat gegen die Konkurrenz anderer an der Beherbergung internationaler Organisationen interessierter Staaten und Städte zu stärken. Vorgesehen ist eine Stärkung der Expertise und Infrastruktur, Entwicklung von Diskussions- und Wissensnetzwerken, Bemühung um Repräsentation sämtlicher UN-Mitgliedstaaten in Genf und die Pflege internationaler Koordination und Partnerschaften (Bundesrat, 2019).

Über Gute Dienste, Mediation und Gastgeberfunktion hinaus wäre auf die weiterreichende multilaterale Agenda der Schweizer Friedensförderung hinzuweisen, auf der auch Themen wie Abrüstung, Wasser und Frieden sowie digitale Kooperation stehen. Die Schweiz nimmt ausserdem aktiv an der UN-Kommission für Friedenskonsolidierung teil und zahlt in den Friedenskonsolidierungsfonds des Generalsekretärs ein. Als Vorsitzende der Burundi-Konfiguration der Kommission für Friedenskonsolidierung richtete die Schweiz eine Geberkonferenz in Genf zugunsten von Burundis Entwicklungsplan für 2012–2015 aus.

Die lange Geschichte der humanitären Hilfe und Friedensförderung der Schweiz ist weder unumstritten noch widerspruchsfrei. Ein spezieller Makel verbindet sich mit dem Auftreten des Landes im Zweiten Weltkrieg, als es sich der Aufnahme jüdischer Flüchtlinge verweigerte. Erst in den 1990er-Jahren ging man die Frage der jüdischen Guthaben auf Schweizer Bankkonten an. Andere Kontroversen entzündeten sich an der Verschärfung der Asylgesetze und -bestimmungen seit den 1980er-Jahren. In jüngerer Zeit zog der wachsende Zustrom von Flüchtlingen über Griechenland und das Mittelmeer die Kritik von Beobachtern auf sich, die «Festung Europa» verschanze sich in Abwehr gegen Bilder von Ertrinkenden oder von Menschen, die der Hoffnungslosigkeit eines endlosen Lagerdaseins entgegengingen. Derlei Abschottungstendenzen prägen auch den politischen Diskurs in der Schweiz und gestalten die Debatten über Einwanderung und Asyl besonders heikel (vgl. Kapitel 9). Dasselbe gilt für die Frage des angemessenen Umfangs internationalen

Engagements, die besonders in den späten 1990er-Jahren beim Einsatz von Schweizer Soldaten in UN-Friedensmissionen akut wurde. Debatten über die politische Kohärenz drehen sich ausserdem um Themen wie Waffenexporte versus humanitäres und friedensförderndes Engagement oder die Rolle der Schweiz bei illegalen Geldströmen, die die Steuergrundlage von Entwicklungsländern untergraben. Politische Widersprüche zwischen humanitären und friedenspolitischen Zielen einerseits und der tatsächlichen politischen Praxis beziehungsweise den Zielsetzungen anderer Politikbereiche andererseits sind inner- wie ausserhalb des eidgenössischen Staatsapparats Gegenstand häufiger Erörterung, auch in den politischen Kampagnen und Volksabstimmungen der halbdirekten Demokratie der Schweiz.

Globale Trends in der humanitären Hilfe und Friedensförderung

Die humanitäre Hilfe und Friedensförderung der Schweiz muss sich auf immer länger andauernde, fragmentiertere und urbanisiertere kriegerische Konflikte einstellen. Auch die Konfliktparteien vermehren und zersplittern sich zusehends. Staatliche und nicht staatliche bewaffnete Gruppen, Stellvertreter fremder Mächte, internationale Dschihadisten mit lokalen Ablegern und private Armeen stellen eine grosse Herausforderung für humanitäre und friedensfördernde Einsätze dar.

Die letzte Dekade war von einer aussergewöhnlich grossen Zahl gleichzeitiger, umfassender Notlagen geprägt: verheerende neue Konflikte in Syrien, Jemen, Libyen, der Sahelzone, am Tschadsee, in der Ukraine, in Myanmar, im Südsudan; weiter andauernde Konflikte in Afghanistan und im Irak; und damit einhergehend eine Verdoppelung der Zahl vertriebener Menschen, die Ende 2019 eine Rekordhöhe von 80 Millionen erreichte. Bewaffnete Auseinandersetzungen verlagern sich zunehmend in die Städte. Der Einsatz von Sprengwaffen in dicht bevölkerten Gebieten trifft Zivilisten besonders schwer. Sie ziehen integrierte städtische Systeme wie Wasserversorgung, Abwasserreinigung, Gesundheitssysteme, Lieferketten und Märkte in Mitleidenschaft. Der Wiederaufbau zerstörter lebenswichtiger Infrastruktur in Städten wie Mossul, Aleppo oder Tripolis erfordert Langzeitinvestitionen beträchtlichen Ausmasses.

Durch ihre Anpassung an die wachsenden Bedürfnisse der betroffenen, häufig in Ländern mittleren Pro-Kopf-Einkommens beheimateten Bevölkerungsgruppen haben humanitäre Einsätze an Dauer, Komplexität und Kosten zugenommen. Machten sie noch 1990 kaum 3 Prozent der gesamten Offiziellen Entwicklungshilfe (Official Development Assistance – ODA) aus, beträgt dieser Anteil nur zwei Jahrzehnte später bereits mehr als 10 Prozent (s. Carbonnier 2016, S. 37–66). Insgesamt legten humanitäre Hilfszahlungen zwischen 2014 und 2018 um weitere 30 Prozent zu und erreichten eine Rekordhöhe von 28,9 Milliarden US-Dollar, wobei mehr als 80 Prozent dieser Summe aus staatlichen Quellen flossen. Humanitäre Hilfe ist in der internationalen Zusammenarbeit zum Instrument der Wahl geworden, und zwar nicht allein als Reaktion auf einen grösseren Bedarf, sondern auch aus Verlegenheit, weil die internationale Gemeinschaft immer weniger fähig ist, langwierige Konflikte mit praktikablen politischen Lösungen zu beenden.

In der Friedensförderung hat sich die UNO nach dem Ende des Kalten Kriegs als Gravitationszentrum präventiver Diplomatie, Friedenserhaltung und Friedenskonsolidierung in Stellung gebracht. Friedenspolitische Reformen wie etwa die Agenda für den Frieden von 1992 waren eingebettet in eine liberale Ordnung, der es um Marktwirtschaft, Demokratie und Menschenrechte ging. Die unter ihrer Ägide geschlossenen umfänglichen Friedensabkommen enthielten verschiedene Funktionselemente wie Verfassungsreformen, Wahlen und Mechanismen für die gesellschaftliche Aussöhnung. Die Schweiz fand hierbei eine Rolle als Akteurin in Mediationsprozessen und in der Dialogförderung durch spezialisierte Nichtregierungsorganisationen.

Trotz einiger Errungenschaften stand liberale Friedenspolitik in der Kritik, weil hochgesteckte Ziele und Ambitionen aufgrund widriger politischer Bedingungen vor Ort und mangels Ressourcen und Kapazitäten verfehlt wurden (s. Ladley und Wennmann, 2021). Auch stiess das Konzept einer von aussen gesteuerten Friedenskonsolidierung vielerorts auf Abwehr. Etliche Staaten und gesellschaftliche Kräfte des Globalen Südens traten zunehmend selbstbewusst auf und stellten den (nicht selten paternalistischen) Ansatz westlicher Geberländer und internationaler Organisationen infrage. Ihr Versuch, soziale und politische Dynamiken in Gang zu bringen, wurde als zu losgelöst von friedenskonsolidierenden Graswurzel-Dynamiken angeprangert. Durch die Annahme der UN-Ziele für nachhaltige Entwicklung (Sustainable Development Goals – SDGs) im Jahr 2015 erhielt auch die Friedensgemeinde ihr Ziel: das SDG 16 zu «Frieden, Gerechtigkeit und starke Institutionen», das friedliche und inklusive Gesellschaften fordert und Wert auf Zugang zur Justiz sowie auf rechenschaftspflichtige, inklusive Institutionen legt.

Nexus-Ansätze

Die Zunahme bewaffneter Auseinandersetzungen im Gefolge des sogenannten Arabischen Frühlings hat viele zuvor erreichte Entwicklungs-
schritte wieder zunichtegemacht. Syrien beispielsweise ist auf dem UN-
Entwicklungsindex in nur vier Jahren um zwei Jahrzehnte zurückgerutscht;
2017 stieg es von der mittleren zur niedrigen Einkommenskategorie ab.
Im Irak, in Afghanistan und anderswo betreffen die fortdauernden Konflikte bereits mehrere aufeinanderfolgende Generationen, für die der Wiederaufbau und die Entwicklung noch immer keine rechten Früchte tragen. Humanitäre Einsätze haben hier versucht, die betroffenen Gemeinden
aus langjähriger Abhängigkeit von Hilfe zu befreien, indem sie einkommensgenerierende Tätigkeiten (z. B. Nahrungserzeugung und Handel)
fördern und lebenswichtige Infrastruktur sowie den Zugang zur Grundversorgung (Gesundheit, Wasser, Energie, Bildung) wiederherstellen.

Diese Herausforderungen forcierten neuerliche Bemühungen, die
Verknüpfung (Nexus) zwischen humanitärer Hilfe und Entwicklung
zu stärken. Der erste Humanitäre Weltgipfel 2016 rief zu einer neuen
Arbeitsweise auf, um die in langwierigen Konflikten klaffenden Lücken
zwischen der humanitären und der Entwicklungshilfe zu schliessen. Die
UNO setzte sich für den Gedanken eines *dreifachen Nexus* ein, der humanitäre, entwicklungsfördernde und friedenskonsolidierende Hilfs-
bemühungen zusammenführen soll. Zusätzlich trafen die wichtigsten
Hilfsorganisationen und Geldgeber die sogenannte Grosse Vereinbarung (the «Grand Bargain») zur Neuausrichtung humanitärer Politik, die
eine spürbare Stärkung der Finanzplanung, mehr direkt verfügbare Geldmittel für nationale und lokale Partnerorganisationen (sogenannte Loka-
lisierung der Hilfe) sowie eine Senkung der Verwaltungskosten durch
vereinheitlichte Anforderungen an das Berichtswesen seitens der Geber
vorsah. Sechs Jahre später indes harren viele dieser Selbstverpflichtungen
noch der Einlösung. Zahlreiche Bemühungen um den Dreifach-Nexus
sind ungeachtet aller Vorsätze zwischen institutionellen Barrieren und
Interessen stecken geblieben.

Künftige Herausforderungen

Alle diese Trends verlangen nach einer fortwährenden Anpassung humanitärer und friedenspolitischer Anstrengungen. Entsprechend bildete
sich eine Reihe von Reformnarrativen heraus, denen zufolge es darauf
ankommt, zweckdienlich zu bleiben. Die Praxis indes hinkte diesem An-

spruch zumeist hinterher, nicht zuletzt aufgrund institutionellen Kompetenzgerangels und Beharrungsvermögens. Doch der Anpassungsdruck hält aufgrund der grossen Veränderungen – Bevölkerungswandel, Klimawandel und Umweltstress (vgl. Kapitel 7), technologischer Umbruch einschliesslich neuer Mittel und Methoden der Kriegführung, Pandemien, wachsende Ungleichheit und Exklusion, rasante Verstädterung – und der damit einhergehenden Risiken weiter an.

In fragilen Umgebungen verstärken sich solche Risiken oft gegenseitig, was zu ineinander verschachtelten Krisen auf lokaler, nationaler und internationaler Ebene führt, die die bestehenden Institutionen und Systeme zusehends überfordern. Ein Konsens darüber, wie ihnen zu begegnen wäre, steht nach wie vor aus. In puncto Friedens- und Sicherheitsfragen haben zwei Jahrzehnte des Kriegs gegen den Terror und westlicher Militärinterventionen auf dem Balkan, in Afghanistan, Irak, Libyen und anderen Ländern die Spaltungen im UN-Sicherheitsrat verstärkt; im Zug der Konflikte in der Ukraine, in Syrien und in Venezuela vertieften sie sich zusätzlich.

Nicht nur auf globaler, sondern ebenso auf nationaler Ebene sind die Anforderungen an eine Friedensordnung gestiegen. Humanitäre und friedenssichernde Organisationen sehen sich mit einem sprunghaften Anstieg hybrider politischer Ordnungen konfrontiert, in denen eine Vielzahl von Akteuren und Institutionen – formeller oder informeller, bewahrender oder aufbrechender, staatlicher oder nicht staatlicher Natur – um Autorität, Legitimität und Gebietskontrolle konkurrieren. Friedensakteure sind deshalb dazu übergegangen, pragmatische Ansätze auszuloten, die sich etwa «hybrider Frieden» oder «adaptive Friedenskonsolidierung» nennen und verschiedene lokale De-facto-Machthaber einbeziehen, darunter auch nicht staatliche bewaffnete Gruppen, Netzwerke der organisierten Kriminalität, Milizen, religiöse Anführer, Jugendbewegungen und Geschäftsleute.

In den dargestellten Dynamiken und Turbulenzen kann die Schweiz, wenn sie auf ihre bisherigen Stärken setzt, eine wichtige Nische in der internationalen Zusammenarbeit besetzen. Sie kann sich als Schaltstelle strategischer Politikinnovation positionieren, die Akteure aus Wissenschaft, Wirtschaft, Diplomatie, humanitären und Friedenskontexten um aktuelle Themen wie digitale Transformation oder künstliche Intelligenz (KI) versammelt. Wenn sie institutionelle «Silos» hinter sich lässt und fluideren Nexus-Ansätzen folgt, kann die Schweiz zur bevorzugten Mittlerin internationaler partnerschaftlicher Kooperationen avancieren und der humanitären Hilfe und Friedensförderung wichtige Impulse verleihen.

Die Schweiz als Schaltstelle strategischer Politikinnovation

Zwei wichtige Bereiche, in denen sich die Schweiz als globale Schaltstelle strategischer diplomatischer und politischer Entwicklungen positionieren kann, um die genannten humanitären und friedenspolitischen Herausforderungen anzugehen, sind die Digitalisierung und die künstliche Intelligenz. Beide Felder ermöglichen radikale Innovationen, bieten aber angesichts der mit einem Cyberkrieg und autonomen Waffen verbundenen Risiken auch Anlass zur Sorge. Es ist von entscheidender Bedeutung, das humanitäre Völkerrecht und die Friedensförderung auf die zukünftige Kriegführung zuzuschneiden, damit Cyberangriffe und Aktivitäten der sogenannten Killer-Roboter mit den grundlegenden Prinzipien des humanitären Völkerrechts – der Unterscheidung zwischen Kombattanten und Nichtkombattanten, der Verhältnismässigkeit und dem Schutz von Zivilpersonen – vereinbar bleiben.

Die Digitalisierung enthält ein grosses Potenzial, um in humanitären Krisen und Friedensprozessen neuartige Beziehungen zu einer ganzen Reihe von Betroffenen und Beteiligten aufzunehmen. Technologische Innovationen werden unter dem Titel «Cyber-Mediation» auch Eingang in Bemühungen um Konfliktprävention und Konfliktlösung finden, wobei dem effektiven Schutz persönlicher Daten ein mindestens gleichrangiges Interesse gilt, etwa vertraulicher Informationen über bewaffnete Anführer, die an einer Mediation teilnehmen und in verschiedenen Hoheitsgebieten als Terroristen geführt werden.

Die Schweiz könnte, basierend auf ihrer Geschichte als neutraler Gaststaat, in ein sicheres und geschütztes Datenspeicherungssystem investieren, beispielsweise in eine souveräne Cloud, die die Privilegien und Immunitäten humanitärer und friedenssichernder Organisationen in die digitale Sphäre überträgt und das Speichern hochsensibler Daten aus Konfliktgebieten erleichtert. Hierfür wären jedoch auch Lehren aus den Enthüllungen zur Schweizer Crypto AG zu ziehen, einer auf Verschlüsselungstechnik spezialisierten Firma, in der bis in die 2000er-Jahre hinein Verschlüsselungsgeräte von amerikanischen und deutschen Nachrichtendiensten manipuliert wurden.

Die IZA-Strategie 2021–2024 streicht die Dringlichkeit der Zusammenarbeit zwischen der humanitären und friedensfördernden Agenda mit ihrer Forderung nach sektorübergreifenden Partnerschaften zu Recht heraus. Beispielsweise wird die Schweiz als Depositarstaat der Genfer Konventionen auch weiterhin eine ausschlaggebende Rolle bei der Durchsetzung des humanitären Völkerrechts spielen und dafür einstehen, dass die sich weiterentwickelnden Methoden und Mittel der Kriegführung eine angemessene Regelung erfahren.

Die Schweiz als Mittlerin von Partnerschaften

Angesichts der genannten Herausforderungen kann sich die Schweiz auch als bevorzugte Vermittlerin partnerschaftlicher Kooperationen positionieren. Sie könnte ihren Einfluss geltend machen, um sogenannte differenzielle Partnerschaften – also solche mit variabler Geometrie – zwischen westlichen und nicht westlichen Staaten sowie zwischen Interessengruppen verschiedenster Art aus Wirtschaft, Wissenschaft und Zivilgesellschaft zu schmieden. Als kleine Akteurin, die weder der EU noch einem Militärbündnis angehört, kann sie zudem diplomatisches, Human- und Finanzkapital einsetzen, um Kommunikationskanäle quer durch alle Konfliktlinien zu unterhalten. Sie kann auch eine gewisse «Swissness» in Anschlag bringen, das sich mit Attributen wie Kompetenz, Diskretion, Verlässlichkeit, Qualität, Flexibilität sowie der Fähigkeit zur raschen Mobilisierung verfügbarer Geldmittel verbindet.

Gäbe sie einer solchen Mittlerrolle den Vorzug, könnte die Schweiz noch stärker aus den Ressourcen des internationalen Genf schöpfen. Mit all seinen diplomatischen Missionen, internationalen und Nichtregierungsorganisationen sowie mit der Schweizer Wissenschaft und Wirtschaft im Rücken hält Genf ein unerreichtes sektorübergreifendes Netzwerk bereit – samt Akteuren, die sich ihrer zu bedienen wissen und die für die Bekämpfung globaler Spannungen und Konflikte, Pandemien und anderer Katastrophen entscheidend sind. Humanitär- und friedenspolitisch zentral ist überdies die Tatsache, dass Genf der weltweit einzige Ort ist, wo man direkte oder indirekte Kontakte zu jedem bewaffneten Akteur der Erde hat.

Dank ihrer Kompetenz, digitale, medizinische und finanzwirtschaftliche Spitzenforschung mit innovativen Unternehmen zusammenzubringen, kann die Schweiz interdisziplinäre Partnerschaften in den Bio- und Ingenieurswissenschaften sowie bei der Digitalisierung aufbieten, die das Potenzial zur Transformation der internationalen Zusammenarbeit in der humanitären Hilfe und Friedensförderung haben. Als führendes Finanzzentrum könnte die Schweiz des Weiteren eine Pionierrolle bei der Entwicklung neuer Finanzinstrumente zur Mobilisierung und wechselseitigen Hebelung öffentlicher und privater Gelder im Sinn der Blended Finance spielen und auf diese Weise eine friedliche und nachhaltige Entwicklung in fragilen, mit hohen Risiken behafteten Kontexten unterstützen (vgl. Kapitel 6).

Diese Fähigkeit zur Orchestrierung komplexer Partnerschaften ist für die humanitäre Hilfe und Friedensförderung auch unterhalb der nationalstaatlichen Ebene, z. B. im städtischen Raum, von Belang. Urbane Konflikte fügen der humanitären Hilfe und städtischen Friedenssicherung etliche ungewöhnliche Akteure hinzu: Bürgermeister, Polizeieinheiten, Banden, benachteiligte Einwohner, Immobilienkonsortien, einflussreiche Familien, Medien usw., die alle irgendwie in die Konsenssuche einbezogen werden müssen. Die Vermittlung partnerschaftlicher Kooperationen auf Stadtebene ist ein wachsender Sektor innerhalb der humanitären Hilfe und Friedenssicherung. In der Mediation gibt es zudem den starken Trend hin zu politischen Vereinbarungen unterhalb der nationalen Ebene, dem in der humanitären Hilfe der Einsatz in «Situationen nicht kriegerischer Waffengewalt» entspricht.

Grössere Flexibilität zugunsten eines funktionierenden Nexus

Zur Bewältigung der erwähnten Herausforderungen ist immer mehr Flexibilität bei der Konzeption und Umsetzung humanitärer Hilfe und Friedensförderung erforderlich. Diese setzt ihrerseits einen Mentalitätenwandel voraus, der es erlaubt, institutionelle Grenzen und Kompetenzstreitigkeiten zu überwinden. Die internationalen Organisationen haben sich im Lauf der Jahrzehnte zu hierarchischen Systemen entwickelt, die zwar einzelne Vorhaben umsetzen können, jedoch eher beschränkt sind in ihrer Fähigkeit, gemeinsam eine sektorübergreifende Wirkung zu erzielen. Damit dies gelingt, sind horizontale Querverbindungen vonnöten, die die jeweiligen Vorzüge der verschiedenen Akteure und Institutionen nutzen und gemeinsam stärken.

Im Bereich der humanitären Hilfe und Friedensförderung entspricht dieser Gedanke der Idee des «dreifachen Nexus» und ähnlicher Versuche, internationale Organisationen beweglicher und untereinander anschlussfähiger zu machen. Aus systemtheoretischer Perspektive zeigt sich, dass eine Akzentverschiebung vom Mandat hin zur Rolle die Zusammenarbeit stärken kann, basierend auf der Einsicht, ein gemeinsames Ziel zu haben. Ein solches Ziel kann rein praktischer Notwendigkeit geschuldet sein, etwa wenn es darum geht, diskrete Möglichkeiten zum vertraulichen Gespräch mit militärischen oder aufständischen Waffenträgern zu erhalten oder zu nutzen. Humanitäre Intermediation – beispielsweise ein solche Gespräche unterstützender Gefangenen- oder Gefallenenaustausch zwischen verfeindeten Seiten – kann ein gesprächsförderndes Klima erzeugen. Eine Verringerung schwerer Verstösse gegen das humanitäre Völkerrecht trägt auch dazu bei, Ressentiments, die nachhaltigen Friedens- und Versöhnungsprozessen so oft im Weg stehen, zu dämpfen. Politische und militärische Anführer sind häufig direkt und persönlich sowohl an humanitären wie an Friedensverhandlungen beteiligt, und nicht wenige internationale Akteure verbringen ihr Berufsleben in beiden Welten, der humanitären wie der friedensbildenden Arbeit.

In einer zunehmend multipolaren und polyzentrischen Welt wird Flexibilität im Umgang mit langwierigen Konflikten immer entscheidender. Da sich die grossen Veränderungen und die mit ihnen einhergehenden Risiken – demografischer Wandel, Migration, Klima, Technologie – in verschiedenen Teilen der Welt unterschiedlich bemerkbar machen, werden regional differenzierte Konzepte und Partnerschaftsvereinbarungen umso wichtiger. Es müssen kontextspezifische Kenntnisse und Reaktionsfähigkeiten und relevante Partnerschaften mit sämtlichen Gruppen vor Ort – von der Regierung über die Wirtschaft und Wissenschaft bis hin zur Zivilgesellschaft – aufgebaut werden.

Die Schweiz ist in einer guten Ausgangslage, um sektorübergreifende Partnerschaften und Plattformen, die das politische Handeln im Spannungsfeld von humanitärer Hilfe, Frieden und Entwicklung flexibilisieren sollen, zu unterstützen. Denn alle drei Bereiche sind im Wesentlichen in einem einzigen Ministerium angesiedelt. Im EDA werden die humanitäre und Entwicklungshilfe von der DEZA, das humanitäre Völkerrecht von der Direktion für Völkerrecht und die Friedensförderung von der Abteilung Frieden und Menschenrechte bewirtschaftet. Seit 2017 hat der Bund, dem Ruf nach mehr Synergie folgend, alle drei Bereiche in einem gemeinsamen Bericht und unter eine gemeinsame Vierjahresstrategie für internationale Zusammenarbeit zusammengefasst. Flexiblere Mittelzuweisungen und Karrierewege könnten die Anpassung an den beschleunigten Wandel lokaler, regionaler und globaler Verhältnisse zusätzlich erleichtern.

Literatur

Brühwiler, Claudia Franziska; Egli, Patricia & Sánchez, Yvette (2019): «The ICRC at a crossroads: Swiss roots – international outlook», in: *International J J Humanitarian Action* 4, S. 13.

Bundesrat (2018): *Gute Dienste: Bericht über die internationalen Fazilitations- und Mediationsprozesse der Schweiz*. Bern: Bundesrat.

Bundesrat (2019): *Botschaft zu den Massnahmen zur Stärkung der Rolle der Schweiz als Gaststaat 2020–2023*. Bern: Bundesrat.

Bundesrat (2020): *Botschaft zur Strategie der internationalen Zusammenarbeit 2021–2024*. Bern: Bundesrat.

Carbonnier, Gilles (2016): *Humanitarian Economics. War, Disaster and the Global Aid Market*. London & New York: Hurst & Oxford University Press.

Development Initiatives (2020): *Global Humanitarian Assistance Report 2019*. Bristol: Development Initiatives.

Graf, Andreas & Lanz, David (2013): «Conclusions: Switzerland as a paradigmatic case of a small state peace policy?», in: *Swiss Political Science Review* 19(3), S. 410–423.

Heiniger, Markus (2021): *Rückblick für die Zukunft: 30 Jahre Friedensengagement im EDA 1990–2020*. Bern: Eidgenössisches Departement für auswärtige Angelegenheiten.

Ladley, Andrew & Wennmann, Achim (2021): «Political Economy, International Law and Peace Agreements», in: Weller, Marc; Retter, Mark & Varga, Andrea (Hg.): *International Law and Peacemaking*. Cambridge: Cambridge University Press, S. 449–473.

11. Frieden und Sicherheit: Hybride Bedrohungen, neue Handlungsspielräume

Andreas Wenger

Die Beiträge der Schweizer Aussenpolitik zu Frieden und Sicherheit haben seit dem Ende des Kalten Kriegs eine markante Aufwertung und Ausdifferenzierung erfahren. Seit den frühen 1990er-Jahren hat sich der Bundesrat zum Ziel gesetzt, das Engagement der Schweiz für Frieden und Sicherheit schrittweise auszubauen. Heute ist die Aussensicherheitspolitik neben der Verteidigungspolitik und der inneren Sicherheit einer der drei zentralen Pfeiler der Schweizer Sicherheitspolitik. Mit dieser Aufwertung verbunden stiegen allerdings auch die Anforderungen mit Blick auf die Kohärenz der Politikformulierung, die nationale und internationale Koordination und die innenpolitische Abstützung der Beiträge (Wenger und Nünlist, 2016).

Im 21. Jahrhundert ist Sicherheitspolitik zu einer umfassenden Querschnitts- und Verbundaufgabe geworden, die sich mit der Prävention, Abwehr und Bewältigung einer Vielzahl von Bedrohungen, Gefahren und Risiken auseinandersetzt. Das gesamte Politikfeld hat sich seit 1991 entlang von zwei Dimensionen markant ausgeweitet. Mit der Erweiterung des Sicherheitsbegriffs reagierten Politik und Wissenschaft auf die steigende Bedeutung nicht militärischer Risikofaktoren für das Verständnis und die Bewältigung aktueller Krisen und Konflikte; mit der Vertiefung des Sicherheitsbegriffs auf die Erkenntnis, dass neben dem Staat zunehmend auch soziale Gruppen oder Infrastrukturen zum Objekt von Bedrohung und Schutzanstrengungen wurden (Wenger, 2014).

Heute konzentriert sich die Sicherheitspolitik neben der Abwehr konkreter Bedrohungen vermehrt auf die risikobasierte Prävention und die resilienzbasierte Bewältigung unvorhersehbarer Ereignisse. In der

Umsetzung ist dies mit zwei Herausforderungen verbunden: Erstens stellt sich immer öfter die Frage, wie die Bereiche der «hohen Politik» und der «tiefen Politik» besser aufeinander abgestimmt werden können. Die Schnittstellen zwischen der Sicherheitspolitik und anderen Politikbereichen wie Gesundheit, Digitalisierung, Klima, Energie und Migration nehmen zu. Gleichzeitig verschwimmen die Grenzen zwischen der Alltagspolitik in Form von Regulierung und ausserordentlichen Sicherheitsmassnahmen in Form von Notrecht. Zweitens heisst dies auch, dass die praktische Sicherheitsarbeit pluralistischer werden muss: Wenn die Eigenverantwortung gesellschaftlicher und wirtschaftlicher Akteure im In- und Ausland in wichtigen Sicherheitsaufgaben wie dem Schutz kritischer Infrastrukturen oder der Sicherheit omnipräsenter digitaler Werkzeuge an Bedeutung gewinnt, dann müssen sie auch stärker in die Formulierung sicherheitspolitischer Strategien und Massnahmen eingebunden werden (Hagmann et al., 2018).

Dieses Kapitel konzentriert sich auf den sicherheitspolitischen Beitrag der Aussenpolitik. Die klassische Verteidigungspolitik mit der Armee im Zentrum und der seit dem Beitritt der Schweiz zu Schengen und Dublin stark europäisierte Bereich der inneren Sicherheit kommen nur dann zur Sprache, wenn die Schnittstellen zwischen den drei Pfeilern der Sicherheitspolitik relevant für das Verständnis der Entwicklung der Aussensicherheitspolitik sind. Damit beleuchtet das Kapitel den Teilbereich der Sicherheitspolitik, dessen Bezugsrahmen global ausgerichtet ist, während derjenige der inneren Sicherheit europäisch und derjenige der Verteidigung national orientiert ist. Nicht die operationelle Gefahrenabwehr wie in den anderen zwei Bereichen steht in der Aussensicherheitspolitik im Zentrum, sondern die Prävention, die international koordinierte Bewältigung unvorhersehbarer Ereignisse sowie die Vertretung der Schweiz mit Blick auf ihre sicherheitspolitischen Interessen.

In einem ersten Teil wird die Entwicklung der aussensicherheitspolitischen Beiträge der Schweiz seit dem Ende des Kalten Kriegs nachvollzogen. Dabei wird dargelegt, warum, in welchen Aktivitätsfeldern und mit welchen Erfolgen die Aussensicherheitspolitik an Bedeutung gewann. Gleichzeitig wird auch auf die aussen- und innenpolitischen Grenzen einer aktiven Mitgestaltung des sicherheitspolitischen Umfelds hingewiesen und erläutert, wie im Lauf der Zeit die sicherheitspolitischen Herausforderungen immer komplexer und die aussensicherheitspolitische Politikgestaltung zunehmend pluralistischer wurden.

In einem zweiten Teil werden, ausgehend von den aktuellen Gefahren und Risiken, zukunftsweisende Beiträge der Aussenpolitik zu Frieden und Sicherheit skizziert. Abschliessend werden die damit verbundenen Herausforderungen der internationalen Interessenvertretung und der innenpolitischen Abstützung diskutiert.

In Kurzform wird im zukunftsweisenden Teil wie folgt argumentiert: Erstens erweitern sich im derzeitigen Umfeld die Handlungsspielräume der Schweiz für pragmatische und eigenständige Beiträge zu Frieden und Sicherheit in der Welt. Zweitens ist die Schweiz aufgrund ihres auf Machtteilung und Subsidiarität ausgerichteten Regierungs- und Gesellschaftssystems gut positioniert, um mit ihren Beiträgen als Brückenbauerin zwischen Staaten und in internationalen Organisationen sowie zwischen «hoher Politik» und «tiefer Politik» zu wirken. Drittens ermöglichen Beiträge, die Frieden und Sicherheit von unten stärken, das heisst Konflikte möglichst lokal angehen und praktische Alltagslösungen anstreben, eine nach innen wie aussen glaubwürdige Sicherheitspolitik (vgl. Kapitel 8 und 10). Dies setzt allerdings Kohärenz, Koordination, Expertise und einen langen Atem bei der Umsetzung voraus.

Rückblick auf die Entwicklungen seit 1991

Die Aufwertung der Beiträge der Aussenpolitik zu Frieden und Sicherheit entwickelte sich in zwei Phasen, die von unterschiedlichen inhaltlichen und geografischen Herausforderungen geprägt waren. Stand in den 1990er-Jahren die Bewältigung der Bürgerkriege auf dem Balkan im Zentrum der Aufmerksamkeit, kamen in den 2000er-Jahren die Herausforderungen des grenzüberschreitenden Gewaltextremismus und Terrorismus dazu. Der neue sicherheitspolitische Gestaltungswille der Schweiz in den 1990er-Jahren widerspiegelte die damalige globale Strahlkraft des durch westliche Normen geprägten Multilateralismus. Im Gegensatz dazu erweiterte sich der Handlungsspielraum für die Aussensicherheitspolitik in der darauffolgenden Dekade nur noch geringfügig. Dies war Ausdruck einer zunehmenden Blockade des Multilateralismus im Kontext der Kriege in Afghanistan und im Irak.

Die 1990er-Jahre: Wachsender Gestaltungswille
im Kontext erstarkter multilateraler Sicherheitsinstitutionen

Im Kontext der Stärkung des Multilateralismus nach dem Ende des Kalten Kriegs begann die Aufwertung der aussenpolitischen Beiträge zu Sicherheit und Frieden. Mit der «Agenda für den Frieden» formulierte die UNO 1992 einen multilateralen Rahmen für die zivile und militärische Friedensförderung. Auch im europäischen Umfeld konzentrierten sich die Anstrengungen auf die Etablierung einer integrativen und liberalen Sicherheitsordnung. Zum Ausdruck kam dies als Vision mit der Verabschiedung der Pariser Charta der KSZE bereits 1990. Umgesetzt wurde diese Vision mit der Institutionalisierung der ab 1995 OSZE genannten ehemaligen KSZE sowie mit der Vertiefung und schrittweisen Erweiterung der NATO (mit der Partnerschaft für den Frieden, PfP) und der EU (mit der Entwicklung einer gemeinsamen Aussen-, Sicherheits- und Verteidigungspolitik).

In diesem neuen europäischen Umfeld stieg für die Schweiz einerseits der aussenpolitische Integrationsdruck, andererseits erhöhte sich auch im sicherheitspolitischen Bereich der Kooperationsdruck, insbesondere im Kontext der vielschichtigen Rückwirkungen der Balkankriege. Angesichts dieser Entwicklungen verstärkte der Bundesrat das Engagement der Schweiz in den multilateralen Sicherheitsinstitutionen. Zum Ausdruck kam dies im ersten schweizerischen OSZE-Vorsitzjahr 1996, in dem die noch junge Institution mit ihrer bisher grössten operationellen Herausforderung konfrontiert wurde. Das Dayton-Abkommen für den Frieden in Bosnien übertrug der OSZE u. a. die Vorbereitung und Durchführung demokratischer Wahlen. Die Schweiz nutzte diese Chance, um sich als verlässlicher Partner zu präsentieren.

Nur wenig später unterstrich die Schweiz ihren sicherheitspolitischen Öffnungswillen mit dem Beitritt zur NATO-Partnerschaft für den Frieden. Wiederum stellte der Krieg in Bosnien den entscheidenden Kontext dar, weil er die Funktion der PfP als Warteraum für beitrittswillige Staaten um die operationelle Dimension der militärischen Friedensförderung ergänzte. Politisch erleichterte dies die innenpolitische Abstützung in Parlament und Öffentlichkeit. Operationell ermöglichte es der Schweizer Armee, sich die Voraussetzungen für die Zusammenarbeit in der militärischen Friedensförderung im Austausch mit anderen Armeen anzueignen. In der Folge legten das EDA und das damalige EMD (heute VBS) dem Bundesrat Mitte der Dekade ein gemeinsames Aktionspro-

gramm zur Stärkung der militärischen und zivilen Friedensförderungsbeiträge der Schweiz vor.

Der Gestaltungswille der Schweiz zur Förderung von Frieden und
Sicherheit entwickelte sich in den 1990er-Jahren primär in einem multilateralen Rahmen und im Kontext eines umfassenden zivilmilitärischen
Ansatzes. Substanziell konzentrierten sich die Beiträge der Aussenpolitik auf die Unterstützung von präventiven und friedenskonsolidierenden
Projekten der UNO und der OSZE, den vermehrten Einsatz von zivilem
und militärischem Personal vor Ort und die verstärkte Unterstützung
von Projekten in den Bereichen Demokratieförderung, Minderheitenschutz und Rechtsstaatlichkeit. Parallel dazu wurden die notwendigen
Schritte eingeleitet, um die zivile Friedensförderung fest im Instrumentarium der Aussensicherheitspolitik der Schweiz zu verankern. So
beschloss der Bundesrat den Aufbau eines Expertenpools für die zivile
Friedensförderung und leitete die Ausarbeitung einer gesetzlichen
Grundlage für einen Rahmenkredit in die Wege. Auch die neue Bundesverfassung erklärte im Zweckartikel den Einsatz der Schweiz für eine
friedliche und gerechte internationale Ordnung zur Aufgabe der Eidgenossenschaft (Trachsler, 2002).

Als zweites Aktionsfeld neben der zivilen Friedensförderung erweiterte die Schweiz in den 1990er-Jahren ihr Profil in der Rüstungskontroll-
politik. Auch hier bildeten die Bürgerkriege auf dem Balkan und in Afrika
den entscheidenden Hintergrund, weil sie die Rolle von Antipersonenminen sowie leichteren und mittelschweren Waffen als Hauptbedro-
hung für Zivilisten in ihrem schrecklichen Ausmass sichtbar machten.
Die Schweiz beteiligte sich aktiv an der Erarbeitung des internationalen
Übereinkommens über das Verbot von Antipersonenminen, das 1999 in
Kraft trat. Neu am damaligen Verhandlungsprozess war, dass er durch
eine umfassende Medienkampagne des IKRK und vieler NGOs lanciert
und durch eine Kerngruppe von kleineren und mittelgrossen Staaten
vorangetrieben wurde. Mit der Gründung des Genfer Internationalen
Zentrums für Humanitäre Minenräumung (GICHD) dokumentierte die
Schweiz im selben Jahr ihren Willen, das internationale Genf auch als
Standort für humanitär ausgerichtete Rüstungskontrollbemühungen zu
etablieren.

Während die Stärkung der aussenpolitischen Beiträge in den Bereichen der zivilen Friedensförderung und humanitären Rüstungskontrolle
gemäss regelmässigen Meinungsumfragen am Ende der 1990er-Jahre

breite Zustimmung fand, blieb die durch den Bundesrat eingeleitete aussen- und sicherheitspolitische Kurskorrektur in zweierlei Hinsicht politisch umstritten: Aussenpolitisch nach wie vor kontrovers diskutiert wurden die Fragen des Beitritts zur UNO und zur EU. Wie sich bereits in der Ablehnung der Vorlage über ein Schweizer Blauhelmkontingent 1994 gezeigt hatte, stiessen die militärischen Friedensförderungsbeiträge im sicherheitspolitischen Bereich teilweise weiterhin auf grundsätzliche Ablehnung (Szvircsev Tresch et al., 2020).

Die 2000er-Jahre: Beschränkter zusätzlicher Handlungsspielraum im Kontext umstrittener aussenpolitischer Positionierungsdebatten

Die Verabschiedung des sicherheitspolitischen Berichts 2000 durch den Bundesrat setzte genau an diesen zwei Punkten an. Der Bericht sollte die konzeptuelle Grundlage für den Schritt zur institutionellen Mitgestaltung und zu einer internationaleren Ausrichtung der Armee legen. Bezüglich der Frage nach der institutionellen Einbindung auf globaler Ebene brachte der vom Volk gutgeheissene UNO-Beitritt 2002 die erhoffte Klärung. In der Europafrage fand die Schweiz mit dem Abschluss der bilateralen Verträge den Zugang zum gemeinsamen Markt, ohne eine Einschränkung der politischen Selbstbestimmungsrechte in Kauf nehmen zu müssen. Hingegen verlor das strategische Ziel des Bundesrats, der EU mittelfristig beizutreten, schrittweise an Dringlichkeit und innenpolitischer Unterstützung. Mitte der Dekade sprach sich neu auch eine Mehrheit des Bundesrats gegen eine einseitig auf Europa fokussierte und für eine stärker global ausgerichtete Aussenpolitik aus (Fanzun und Wenger, 2000).

Das Engagement der Schweiz in der zivilen Friedensförderung wurde in den 2000er-Jahren weiter ausgebaut, ausdifferenziert und professionalisiert. Dabei orientierten sich die Schweizer Beiträge am Konzept der menschlichen Sicherheit, das den Schutz von Zivilpersonen ins Zentrum stellte, und an fest in der Schweizer Gesellschaft verwurzelten humanitären Werten. Gleichzeitig präsentierte der Bundesrat die Aktivitäten auch als Ausdruck seiner Interessenpolitik, da das Engagement die irreguläre Migration dämpfen helfe, wirtschaftliche Interessen des Landes schütze und den Zugang zu wichtigen Entscheidungsträgern erleichtere. Das EDA arbeitete weiterhin eng mit multilateralen Partnerorganisationen zusammen und konsolidierte und vertiefte den Ausbau der friedenspolitischen Kapazitäten in gezielten Partnerschaften mit NGOs und Forschungsinstitutionen. Die Aktivitäten in der Friedensmediation beispielsweise wurden gezielter auf Langfristigkeit ausgerichtet und das Engagement durch die Bereitstellung erfahrener Mediatoren und fundierter thematischer Kenntnisse professionalisiert (Wenger, 2011).

Auch die Aktivitäten im Bereich der Rüstungskontrolle wurden in Zusammenarbeit mit universitären Forschungszentren weitergeführt und das internationale Genf mit dem Geneva International Centre for Humanitarian Demining und dem im Bereich Sicherheitssektorreform tätigen Geneva Centre for the Democratic Control of Armed Forces weiter gestärkt. Allerdings verschob sich im Kontext der Terroranschläge vom 11. September 2001 und des globalen Kampfs gegen den Terrorismus die Aufmerksamkeit in rüstungskontrollpolitischen Themen zunehmend zurück auf nukleare, chemische und biologische Proliferationsfragen.

Die Militärinterventionen in Afghanistan und im Irak und die damit verbundenen heftigen Meinungsverschiedenheiten in der NATO und der EU zogen in der Schweiz eine gewisse Refokussierung auf die innere Sicherheit nach sich. Während der sicherheitspolitische Bericht 2000 den Akzent der Schweizer Sicherheitsstrategie bei der internationalen Kooperation gesetzt hatte, rückte im sicherheitspolitischen Bericht 2010, aus dessen Erarbeitung sich das EDA zeitweise zurückgezogen hatte, der Schutz von Zivilisten und Infrastrukturen im Inland in den Vordergrund. Auch in der Armee verschob sich die Aufmerksamkeit weg von der militärischen Friedensförderung als strukturbestimmender Aufgabe hin zu den subsidiären sicherheitspolizeilichen Unterstützungseinsätzen zugunsten der Kantone. Insgesamt zogen diese Entwicklungen eine schrittweise Abkoppelung der militärischen von der zivilen Friedensförderung nach sich.

Wachsende Handlungsspielräume:
Mitwirkung von Parlament, Kantonen und Gesellschaft

Paradoxerweise begannen sich am Übergang in die 2010er-Jahre die Handlungsspielräume für eigenständige aussenpolitische Beiträge zu Frieden und Sicherheit in der Welt trotz – oder gerade wegen – einer zunehmenden Schwächung der liberalen Weltordnung zu erweitern. In einem stärker fragmentierten Umfeld stieg die internationale Nachfrage für das besondere Profil der Schweiz als Nichtmitglied von NATO und EU und unparteiischer Brückenbauerin ohne Kolonialvergangenheit wieder an. Gleichzeitig verlor das innenpolitische Ringen um die aussenpolitische Positionierung an unmittelbarer Brisanz, nachdem die Schweiz den Beitritt zur UNO vollzogen und die bilateralen Verträge mit der EU unterschrieben hatte. Mit Blick auf die innenpolitische Abstützung der Beiträge der Aussenpolitik zu Frieden und Sicherheit hiess dies zweierlei: Erstens war auf der globalen Ebene mit der UNO-Mitgliedschaft ein innenpolitisch gut vermittelbarer und stabiler multilateraler Rahmen für das Profil als Brückenbauerin gegeben; zweitens fiel die Kritik an eigenständigen Nischenbeiträgen durch diejenigen politischen Kräfte weg, die sich eine stärkere europäische Einbindung der Beiträge der Schweiz gewünscht hatten.

Parallel dazu manifestierte sich ein steigender Mitwirkungswille von Parlament, Kantonen und Gesellschaft auch in sicherheitspolitischen Fragen. Bereits 2006 hatte eine parlamentarische Initiative eine regelmässigere sicherheitspolitische Berichterstattung gefordert. Der Bundesrat hatte sich daraufhin dazu bereit erklärt, künftig in jeder Legislaturperiode einen sicherheitspolitischen Bericht vorzulegen. In der Erarbeitung des Berichts 2010 beschritt die Verwaltung teilweise neue Wege der Mitwirkung, indem sie mehr als 40 Anhörungen mit Vertretern von Parteien, Interessengruppierungen, Kantonen und Expertengruppen durchführte. Auch die interessierte Öffentlichkeit erhielt die Möglichkeit, sich an der sicherheitspolitischen Diskussion zu beteiligen. Der neue gesellschaftliche Mitwirkungswille reflektierte einerseits die steigende Bedeutung zivilgesellschaftlicher Akteure im Bereich der Friedensförderung und andererseits das Ringen um einen politischen Basiskonsens hinsichtlich der Ausrichtung der Armee (Wenger et al., 2010).

Noch wichtiger für die Neuausrichtung der Sicherheitspolitik war jedoch, dass der sicherheitspolitische Bericht 2010 die nationale Sicherheit um den Bereich der Alltagsgewalt – bisher eine Domäne der Kantone – erweiterte. Dies widerspiegelte ein zunehmend hybrides Bedrohungsbild an den Schnittstellen zwischen kriminellen und machtpolitischen Herausforderungen. Gleichzeitig erlaubte die engere Zusammenarbeit zwischen dem VBS und den Kantonen in der Erarbeitung der sicherheitspolitischen Berichte 2010 und 2016, die Armeeaufgabe «Verteidigung» neu auch als innere Schutzaufgabe zugunsten soziotechnischer Systeme zu konzeptualisieren. Im Zug dieser Entwicklungen flaute der in Armeekreisen und bürgerlichen Politikkontexten teilweise erbittert geführte Kampf um die Ausrichtung der künftigen Armee schritt-

weise ab. Allerdings verschob sich der Bezugsrahmen der Sicherheitspolitik auf der Stufe des Bundes erheblich auf den Bereich der inneren
Sicherheit. Der Beitrag der Aussenpolitik zu Frieden und Sicherheit wiederum rückte ungebührlich stark in den Hintergrund.

Aktuelle Entwicklungen und künftige Herausforderungen
Der Umbruch der internationalen Sicherheitsordnung hat sich in der
vergangenen Dekade deutlich beschleunigt. Seit den Ereignissen von
2008 (globale Finanzkrise; Georgienkrieg) und 2014 (Ukrainekonflikt;
Aufstieg des Islamischen Staats) befindet sich das Umfeld der Schweiz in
einem raschen Wandel. Im Folgenden wird zuerst der Charakter der
aktuell für die Schweiz absehbaren Risiken und Bedrohungen vertieft
diskutiert. Darauf Bezug nehmend werden zukunftsweisende Beiträge
der Aussenpolitik zu Frieden und Sicherheit in der Welt skizziert, bevor
abschliessend die Herausforderungen der internationalen Interessenvertretung und die Prinzipien der innenpolitischen Abstützung der Aussensicherheitspolitik dargestellt werden.

Für die Schweiz relevante aktuelle Risiken und Bedrohungen
Der ordnungspolitische Kontext aktueller sicherheitspolitischer Herausforderungen auf der *globalen Ebene* ist geprägt durch sehr unterschiedliche Vorstellungen der Grossmächte darüber, an welchen Regeln und
Normen sich internationale Beziehungen orientieren sollen. Die Interessenkonflikte und Rivalitäten zwischen den Grossmächten werden auf
der globalen Ebene zunehmend in neuen Räumen und mit neuen Instrumenten ausgetragen. Erstens machen sich diese Rivalitäten auch in
nur wenig regulierten Räumen wie der Hochsee, dem Weltall oder dem
Cyberraum bemerkbar. Seit einigen Jahren werden die zwischenstaatlichen Beziehungen in diesen Räumen schrittweise politisiert und teilweise auch militarisiert, was zu politisch motivierten Unterbrüchen in
den Globalisierungsinfrastrukturen führen kann. Die damit verbundenen negativen Rückwirkungen auf Kommunikationsnetzwerke und Han-
dels-, Energie- und Finanzmärkte können auch die Versorgungssicher-
heit der Schweiz betreffen (Wenger und Nünlist, 2017).
      Zweitens versuchen Grossmächte, die mit ihrer Marktmacht ver-
bundenen, einseitigen wirtschaftlichen Abhängigkeiten vermehrt zugunsten politischer Zwecke zu manipulieren. Insbesondere Zukunftstechnologien, etwa im Bereich der künstlichen Intelligenz, der 5G-Netze

oder der Chipindustrie, werden so zunehmend zum Schauplatz geopolitischer Spannungen, die sich in der Form regulatorischer Konkurrenz in oligopolistischen Märkten bemerkbar machen können. Die damit verbundene Politisierung der Wirtschafts- und Finanzbeziehungen in der Form staatlicher Eingriffe in Märkte, unkonventioneller Geldpolitiken und der Integration der Handels- in die Sicherheitspolitik stellt die Schweiz in ihren Aussenbeziehungen vor schwierige Güterabwägungen.

Der ordnungspolitische Kontext aktueller sicherheitspolitischer Herausforderungen auf der *regionalen Ebene* wiederum ist von Zonen der anhaltenden Instabilität an der Peripherie Europas bei gleichzeitiger Fragmentierung des politischen Kernprojekts Europa geprägt. Insgesamt manifestiert sich ein hybrides Gefahrenbild an den Schnittstellen von innerer und äusserer Sicherheit. Viele Konflikte im Süden und Osten Europas haben sich verfestigt und sind stark internationalisiert, wobei sich die lokalen, regionalen und globalen Konfliktdynamiken wechselseitig beeinflussen können – oft zuungunsten einer nachhaltigen Konfliktlösung. Die internationalisierten Bürgerkriege wiederum werden überlagert durch grenzüberschreitende Gewaltphänomene wie Gewaltextremismus, Terrorismus und organisierte Kriminalität. Auch in diesem Kontext verfolgen staatliche Akteure oftmals primär taktische Ziele, was zu rasch wechselnden Allianzen und diffusen Formen der Zusammenarbeit zwischen staatlichen, halbstaatlichen, kriminellen und terroristischen Gruppierungen führen kann.

Die Entwicklungen im regionalen Umfeld tangieren die Sicherheit der Schweiz entlang von zwei Dimensionen: Einerseits geht die anhaltende Instabilität an Europas Peripherie einher mit indirekten, meist nicht militärischen Rückwirkungen auf die innere Sicherheit der Schweiz. Damit verbundene Herausforderungen können sich in der Form von Unterbrüchen in den Versorgungssystemen, krisenbedingten Migrationsbewegungen oder Spannungen zwischen sozialen Gruppen in der Schweiz bemerkbar machen, die wiederum Anlass zu politischer Einmischung oder Druckversuchen sein können. Andererseits steigt in diesem Umfeld generell das Gewaltpotenzial, das nicht staatliche Akteure gegen Schweizer Bürgerinnen und Bürger und Einrichtungen im In- und Ausland einsetzen können. Dies hat u. a. auch mit der Technologieentwicklung und einem globalisierten Zugang zu auch böswillig nutzbaren Systemen wie etwa im Drohnen- und Robotikbereich zu tun.

Zukunftsweisende Beiträge der Aussenpolitik zu Frieden und Sicherheit
Die skizzierten Entwicklungen im *globalen Umfeld* der Schweiz weisen darauf hin, dass Sicherheit nicht mehr im selben Ausmass an geografische Nähe und staatliche Souveränität gebunden ist wie zur Zeit des Kalten Kriegs. Daraus ergeben sich zwei Entwicklungslinien für die sicherheitspolitischen Beiträge der Aussenpolitik:

Erstens steigt im Kontext eines blockierten Multilateralismus die Bedeutung eines kohärenten Auftretens der Schweiz im multi-, mini- und bilateralen Rahmen. Eine gezielte Interessenvertretung ist gerade gegenüber Grossmächten gefragt, die ihre Interessen über alle Machtinstrumente in den Bereichen Diplomatie, Institutionen, Wirtschaft, Information, Technologie und Militär gebündelt verfolgen und dabei zunehmend die Regeln und Normen einer liberalen Weltordnung missachten. Die Formulierung einer kohärenten Gesamtstrategie für die Ausgestaltung der bilateralen Beziehungen zu Grossmächten stellt allerdings eine nicht zu unterschätzende Herausforderung dar, da die wechselseitigen Abhängigkeiten und Synergiepotenziale zwischen unterschiedlichen sektoriellen Zielen vermehrt ausdiskutiert werden müssen. Gefragt sind klare Konzepte und strategische Prioritäten, die sich an den Interessen und Werten der Schweiz orientieren.

Zweitens steigt aufgrund des rasanten technischen Fortschritts und der starken Verflechtung wirtschaftlicher und gesellschaftlicher Systeme der Steuerungsbedarf in zunehmend globalisierten und technologisierten Politikfeldern. Aus der Perspektive von Frieden und Sicherheit geht es primär darum, dass die wirtschaftlichen und gesellschaftlichen Chancen neuer digitaler Technologien breit genutzt werden können, während die Risiken eines gewaltsamen oder politisch motivierten Missbrauchs möglichst minimiert werden sollen. Die Mitgestaltung globaler Sicherheitsnormen bietet heute für stark globalisierte und vernetzte Staaten ein sehr viel breiteres Aktivitätsfeld als früher, da sich die Gouvernanzmechanismen über weiche und harte Normen auffächern und neben öffentlichen auch private und zivilgesellschaftliche Akteure an ihrer Erarbeitung beteiligt sind. Ein sinnvoller Schwerpunkt ist diesbezüglich beispielsweise das Engagement zugunsten der Weiterentwicklung von Cyber(sicherheits)normen, auch weil diesem Aktivitätsfeld in den Bereichen der inneren Sicherheit und der Verteidigungspolitik eine wachsende Bedeutung zukommt (Wenger und Nünlist, 2016).

Konzeptuell gilt es im Bereich der digitalen Technologien Neuland zu betreten, weil die Technologieentwicklung erst in den Anfängen steckt. In einem solchen Umfeld tut sich die klassische zwischenstaatliche Rüstungskontrolle schwer, weil noch nicht absehbar ist, welche Aspekte der Technologieentwicklung – Konzepte, Prozesse, Artefakte – überwacht oder gar verboten werden sollen, wie das Beispiel der blockierten Verhandlungen über tödliche autonome Waffensysteme zeigt. Die Rüstungskontrolle muss von Grund auf neu gestaltet werden. Sie muss mittelfristig in einen multilateralen Rahmen übergehen und neue Systeme und Technologien einbeziehen. Weil es im derzeitigen geopolitischen Klima allerdings unwahrscheinlich ist, dass die Grossmächte gewillt sind, ernsthaft über die Begrenzung nuklearer und schwerer konventioneller Waffensysteme zu verhandeln, scheinen vorerst weichere Ansätze von unten über Transparenz und Vertrauensbildung erfolgversprechender. In diesem Zusammenhang hilfreich wäre auch eine Entpolitisierung erst im Entstehen begriffener Dual-Use-Technologien.

Der insbesondere bei Grossmächten bereits weit fortgeschrittenen Politisierung von Zukunftstechnologien als strategischen Ressourcen kann durch ein vermehrtes Engagement in internationalen Normensetzungsprozessen, die sich an wissenschaftsbasierten Politikansätzen orientieren, entgegengewirkt werden. Zurzeit konzentrieren sich die Bemühungen der Schweiz darauf, Genf als Hub für solche Gouvernanzprozesse aufzubauen. Die Schweiz hat das Potenzial, einen Schritt weiterzugehen: Sie kann sich als substanzielle Brückenbauerin an der Schnittstelle von Friedensförderung und Technologieaussenpolitik positionieren, indem sie sich auf Gouvernanzprozesse von unten spezialisiert, die sich auf die Designphase neuer Technologien konzentrieren und über die Kanäle der Wissenschaftsdiplomatie wirken. Entscheidend wäre dann allerdings ein systematischer Aufbau von Expertise in enger Zusammenarbeit mit der Wissenschaft und der Industrie (Fischer und Wenger, 2019).

Die skizzierten Entwicklungen im *regionalen Umfeld* der Schweiz weisen darauf hin, dass die grenzüberschreitenden Rückwirkungen der anhaltenden Krisen und Konflikte an der europäischen Peripherie die operationellen Instrumente der Sicherheitspolitik des Bundes, der Kantone, der Städte und Gemeinden vor neuartige Herausforderungen stellen. Daraus ergeben sich zwei weitere Entwicklungslinien für die sicherheitspolitischen Beiträge der Aussenpolitik:

Erstens stellen eigenständige Beiträge der Schweiz zur internationalen Krisen- und Konfliktbewältigung im Zusammenspiel mit dem Engagement anderer staatlicher und nicht staatlicher Akteure einen wichtigen Beitrag zur Prävention und Stabilisierung von politischen Gewaltkonflikten im internationalen Umfeld der Schweiz dar. Mit ihren etablierten Aktivitäten in den Bereichen Friedensförderung und Friedensmediation ist die Schweiz grundsätzlich gut positioniert, um auch in Zukunft einen nachhaltigen Beitrag zur Minderung und Lösung von politischen Gewaltkonflikten auf lokaler, nationaler und regionaler Ebene sowie zum Aufbau funktionierender Staatlichkeit und robuster Gesellschaften in Krisenregionen zu leisten. Es gilt in diesem Bereich, die eigenen Kompetenzen weiter zu professionalisieren und zusammen mit gleich gesinnten Staaten und internationalen Organisationen auf ein langfristiges Engagement auszurichten. Entscheidend ist, dass die bestehenden Instrumente und Programme die künftigen Anforderungen frühzeitig erkennen, die sich aus den strukturellen Verschiebungen in der Weltpolitik und der Weltwirtschaft sowie den Folgen der Digitalisierung und des Klimawandels ergeben.

Zweitens gilt es, die Beiträge der Schweiz zugunsten einer international koordinierten Bewältigung von Versorgungsstörungen sowie von Katastrophen und Notlagen zu stärken – in so unterschiedlichen Bereichen wie der Gesundheit, Energie, Migration, Grosstechnologie und der Naturgefahren. Je nach Risikokategorie befindet sich die Fachexpertise in den Amtsstellen je anderer Departemente, die wiederum über eigene internationale Beziehungen zu den entsprechenden Fachstellen anderer Länder und internationaler Organisationen verfügen. Gleichwohl kann die Aussenpolitik entscheidend dazu beitragen, dass sich die Schweiz effektiv in internationale Politikprozesse einbringen und im Katastrophenfall in institutionalisierten oder Ad-hoc-Krisenmechanismen mitwirken kann.

Flexible internationale Interessenvertretung und innenpolitische Abstützung
Alle skizzierten Beiträge setzen eine flexible und effektive internationale Interessenvertretung voraus. Entscheidend für den Erfolg der Aussensicherheitspolitik ist nicht zuletzt die richtige Mischung der Beiträge zugunsten eines funktionierenden Multilateralismus und derjenigen in minilateralen und gemischten Foren. Auf der globalen Ebene ist die UNO der entscheidende multilaterale Anker der Sicherheitsordnung. Dabei

bietet die Schweizer Kandidatur für einen Sitz im Sicherheitsrat (2023–2024) die Chance, die Beiträge als Brückenbauerin in der Friedensförderung und der Mediation zukunftsweisend zu positionieren. Auf der europäischen Ebene bleibt die OSZE eine für die Schweiz wichtige Plattform für den Dialog über alle Aspekte der europäischen Sicherheit einschliesslich der Beziehungen zwischen Russland und dem Westen. Auch in ihrem zweiten Vorsitzjahr 2014 engagierte sich die Schweizer Diplomatie im Kontext der Ukraine-Krise erfolgreich als Vermittlerin zwischen den Fronten. Der OSZE-Rahmen bleibt angesichts der Konfrontation zwischen Russland und dem Westen eines der wenigen verfügbaren Foren für Dialog und Vertrauensbildung, auf das in akuten Krisen zurückgegriffen werden kann.

Zwar spielen sicherheitspolitische Überlegungen für die Zukunft der Beziehungen zwischen der Schweiz und der EU im Vergleich zu staats- und wirtschaftspolitischen Fragen oftmals eine untergeordnete Rolle in der öffentlichen Debatte. Dies sollte allerdings nicht darüber hinwegtäuschen, dass eine funktionierende EU nicht nur für die Bewältigung der grenzüberschreitenden operationellen Herausforderungen in den Bereichen der organisierten Kriminalität, der illegalen Migration und des gewalttätigen Extremismus einen für die Schweiz entscheidenden Resilienzpuffer darstellt. Auch mit Blick auf die Aushandlung vieler globaler Sicherheitsnormen – beispielsweise im Bereich der Technologiegouvernanz und des Datenschutzes – stellt die EU als normative Gestaltungsmacht einen wichtigen Partner für die Schweiz dar.

Je stärker der westlich geprägte Multilateralismus an seine Grenzen stösst, desto wichtiger werden minilaterale Kooperationsformen mit gleich gesinnten Partnern aus allen Regionen der Welt, inklusive nicht staatlicher Akteure aus Wirtschaft und Gesellschaft. Gleich gesinnte Länder können zusammen mit privaten und zivilen Akteuren eine Vorreiterrolle übernehmen, Schwung in die internationale politische Debatte bringen und ambitionierte Gouvernanzziele anvisieren, wie das Beispiel des Verbots von Antipersonenminen zeigt. Eine ähnliche Dynamik ist auch im Bereich der Cybersicherheit, in dem private und zivilgesellschaftliche Akteure eine zunehmend pointierte Rolle in der Erarbeitung neuer Normen übernehmen, oder in anderen Bereichen der Technologiegouvernanz denkbar.

Entscheidend für den Erfolg der aussensicherheitspolitischen Beiträge ist andererseits, dass sie den Interessen und Werten der Schweiz und dem Selbstverständnis der Bevölkerung entsprechen. Dies trifft auch auf die Neutralität zu, die einer aktiven Aussensicherheitspolitik nicht im Weg steht. Gegen innen hat sie gemäss Meinungsumfragen nichts von ihrer normativen Attraktivität eingebüsst (Szvircsev Tresch et al., 2020); gegen aussen unterstreicht sie die Glaubwürdigkeit der Schweiz als unabhängige und unparteiische Brückenbauerin. Nachhaltige Beiträge der Aussenpolitik zu Frieden und Sicherheit in der Welt stützen sich auf die Stärken der politischen Institutionen (Machtteilung, Rechtssicherheit, demokratische Mitbestimmung) und die gesellschaftliche und kulturelle Vielfalt des Landes (soziale Integration, Minderheitenschutz, humanitäres Selbstverständnis). Sie erweitern das traditionelle Engagement der Schweiz in den Bereichen der Guten Dienste und des Völkerrechts in einer globalisierten und vernetzten Welt, die Raum für pluralistischere Gouvernanzprozesse bietet und in der die Bedeutung wissenschaftsbasierter Politikansätze zunimmt. Entsprechend sollten die aussensicherheitspolitischen Beiträge das wissenschaftliche, industrielle und zivilgesellschaftliche Potenzial der Schweiz vermehrt integrieren und berücksichtigen, was wiederum einen regelmässigen Austausch mit Partnern aus diesen Bereichen voraussetzt.

Fazit

Grundsätzlich erweitern sich im heutigen sicherheitspolitischen Kontext die Handlungsspielräume für Beiträge der Aussenpolitik zu Frieden und Sicherheit in der Welt. Die Wahrung der Schweizer Interessen im Ausland war schon immer die Kernaufgabe der Aussenpolitik, gerade auch mit Blick auf die Abwehr politischer oder militärischer Druckversuche. Heute kommen aber vermehrt wichtige Aufgaben in den Bereichen der Prävention und der Krisenbewältigung dazu. Dabei gilt es, Prioritäten zu setzen, die verwaltungsinterne Expertise zu koordinieren, gezielt mit Partnern aus Wissenschaft, Wirtschaft und Gesellschaft zusammenzuarbeiten und als Brückenbauerin mit klarem Profil und langem Atem Frieden und Sicherheit zusammen mit gleich gesinnten Akteuren zu stärken – in einem globalisierten und technologisierten Umfeld gerade auch an den Schnittstellen zwischen der «hohen Politik» und der «tiefen Politik».

Eine aktive Mitgestaltung des sicherheitspolitischen Umfelds ist im Eigeninteresse eines stark vernetzten und globalisierten Landes wie der Schweiz. Sowohl die Wertschöpfung der Wirtschaft, die stark vom Aussenhandel abhängt, als auch die soziale Kohäsion einer kulturell durchmischten Gesellschaft, die eng mit aussereuropäischen Entwicklungen verbunden ist, brauchen die Erwartungssicherheit einer stabilen und regelbasierten internationalen Ordnung. In einem globalisierten Umfeld können auch geografisch weit entfernte Krisenherde unerwartete Rückwirkungen auf die Sicherheit der Schweiz haben. Viele der aktuellen sicherheitspolitischen Herausforderungen weisen einen hybriden, zivilmilitärischen Charakter auf und sind eng mit grenzüberschreitender Mobilität verbunden, d. h., sie entstehen an den Schnittstellen von Aussensicherheitspolitik, Verteidigung und innerer Sicherheit.

Kohärenz in der Politikformulierung über die drei Teilbereiche des Politikfelds hinweg ist damit eine wichtige Voraussetzung für eine effektive Sicherheitsstrategie. Im dezentralisierten politischen System der Schweiz stellt die Koordination der Instrumente über sektorielle und departementale Grenzen sowie über unterschiedliche Regierungsebenen hinweg eine bleibende Herausforderung dar. Optimistisch stimmt, dass die drei Teilbereiche des Politikfelds seit Kurzem wieder näher zusammenrücken. Dies gilt für die zivile und die militärische Friedensförderung, die im Rahmen der UNO-Beiträge der Schweiz vermehrt gemeinsam diskutiert werden. Auch im Kontext der Bewältigung der Covid-19-Pandemie zeigt sich, wie wichtig eine diplomatische Interessenvertretung und ein funktionstüchtiges Aussennetz für die Bewältigung grenzüberschreitender Katastrophen und Notlagen sein kann.

In substanzieller Hinsicht stellen die Beiträge der Schweiz in den Bereichen Friedensförderung und Mediation das bewährte Standbein der aussensicherheitspolitischen Aktivitäten der Schweiz dar. Heute hat das Land die Chance, das traditionelle Engagement im Bereich der Rüstungskontrolle in Richtung eines breiteren Ansatzes der Technologiegovernanz und Wissenschaftsdiplomatie weiterzuentwickeln. Die entsprechenden Aktivitäten stehen punkto Konzepten und Kapazitäten etwa da, wo die zivile Friedensförderung zu Beginn der 1990er-Jahre stand. Ähnlich wie im Bereich der Friedensförderung wird es auch im Bereich der digitalen Aussenpolitik einen langen Atem, eine enge Zusammenarbeit mit der Wissenschaft und der Industrie und eine schrittweise Entwicklung und Professionalisierung der Beiträge brauchen, will sich die Schweiz als glaubwürdige Akteurin positionieren.

Literatur

Fanzun, Jon A. & Wenger, Andreas (2000): Schweizer Sicherheitspolitik im Umbruch: Der Bericht 2000 vor dem Hintergrund des Kosovo-Konflikts. In: Spillmann, Kurt R. & Wenger, Andreas (Hrsg.), *Bulletin 2000 zur schweizerischen Sicherheitspolitik* (S. 9–44). Zürich: ETH Zürich, Center for Security Studies (CSS).

Fischer, Sophie-Charlotte & Wenger, Andreas (2019): Ein neutraler Hub für KI-Forschung. In: J. Thompson (Hrsg.), *CSS Policy Perspectives* (Bd. 7[2], S. 1–4). Zürich: Center for Security Studies (CSS), ETH Zurich. https://doi.org/10.3929/ethz-b-000332541 (abgerufen am 11.6.2021).

Hagmann, J., Davidshofer, S., Tawfik, A., Wenger, A. & Wildi, L. (2018): The Programmatic and Institutional (Re-)Configuration of the Swiss National Security Field. *Swiss Political Science Review*, 24(3), S. 215–245. https://doi.org/10.1111/spsr.12304 (abgerufen am 11.6.2021).

Jasper, Ursula (2017): Die Gesundheitsaussenpolitik der Schweiz: Eine Zwischenbilanz. In: Nünlist, Christian & Thränert, Oliver (Hrsg.), *Bulletin 2017 zur schweizerischen Sicherheitspolitik* (S. 111–130). Zürich: Center for Security Studies (CSS), ETH Zürich.

Szvircsev Tresch, T., Wenger, A., De Rosa, S., Ferst, T., Robert, J. (2020): *Sicherheit 2020 – Aussen-, Sicherheits- und Verteidigungspolitische Meinungsbildung im Trend*. Militärakademie (MILAK) an der ETH Zürich und Center for Security Studies, ETH Zürich, Zürich und Birmensdorf.

Trachsler, Daniel (2002): Zivile Friedensförderung: Chance für die Schweiz? In: Spillmann, Kurt R. & Wenger, Andreas (Hrsg.), *Bulletin 2002 zur schweizerischen Sicherheitspolitik* (S. 63–96). Zürich: ETH Zürich, Center for Security Studies (CSS). https://doi.org/10.3929/ethz-a-001743729 (abgerufen am 11.6.2021).

Wenger, Andreas; Mauer, Victor & Möckli, Daniel (2010): Sicherheitspolitischer Bericht: Viel Politik, wenig Strategie. In: Wenger, Andreas; Mauer, Victor & Trachsler, Daniel (Hrsg.), *Bulletin 2010 zur schweizerischen Sicherheitspolitik* (S. 9–26). Zürich: ETH Zürich, Center for Security Studies (CSS). https://doi.org/10.3929/ethz-b-000023213 (abgerufen am 11.6.2021).

Wenger, Andreas (Hrsg.) (2011): Zivile Friedensförderung der Schweiz: Bestandsaufnahme und Entwicklungspotential. *Zürcher Beiträge zur Sicherheitspolitik*, 83.

Wenger, Andreas (2014): Sicherheitspolitik/Security Policy. In: Knoepfel, Peter u. a. (Hrsg.), *Handbuch der Schweizer Politik. Manuel de la politique suisse* (5. Aufl.). NZZ Libro: Zürich, S. 645–670.

Wenger, Andreas & Nünlist, Christian (2016): Aufwertung der Sicherheitspolitischen Beiträge der Schweizer Aussenpolitik. In: Nünlist, Christian & Thränert, Oliver (Hrsg.), *Bulletin 2016 zur schweizerischen Sicherheitspolitik* (S. 19–47). Zürich, Schweiz: Center for Security Studies (CSS), ETH Zürich.

Wenger, Andreas & Nünlist, Christian (2017): SIPOL-B 16: Ein Bedrohungsbericht, keine neue Strategiekonzeption. *Swiss Military Power Review*, 2017, 7–19.

Schlussfolgerungen und Ausblick

Thomas Bernauer, Katja Gentinetta, Joëlle Kuntz

Koordination und Strategien

Die einzelnen Kapitel zu den verschiedenen aussenpolitischen Bereichen haben gezeigt, wie irreversibel die Internationalisierung der meisten staatlichen und auch privaten Tätigkeiten ist. Alle Departemente der Bundesverwaltung sind in auswärtige Beziehungen involviert. Für den Bund impliziert diese Entwicklung zwei Veränderungen: zum einen eine stärkere Spezialisierung innerhalb der Departemente – Beispiele sind das 2010 geschaffene Staatssekretariat für internationale Finanzfragen SIF im Finanzdepartement oder die Einrichtung spezieller Dienste für die Teilnahme an internationalen Prozessen in verschiedenen Departementen. Daraus ergibt sich das zweite Erfordernis: eine intensivere Koordination zwischen den Departementen. Aufgrund der schweizerischen Struktur des Bundesrats und der Verwaltung ist das nicht trivial. Aber eine solche Koordination ist eine Voraussetzung dafür, dass sich der Bundesrat als Ganzes eine Meinung bilden kann, was für eine solide, kohärente Aussenpolitik unerlässlich ist.

Im Bemühen darum, die lange primär pragmatisch bis opportunistisch betriebene Aussenpolitik auf eine klarere Grundlage zu stellen, haben Bundesrat und Verwaltung verschiedene thematische und geografische Strategien erarbeitet. Bisher wurden vom Bundesrat etwa zehn Strategiepapiere als Ergebnis intensiver interdepartementaler Arbeit verabschiedet. Sie betreffen namentlich China, den Mittleren Osten und Nordafrika, die Digitalaussenpolitik, die internationale Zusammenarbeit oder die Landeskommunikation. Da sich auch Parlament und Volk immer mehr mit internationalen Beziehungen befassen, dienen diese

Strategiepapiere auch der Orientierung nach innen und als Kommunikationsinstrument nach aussen.

Die Schweiz und die Europäische Union

Der vorliegende Band macht auch deutlich, dass die Bindung an Europa praktisch sämtliche strategischen Entscheidungen in Wirtschaft und Politik beeinflusst. Ob es um Fragen des Handels, der Finanzen, der Migration oder ganz allgemein um demokratische Werte geht: Stets ist die Europäische Union ein notwendiger Partner. Trotzdem wird dieser Verbindung nicht der ihr gebührende Wert zugestanden. Sie gilt als gegeben und somit als «umsonst». Sobald der Preis in Form von Engagement oder Mitverantwortung ein wenig zu steigen droht, regt sich Widerstand. Die Wirtschaft ist gespalten und hat sich erst spät als Befürworterin des Rahmenabkommens ins Spiel gebracht. Die Gewerkschaften lehnten das Abkommen von Beginn an ab. Von Alternativen wurde zwar gesprochen und geträumt, besonders angeregt durch den Brexit – ganz als ginge es darum, sich von einer unerträglichen fremden Vorherrschaft zu lösen und wieder «frei» zu sein.

Es ist eine alte Praxis der Schweiz, andere Mächte gegeneinander auszuspielen, um das eigene Ziel zu erreichen. Um nur ein Beispiel zu nennen: Dem Wohlwollen Englands war es zu verdanken, dass die Schweiz entgegen dem Widerstand der europäischen Monarchien 1848 den Bundesstaat errichten konnte. Mit Blick auf die heutige geopolitische Konstellation stellt sich die Frage: Welcher Staat, welches Recht könnte der Schweiz die Sicherheit ihres wirtschaftlichen Austauschs, die Achtung ihrer verfassungsmässigen Werte und die Förderung ihres Ansehens garantieren?

Die «Aussenpolitische Vision Schweiz 2028», die 2020 zuhanden von Bundesrat Ignazio Cassis, dem Vorsteher des EDA, erarbeitet wurde, enthält einen Widerspruch. Auf der einen Seite gehen die Autoren davon aus, dass die Schweiz ein Abkommen mit der Europäischen Union unterzeichnen wird: «Die Schweiz hat den bilateralen Weg konsolidiert und gestaltet Europa auch als EU-Nichtmitglied partnerschaftlich mit.» Auf der anderen Seite will die Schweiz, als ob sie durch eine derart besiegelte Partnerschaft in keiner Weise gebunden wäre, «ihren künftigen Platz in Europa und in der Welt selbstbestimmt und eigenständig festlegen».

Diese Doppelzüngigkeit, die es allen recht machen will, zeigt die Zögerlichkeit und Zerrissenheit des Bundes in der alles entscheidenden Frage: ob die Unabhängigkeit der Schweiz *innerhalb* des europäischen

Verbunds, *ausserhalb* oder *gegen* ihn, zu sehen ist. Nur ein mutiger Schritt an der Spitze kann diese Blockade überwinden. Andernfalls dürfte sich jenes altbekannte Muster wiederholen, das in der «Aussenpolitischen Vision Schweiz 2028» in Erinnerung gerufen wird, wohl in der Hoffnung, ihm nicht wieder zu verfallen: «Zuerst wurde Druck negiert, dann protestiert, und am Schluss knickte die Schweiz doch ein.» Nur: Der Druck kommt heute von allen Seiten. Und jener aus China, den USA oder Russland dürfte kaum sanfter sein als der der Europäischen Union.

Zum Zeitpunkt des Erscheinens dieses Buchs ist die Frage eines Beitritts zur EU weiterhin tabu. Jahrelanges «Europa-Bashing» seitens der Parteien, der Wirtschaftsverbände und der Medien haben die EU ins Kuriositätenkabinett verbannt. Aber die Geschichte geizt mit Volten nicht. Man erinnere sich an die Parlamentssitzungen von 1992, als die Mitglieder beider Räte den Beitritt zum Europäischen Wirtschaftsraum unter dem Druck einer neuen politischen Situation – dem Fall der Berliner Mauer – positiv sahen und die Anpassung der Schweizer Gesetze an die europäischen Erlasse, die notwendig war, um die Schweiz auf die Höhe des «Acquis communautaire» zu bringen, ohne Weiteres durchwinkten. Aus rechtlicher Sicht dürfte dieser Sprung weit grösser gewesen sein als die Anpassungen, die im heutigen institutionellen Abkommen vorgesehen gewesen wären.

Die öffentliche Wahrnehmung wandelt sich, nicht selten im Gleichklang mit dem Umfeld. Der auf der ganzen Welt wieder erstarkende Nationalismus hemmt den Geist der Kooperation und die Lust auf Allianzen. Das ist so. Letztlich aber handelt es sich um ein vorübergehendes Phänomen, das uns nicht daran hindern sollte, an morgen zu denken. Die Option eines Beitritts könnte wieder auf den Tisch kommen – wenn die hochgehaltene Unabhängigkeit die Schweiz in eine Krise führt, weil sie das Land lähmt und ihm wirtschaftliche, politische und kulturelle Perspektiven verschliesst.

Die Schweiz in der Welt des 21. Jahrhunderts

Währenddessen wird die Schweiz das tun, was sie am besten kann. Sie wird erhobenen Hauptes ihren Weg gehen, sich nicht binden, entlang der sich ergebenden Herausforderungen mehr oder minder ehrenhafte Arrangements schliessen und Veränderungen, die von aussen auf sie eindringen, absorbieren.

Die spektakulärste Veränderung, die die Covid-19-Pandemie hervorbrachte, ist die Rückkehr des Staats als wirtschaftlicher Investor und ökonomischer Orchestrator. Die Grenzen der Logik des Markts wurden angesichts des überforderten Gesundheitssektors, der allein darauf ausgerichtet war, die Jahresrechnungen zwischen privaten Unternehmen und staatlichen Institutionen ins Lot zu bringen, offenkundig.

Ohne auch nur einen Gedanken an den Umfang der Schulden zu verschwenden, schossen selbst die liberalsten Staaten sämtliche ihnen zur Verfügung stehenden Milliarden ein, um die offensichtlichsten Mängel zu beheben, die wirtschaftlichen Folgen zu dämpfen und im gleichen Zug die Infrastrukturen zu erneuern sowie die Wirtschaft zu dekarbonisieren. Die vom amerikanischen Präsidenten angekündigten Summen für die Erneuerung seines Landes haben eine neue wirtschaftliche Ära eingeleitet, ähnlich dem New Deal nach der Weltwirtschaftskrise der 1930er-Jahre. Die Europäische Union engagiert sich in ähnlicher Weise und war bereit, ehemals institutionelle Tabus wie die gemeinsame Schuldenaufnahme über Bord zu werfen, um den Wiederaufbau zu fördern, die Technologie zu modernisieren und die Umwelt zu schützen.

Diese wirtschaftspolitische Kehrtwende wurde begünstigt durch die Verknüpfung von Pandemie, Umweltzerstörung und Klimawandel – allesamt menschliche Übel, denen der Kampf angesagt werden muss und an dessen Speerspitze sich die Staaten nun gestellt haben. Die Konkurrenz durch das zentralistische China verstärkt diese Tendenz, weil sie sie legitimiert. Die willkürlichen staatlichen Investitionen, die sowohl auf die gesellschaftliche Nachfrage reagieren als auch im Kampf gegen die chinesische Konkurrenz dienen sollen, verändern die politische Situation. Unter dem Druck der USA dürften sich beispielsweise Instrumente zugunsten der Steuergerechtigkeit internationalisieren – auf Kosten der nationalen Souveränität. Die Spielräume des Widerstands gegen das Kräftemessen zwischen den USA, China, der Europäischen Union und Russland schrumpfen, während gleichzeitig der Geist des Multilateralismus, der zu Beginn des Jahrhunderts zum Vorteil kleinerer Länder, auch der Schweiz, gereichte, schwindet.

Unser Land nähert sich diesen Zeiten im Vertrauen auf seinen Wohlstand und mit wenig Sorge um die Risiken der Isolation. Der vorliegende Band dürfte aufgezeigt haben, in welchem Mass die verschiedenen aussenpolitischen Bereiche Kooperation, Absprachen und gemeinsames Handeln erfordern. Es liegt an der Schweiz, ihren Weg durch diese Widersprüche zu finden: souverän, wie sie sich gerne sieht, allein, wenn sie kann, und verbündet, wenn sie muss.

Autorinnen und Autoren

Die Herausgeberschaft

Thomas Bernauer ist Professor für Politikwissenschaft an der ETH Zürich. In seiner Forschung befasst er sich vor allem mit Fragen der internationalen Umweltpolitik. Er leitet das ETH-Institut für Wissenschaft, Technologie und Politik (ISTP) und ist Mitglied der Arbeitsgruppe II (Klimafolgen) des Weltklimarats (IPCC).

Katja Gentinetta, Dr. phil. in politischer Philosophie, ist selbstständige Publizistin, Universitätsdozentin und Verwaltungsrätin, u. a. beim IKRK und beim European Forum Alpbach, Lehrbeauftragte der Universität Luzern, Wirtschaftskolumnistin der *NZZ am Sonntag*. Wichtigste Bücher: *Souveränität im Härtetest. Selbstbestimmung unter neuen Vorzeichen,* Hrsg. zus. mit Georg Kohler (NZZ Libro 2010); *Worum es im Kern geht. Ein politikphilosophischer Blick auf die Krisen der Gegenwart* (NZZ Libro 2017).

Joëlle Kuntz, französisch-schweizerische Journalistin, aus St. Gallen. Kolumnistin der Zeitung *Le Temps*. Autorin u. a. von: *Die Schweiz oder die Kunst der Abhängigkeit* (NZZ Libro 2014); *Das Internationale Genf, 100 Jahre Architektur* (Editions Slatkine 2017); *Genève, une place financière, histoire d'un défi (XIXe–XXIe siècles)* (Editions Slatkine 2019); *Schweizer Geschichte einmal anders,* KLV, 4. Aufl. 2013.

Die Autorinnen und Autoren der einzelnen Kapitel

Fritz Brugger, PhD, ist Politikwissenschaftler und Co-Direktor des NADEL Center for Development and Cooperation an der ETH Zürich. Er unterrichtet Politik und Gouvernanz sowie ethische Fragen der Entwicklung und untersucht die Zusammenhänge zwischen Rohstoffabbau, Entwicklung und Finanzflüssen. Zuvor war er 20 Jahre in der Entwicklungszusammenarbeit tätig.

Aymo Brunetti ist seit 2012 ordentlicher Professor am Departement Volkswirtschaftslehre der Universität Bern. Zuvor war er langjähriger Leiter der Direktion für Wirtschaftspolitik im Staatssekretariat für Wirtschaft. Bis 2019 leitete er zudem den vom Bundesrat eingesetzten Beirat zur Zukunft des Finanzplatzes Schweiz.

Gilles Carbonnier, Dr. oec., ist seit 2018 Vizepräsident des Internationalen Komitees vom Roten Kreuz (IKRK). Seit 2007 ist er Professor für Entwicklungsökonomie am Graduate Institute of International and Development Studies in Genf. Zu seinen Forschungs- und Praxisgebieten gehören internationaler Handel und Entwicklung, humanitäre Aktion und internationale Zusammenarbeit. Sein neuestes Buch ist Humanitarian Economics. War, Disaster and the Global Aid Market (Oxford University Press 2016).

Cédric Dupont ist Professor für Politikwissenschaft am Graduate Institute of International and Development Studies in Genf. Seine Forschungsschwerpunkte sind Fragen der internationalen Gouvernanz und die politische Analyse der internationalen Wirtschaftsbeziehungen (Handel, Finanz und Investitionen), besonderes die Dynamiken der internationalen Verhandlung.

Isabel Günther ist Professorin für Entwicklungsökonomik an der ETH Zürich. Sie leitet dort das NADEL Center for Development and Cooperation und ETH for Development. Mit ihrer Forschung und Arbeit möchte sie zur Bekämpfung globaler Ungleichheiten beitragen und die Zusammenarbeit zwischen Wissenschaft und Praxis stärken. Sie hat in Benin, Burkina Faso, Deutschland, Frankreich, Ghana, Kenia, der Schweiz, Südafrika, Uganda und den USA geforscht und gelehrt.

Paula Hoffmeyer-Zlotnik ist Doktorandin an der Universität Genf. Zuvor arbeitete sie sie für das Europäische Migrationsnetzwerk im Forschungszentrum des Bundesamts für Migration und Flüchtlinge in Deutschland.

Sandra Lavenex ist Professorin für Europäische und Internationale Politik an der Universität Genf und Gastprofessorin am Collège d'Europe. Ihre Forschungsschwerpunkte sind die internationale Migrations- und Flüchtlingspolitik, die Aussenbeziehungen der europäischen Union und die Demokratieförderung im internationalen Rahmen.

Philipp Lutz ist Post-Doktorand in Politikwissenschaft an der Universität Genf und Fellow des nationalen Forschungsprogramms NCCR on the move. Zuvor war er Programmleiter Migration beim aussenpolitischen Think-Tank *foraus*. Er untersucht die politischen Konsequenzen internationaler Migration auf Regierungshandeln und öffentliche Meinung.

Matthias Oesch ist Professor für öffentliches Recht, Europarecht und Wirtschaftsvölkerrecht an der Universität Zürich; Mitglied der Leitung des Instituts für Völkerrecht und ausländisches Verfassungsrecht (IVR); Mitglied des Vorstands und des Ausschusses des Europa Instituts (EIZ); Prodekan Forschung & Nachwuchsförderung (2020–2022); Rechtsanwalt.

Pascal Sciarini ist Professor für schweizerische und vergleichende Politik am Departement für Politikwissenschaft und internationale Beziehungen der Universität Genf. Seine wichtigsten Forschungsgebiete sind die Gesetzgebungsprozesse, die direkte Demokratie, die Europäisierung sowie das Wahl- und Abstimmungsverhalten. Er ist Autor zahlreicher Aufsätze in schweizerischen und internationalen Zeitschriften sowie Mitherausgeber des *Handbuchs der Schweizer Politik* (NZZ Libro 2022).

Charlotte Sieber-Gasser, Dr. iur., MA Development Studies, MLaw, ist Lehrbeauftragte an den Universitäten Luzern und Zürich (Recht der nachhaltigen Entwicklung und Staatsrecht, Wirtschaftsvölkerrecht). Sie befindet sich aktuell in der Abschlussphase ihrer Habilitation (Universität Bern) zur Verfassung der politischen Rechte in der globalisierten Schweiz.

Cédric Tille ist Professor am Departement für Wirtschaftswissenschaften des Graduate Institute of International and Development Studies in Genf. Dort leitet er das Bilateral Assistance and Capacity Building for Central Banks program (BCC), ein Mandat des SECO. Er ist seit 2011 Mitglied des Bankrats der SNB. Früher arbeitete er als Ökonom bei der Federal Reserve Bank New York.

Fabio Wasserfallen ist seit 2020 Professor für Europäische Politik und Co-Direktor am Institut für Politikwissenschaft der Universität Bern. Zuvor war er Professor für Vergleichende Politikwissenschaft an der Zeppelin Universität, assoziierter Professor für Politische Ökonomie am Salzburg Centre of European Union Studies, Gastprofessor für Politische Theorie an der Universität Zürich und Gastforscher in Princeton und Harvard.

Andreas Wenger ist Professor für Internationale und Schweizer Sicherheitspolitik an der ETH Zürich und seit 2002 Leiter des Center for Security Studies (CSS). Er studierte Geschichte, Politikwissenschaft und Germanistik an der Universität Zürich. Seine Forschungsschwerpunkte liegen in den Bereichen Security Studies/Strategic Studies sowie Geschichte der internationalen Beziehungen. Er leitet Seminare zu politischer Gewalt und Sicherheitspolitik und ist Delegierter für den Lehrgang MAS ETH Mediation in Peace Processes.

Achim Wennmann, Dr., ist Direktor für Strategische Partnerschaften am Graduate Institute of International and Development Studies und Senior Researcher am Centre on Conflict, Development and Peacebuilding (CCDP) des Graduate Institute. Von 2010 bis 2020 war er Executive Co-ordinator der Geneva Peacebuilding Platform. Er ist ebenfalls Mitgründer der Geneva Peace Week und der Peace Talks Initiative.

Sacha Zala ist Direktor der Forschungsstelle Diplomatische Dokumente der Schweiz (Dodis) und Professor für Schweizer und Neueste allgemeine Geschichte an der Universität Bern. Dodis ist ein Institut der Schweizerischen Akademie der Geistes- und Sozialwissenschaften zur Geschichte der schweizerischen Aussenpolitik. Das Institut betreibt die Online-Datenbank Dodis und veröffentlicht die mehrbändige Aktenedition DDS in Buchform sowie die Publikationsreihen *Quaderni di Dodis* und *Saggi di Dodis*.